Breve historia de la batalla de Trafalgar

Breve historia de la batalla de Trafalgar

Luis E. Íñigo Fernández

Colección: Breve Historia
www.brevehistoria.com

Título: *Breve historia de la batalla de Trafalgar*
Autor: © Luis E. Íñigo Fernández

C/ Camino de los Vinateros, 40 local 9 - 28030 Madrid
www.nowtilus.com

Elaboración de textos: Santos Rodríguez

Maquetación: ExGaudia, Asociación Cultural
Diseño y realización de cubierta: ExGaudia, Asociación Cultural
Imagen de portada: *The Battle of Trafalgar* (1836) de Clarkson Frederick Stanfield

ISBN edición impresa: 978-84-1305-497-1
Fecha de edición: Noviembre 2024
Fecha de la primera edición: Noviembre 2014
Fecha de la segunda edición: Mayo 2021

Impreso en España
Imprime: Quares Salesforce S.L.
Depósito legal: M-21138-2024

Índice

Introducción

> Pero para hacerte entender, para darte mi vida, debo contarte una historia, y hay tantas y tantas, y ninguna de ellas es verdad.
>
> Virginia Woolf

Hace algunos siglos, no tantos como parece, los historiadores concebían la explicación del pasado como un mero relato, tan hermoso como a su pluma le fuera posible escribir, sin otros protagonistas que los grandes hombres, monarcas, ministros o generales, cuyas hazañas, dignas de admiración o acreedoras del más absoluto rechazo, se desarrollaban, como un drama monumental, sobre el magnífico telón de fondo del tiempo. El denso tapiz de la historia se tejía tan sólo con los sutiles hilos de las hazañas de los poderosos; ni la más fina pincelada de aquellos monumentales frescos históricos retrataba la anónima existencia de las mujeres o el sufrido pasar cotidiano de los humildes; ni una sola página de aquellas obras, tan bellas como superficiales, trataba de desentrañar, bajo la seductora pero falaz epidermis de los sucesos históricos –las sañudas luchas políticas, los ampulosos discursos, las grandes leyes, las cruentas batallas–, los procesos, las permanencias y los cambios, sin cuyo análisis, como bien sabemos en la actualidad los historiadores, resulta imposible comprender en todo su alcance esos hechos que parecen, y sólo parecen, constituir la esencia misma del pasado de la humanidad.

Tal es la doble, en realidad triple, perspectiva desde la que se ha concebido este libro, y es esa perspectiva la que, en mi opinión, lo hace distinto de la mayoría de los escritos con anterioridad y, por ende, convierte su lectura en una práctica estimulante, que va más allá del mero entretenimiento o la erudición intrascendente. Por supuesto, es un libro de historia y debe por ello empeñarse, con permiso de Virginia Woolf, en ser veraz, al menos tan veraz como lo permita la ideología del autor. Por fortuna, la ideología, dejando de lado patrioterismos trasnochados, no tiene mucho que decir en un tema como la batalla de Trafalgar, un hecho protagonizado por militares, no por políticos o intelectuales, y del que han transcurrido ya más de dos siglos, por lo que la veracidad de lo que de él se diga depende tan sólo de la abundancia y la profundidad de las fuentes manejadas. Pero, dando por descontada esa virtud –al historiador la veracidad se le supone, como el valor al soldado– son tres, como decimos, los parámetros desde los que se ha escrito este pequeño libro.

Para empezar, se ha buscado conceder mayor atención a los procesos que a los sucesos. En las páginas que siguen la primacía corresponde en todo momento a los primeros, pero se trata, ciertamente, de una primacía entendida en sus justos términos. No significa, en absoluto, que vayamos a olvidarnos de los hechos –cómo comprender una batalla si no narramos con detalle su desarrollo–, sino que se hace en estas páginas un esfuerzo, tan consciente como decidido, por enmarcarlos en los procesos de los que reciben todo su sentido, desde la certeza de que sólo así resultará posible para el lector su comprensión, objetivo que entendemos irrenunciable en todo libro de historia merecedor de ese nombre. Como escribiera Voltaire, los hechos y las fechas no son más que el esqueleto del pasado, pero habría que añadir los demás elementos que conforman un cuerpo, la piel, los músculos, los órganos, los sistemas, el alma misma, que son los procesos históricos. Sin ellos, los sucesos, los hechos son como un simple chasis, un mero bastidor, del todo imprescindibles, pero del todo insuficientes para construir una sólida comprensión del pasado.

En segundo lugar, se ha prestado también atención a los humildes. La historia tradicional no les concedía papel alguno, ni siquiera secundario, en el drama del pasado, aun siendo como eran las nueve décimas partes de la población humana en cualquier sociedad anterior a la revolución industrial. Todo lo más, conformaban una suerte de telón de fondo, o, si se quiere, una pieza más, tan pasiva y tan irrelevante como las otras, de la gran mesa sobre la cual los poderosos jugaban a su antojo las cartas de la trascendental partida de la historia. Sin embargo, nada más lejos de la realidad. No habría logrado Julio César sus victorias sin la total entrega de sus esforzados legionarios, campesinos y artesanos de los campos y las calles de Roma, ni la orgullosa Inglaterra se habría convertido en el taller del mundo sin el sudor y la sangre de los obreros de sus fábricas. Por la misma razón, no podremos comprender, sino de forma superficial, la batalla de Trafalgar si atendemos tan sólo a lo que de ella escribieron los almirantes y sus capitanes, o los lejanos gobernantes a quienes servían. Es necesario que escuchemos también, tras el eco ensordecedor de los cañones, las apagadas voces de quienes los disparaban, sin olvidar jamás que aquellas bellas y terribles máquinas de guerra que eran los navíos de línea, las más poderosas que hasta entonces había ideado la humanidad, no habrían servido de nada a los estados que las construían sin los centenares de hombres que se necesitaban para manejarlas, unos hombres cuya pericia o falta de ella, como tendremos ocasión de comprobar, resultó tan decisiva para el resultado final de la batalla como los aciertos y los errores de sus orgullosos jefes.

Pero ni siquiera esto es suficiente. Hombres eran, es cierto, los reyes y los ministros, los almirantes y los capitanes, y, por supuesto, las tripulaciones enteras de los buques que con tanta saña se batieron aquel sangriento 21 de octubre de 1805. Pero la historia de Trafalgar, como cualquier historia humana, no fue sólo una historia de hombres. Hubo también mujeres a bordo de los navíos en aquella luctuosa jornada y, sobre todo, las hubo también en los corazones y en las mentes de quienes los tripulaban, condicionando sin duda sus pensamientos, sus decisiones y sus carreras, en especial las de uno de ellos, aquel a quien la voluble Clío concedió a un tiempo la victoria y la muerte, el vicealmirante Horatio Nelson, cuya figura resulta, cuando menos, difícil de comprender en toda su dimensión sin tener presente la de la esposa que lo fue sin el nombre: Emma Hamilton. Como escribiera la misma Virginia Woolf, «[...] las mujeres han vivido todos estos siglos como esposas, con el poder mágico y delicioso de reflejar la figura del hombre al doble de su tamaño natural». Ya es llegada la hora de que, en los buenos libros de historia al menos, unos y otras aparezcan retratados en su verdadero tamaño.

Estos tres criterios, en mayor o menor grado en función del tema que en cada momento se trate, se hallan presentes a lo largo de toda la obra, cuya traza general se desenvuelve asimismo en tres partes concretas bien diferenciadas y, a nuestro modo de entender, lógicas.

Se presenta primero el contexto histórico en el que se produjeron los hechos que tuvieron lugar aquel decisivo lunes, 21 de octubre de 1805, pues sin comprenderlo en toda su extensión resulta imposible entender el verdadero alcance de la batalla de Trafalgar. Empezaremos por remontarnos muy atrás en el tiempo, muchas décadas antes de aquel sangriento día de otoño, para conocer mejor a sus protagonistas: Gran Bretaña, Francia y España, tres grandes potencias coloniales que, con evidente razón, entendían el dominio de los océanos como condición necesaria de su estabilidad económica y su cohesión política, dependientes una y otra de la magnitud y la seguridad de su comercio marítimo. Por ello, la historia de las relaciones internacionales europeas del siglo XVIII es, en buena medida, la del enfrentamiento incesante y el frágil equilibrio entre estos y otros estados, que se jugaba, de poder a poder, en escenarios cada vez más dilatados y cambiantes de los continentes europeo y americano, pero también, de modo creciente, en el océano Atlántico, en cuyas agitadas aguas se enfrentaban, con signo mucho menos previsible de lo que a veces se dice, sus poderosas armadas.

No menos imperioso, sin embargo, resulta detenerse con alguna atención en el contexto inmediato de la batalla, tanto el general, determinado por las relaciones internacionales del momento, como el específico, el propio de los planteamientos estratégicos y tácticos de la batalla misma. El 21 de octubre de 1805 se sitúa de pleno en el marco histórico de las conocidas como «guerras de la revolución y del Imperio», que involucraron a las principales potencias europeas entre los años de 1792 y 1815, fechas respectivas de la constitución de la Primera Coalición contra la Francia nacida de la revolución de 1789 y de la derrota definitiva de Napoleón en la batalla de Waterloo. Pero de poco nos serviría conocer al detalle cuanto se decidía en las cancillerías europeas del momento sin detenernos también en los planes que se trazaban en los ministerios de Marina y los almirantazgos de las grandes potencias navales. Trafalgar fue, en lo naval, el producto híbrido de dos vigorosos condicionantes: el diseño estratégico que de la campaña de 1805 hizo el mismo emperador Napoléon, poco dado en esto a confiar en sus almirantes, y el juicio táctico que de su situación concreta se formaron, en los días previos a la batalla, los respectivos mandos de las flotas enemigas. A ambos aspectos será, pues, necesario prestar cumplida atención.

No obstante, y ya en segundo lugar, formular un veredicto certero de ese resultado exige saber algo más que la estrategia diseñada por los estados mayores y la táctica ejecutada por los jefes; demanda conocer también las tres armadas, sus buques, su oficialidad y sus mandos. A lo largo de sucesivos epígrafes se irán, así, examinando con detalle cada uno de estos elementos. Las tres marinas se estudiarán desde puntos de vista tan diversos y necesarios como el mecanismo de reclutamiento, la organización del servicio, la formación de la marinería, su disciplina y su vida a bordo, o los suministros. Los buques no recibirán menos atención. Se analizarán sus tipos, en especial, el todopoderoso navío de línea, pero también otros como la fragata, la corbeta o el bergantín, tanto en lo que tenían de semejante como en lo que de distinto había en ellos en cada una de las tres armadas, atendiendo en detalle a sus procesos de construcción, sus virtudes –marineras, artilleras y de resistencia– y sus defectos. No se atenderá en menor medida a la oficialidad, de mar y de guerra, cuyo conocimiento exige detenerse en aspectos tan relevantes como su extracción social, su formación científica, técnica y militar, y su mentalidad. Por último, los mandos militares de las flotas, almirantes, vicealmirantes y contralmirantes serán objeto de un interés especial, pues el resultado de la batalla de Trafalgar se debió, en buena medida, a su actuación, con sus errores y aciertos, en uno y otro bando. Nelson y Collingwood, en el lado británico, y Villeneuve, Gravina, Dumanoir, Magon, Álava y Escaño, en el de la flota combinada hispanofrancesa, desfilarán por estas páginas exhibiendo sus méritos y sus menguas, sus virtudes y sus taras, en su dimensión humana y profesional, terminando con ello de completar la información imprescindible para la adecuada comprensión de la batalla.

Sólo entonces abordaremos la espinosa tarea de narrar con detalle la batalla misma; espinosa, por cuanto las lagunas, las imprecisiones y las contradicciones en las que incurren los testigos que nos dejaron su diario de aquella mañana decisiva; estas son tan profusas y relevantes que resulta casi imposible pintar a partir de ellos un cuadro mínimamente real de la lucha. Aun así, trataremos de hacerlo, describiendo, minuto a minuto, la aproximación de las flotas, su enfrentamiento y el desenlace de la acción, con la misma intensidad y emoción que una película o una buena novela, pues es esta una de esas ocasiones, más frecuentes de lo que se cree, en las que la realidad supera con mucho a la ficción.

Por último, y a modo de conclusión, abordaremos una breve reflexión sobre las consecuencias de la batalla de Trafalgar, no sólo en su aspecto militar y naval, sino, y muy especialmente, en su dimensión histórica. Vaya por delante un anticipo: en modo alguno el combate resultó tan determinante como con frecuencia se dice en el hundimiento del poder naval español y, por ende, en la consolidación de la hegemonía británica en los océanos del mundo. Más bien fue lo que sucedió después, esto es, la guerra de la Independencia y el consiguiente abandono de la Armada española por unos gobernantes absortos en la necesidad de detener la invasión francesa, la causa más importante de la decadencia naval del país y de su salida definitiva del selecto círculo de las grandes potencias.

En cualquier caso, quien lea juzgará según su propio discernimiento. Un drama terrible, un drama humano, se encuentra ahora a punto de representarse ante sus ojos. Que suba el telón.

Almorox, 20 de julio de 2014

1

Un equilibrio inestable

Las naciones de Europa, escarmentadas de los funestos ocasos que acarrea el excesivo poder de un estado, procuran con vigilancia no dejar sobrepujar demasiado a alguno que venga precisamente a hacerse árbitro de los demás. Esto es lo que los políticos llaman equilibrio de la Europa, y se reduce a igualar de tal modo sus fuerzas, que no llegue a sobrepujar ninguna.

José de Olmeda y León: *Elementos de derecho público de la paz y de la guerra (1771)*

El siglo XVIII fue una era de grandes cambios. Comienza la centuria y el mundo entero parece animado por una energía maravillosa. La población crece. Las epidemias no desaparecen, pero la mortalidad empieza a disminuir. El clima, más benigno, y la medicina, más experta, ayudan mucho. Pero, sobre todo, hombres y mujeres, ricos y pobres, comen mejor. Los nuevos cultivos, como el maíz y la patata, liberan a los europeos de su secular sumisión a las volubles cosechas de trigo. La extensión de los campos de labor anima la producción. La tierra se ve ya, aunque sólo en algunos lugares, como una empresa de la que obtener beneficios. Los bienes comunales, propiedad de todos y de nadie, son objeto de crítica. Muchos gobiernos se deciden al fin a su venta. Los burgueses, satisfechos con la medida, tan conveniente a sus intereses como dramática para los labriegos pobres, comienzan a tomar conciencia de su opulencia y se irritan ante el desprecio de una aristocracia que reclama del rey el monopolio de los altos cargos. Los monarcas, algo más atentos por fin al bienestar de su pueblo, emprenden reformas que enseguida prueban sus limitaciones frente a un orden que comienza a naufragar en la marejada del cada vez más pujante capitalismo. Filósofos y pensadores creen ya disipadas las brumas de la ignorancia y, guiados por la razón, confían en un progreso que no puede detenerse.

Una guerra más costosa

La guerra, nos guste o no, siempre a la vanguardia del progreso tecnológico de la sociedad humana, no podía permanecer al margen de estos decisivos cambios. Y no lo hizo. Ya a comienzos de la Edad Moderna, la infantería, verdadera columna vertebral de los ejércitos antiguos, había comenzado a recuperar la primacía que en los últimos siglos del Imperio romano, y con mayor claridad durante el Medievo,

Detalle de *La rendición de Breda*, de Diego Velázquez. Este célebre cuadro, conocido como *Las Lanzas* por las muchas que aparecen en él, refleja muy bien el aspecto de los ejércitos en combate en los primeros siglos de la Edad Moderna. En el siglo XVIII todo sería diferente.

le había arrebatado la caballería. De los reducidos ejércitos de jinetes de la nobleza se había pasado a las grandes masas de infantes, cada vez más costosas de reclutar, armar y entrenar. En 1415, en la célebre batalla de Azincourt, por ejemplo, combatieron ocho mil soldados ingleses contra doce mil franceses. Al inicio de la guerra de Sucesión española, Luis XIV disponía de un ejército de trescientos sesenta mil hombres. Pero, en mayor medida que su tamaño, los factores determinantes en el gran incremento del coste de los ejércitos fueron la rápida evolución de las armas de fuego, tanto portátiles como de artillería, y las grandes mejoras que se introdujeron en la instrucción, la disciplina y la organización de las tropas.

A mediados del siglo XVII, las picas hubieron al fin de rendirse ante la superior eficacia de los mosquetes de mecha que, ya a finales de la centuria, dejaron paso al fusil con llave de sílex y bayoneta, más ligero, más rápido y de mayor alcance, un ingenio que, de hecho, combinaba en una sola arma, mejorándolas, las prestaciones de las picas y los mosquetes, pues permitía disparar primero al enemigo desde una mayor distancia y atacarle después con éxito en la lucha cuerpo a cuerpo. Entretanto, las usuales indumentarias multicolores de los soldados de los siglos anteriores se batieron en definitiva retirada ante los uniformes, integrados, por lo general, por una casaca y un tricornio de un color propio de cada estado que hacía posible su rápida identificación en el campo de batalla, con una divisa que permitía distinguir la unidad a la que pertenecía. Por último, las formaciones adoptadas por las tropas en el momento de la acción se modificaron también. El cuadro, característico de los viejos tercios españoles, eficaz solo mientras las armas de fuego no lo fueron del todo, dejó paso a la línea, menos vulnerable a las cargas cerradas de fusilería, que avanzaba sin precipitación sobre las posiciones enemigas, manteniendo la formación hasta situarse a una distancia eficaz de fuego. Pero ello exigía una moral muy alta en la tropa, pues de lo contrario, los soldados, sintiéndose, con toda razón, vulnerables y en grave riesgo de muerte, podían convertirse con facilidad en presas del pánico ante los disparos del enemigo y huir en total desorden. No menos imperiosa resultaba una mayor coordinación,

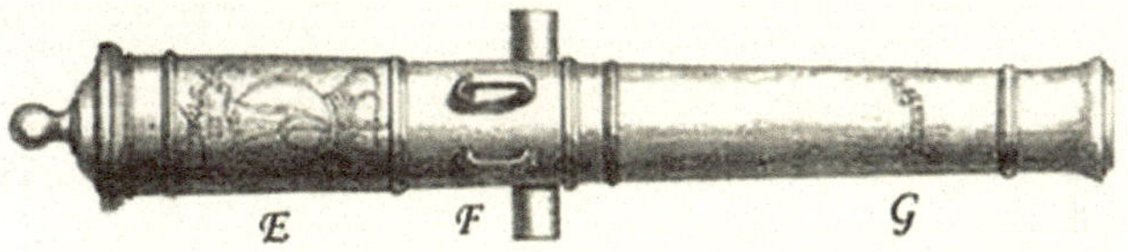

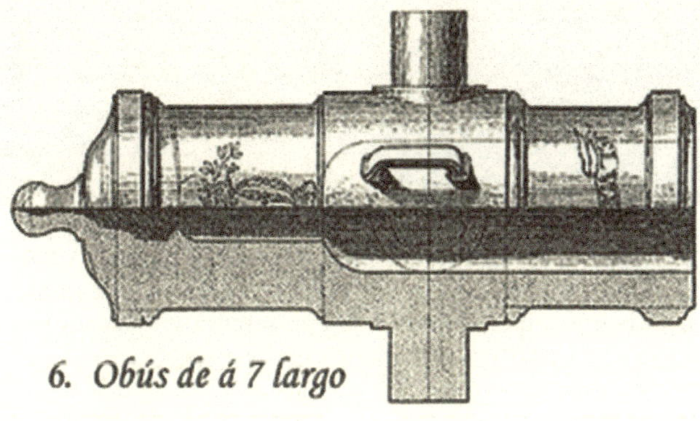

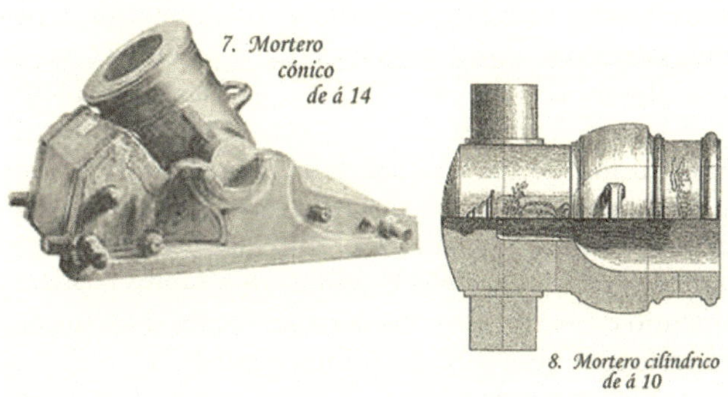

Piezas de artillería españolas de finales del siglo XVIII según lo previsto en la Ordenanza de 1783.

La batalla de Poltava, que enfrentó a las tropas rusas del zar Pedro I con las suecas de Carlos XII el 8 de julio de 1709. La aplastante victoria rusa se debió, entre otras causas, a su brutal superioridad artillera: setenta y dos cañones frente a sólo cuatro de los suecos.

capaz de garantizar a los mandos que cada unidad se encontrara en el lugar que se le había asignado sobre el campo de batalla y se moviera en la dirección esperada cuando se le ordenara hacerlo. Todo ello, como ya descubriera el holandés Mauricio de Nassau, príncipe de Orange, a finales del siglo xvi, exigía períodos de instrucción de los reclutas mucho más prolongados y, en consecuencia, mucho más caros, pues los soldados en formación debían ser alimentados, vestidos y alojados en los cuarteles durante largo tiempo, consumiendo de ese modo considerables recursos sin prestar todavía a cambio servicio militar alguno.

Mayor repercusión económica tuvo aun la extensión de la artillería. Junto al cañón de bronce tradicional, que había sustituido a la lenta y pesada bombarda a finales de la Edad Media, fue difundiéndose el de hierro, más barato, ligero y fácil de transportar, lo que multiplicó su número en todos los ejércitos europeos. Se popularizaron también el mortero, muy útil en los asedios, que disparaba bombas en lugar de balas macizas, y el obús, que podía arrojar ambos tipos de munición. En cualquier caso, el resultado fue un notable incremento del potencial destructivo de las fuerzas armadas europeas, que terminó por cambiar la concepción misma de la táctica.

La guerra ofensiva, preponderante en los albores de la Edad Moderna, perdió protagonismo frente a la defensiva. Los duelos directos entre los ejércitos se planteaban ahora de forma muy distinta a la tradicional. Al incrementarse el número de cañones en el campo de batalla, por su menor coste y mayor ligereza, las bajas podían llegar a ser muy elevadas, y se trataba de bajas muy difíciles de cubrir, pues los soldados no eran ya reclutas inexpertos, sino, en buena medida, aunque no del todo, profesionales que había costado mucho adiestrar. La constatación de este hecho, por una parte, impulsó la implantación de la nueva formación en línea, ancha y de escasa profundidad, más difícil de barrer con metralla que los densos cuadros de antaño, y, por otra parte, extendió la conciencia de que una sola batalla podía decidir el curso de una guerra, de modo que evitarla si no se estaba seguro de ganar, y esa seguridad era poco frecuente, parecía la decisión más razonable.

Por esa razón, las grandes batallas campales, aun sin desaparecer del todo, cedieron protagonismo al asedio de las ciudades y plazas fuertes determinantes para asegurar la ocupación efectiva del territorio enemigo. Pero ello exigió, a su vez, una gran inversión en fortificaciones, que había que remozar por completo o incluso erigir de nueva planta, pues los potentes cañones de asedio arruinaban ahora sin excesivo esfuerzo las viejas murallas medievales. Los muros altos, rectos y delgados, rematados en almenas y reforzados, de tanto en tanto, por torres cuadradas, y pensados para detener el asalto de la infantería, dieron paso a las defensas más bajas, gruesas e inclinadas, con frecuentes ángulos, casi siempre en forma de estrella, ideadas para atrapar al enemigo entre dos fuegos y resistir mejor las gruesas balas de los cañones de asedio.

Los cambios que sufrió la guerra naval fueron incluso más decisivos, como tendremos ocasión de ver con detalle más adelante, y, desde luego, mucho más gravosos para el erario público de los estados europeos. El buque de línea, nacido en el siglo XVII como evolución lógica del galeón, se convirtió en la columna vertebral de todas las armadas, y la tecnología necesaria para diseñarlo, construirlo y armarlo se erigió en factor determinante de la potencia de las naciones marítimas. El rápido desarrollo del tráfico oceánico incrementó a ritmo acelerado el tamaño de las flotas, y la combinación de ambos procesos exigió de las principales potencias navales el desarrollo de un inmenso aparato logístico destinado a construir, mantener y armar los buques, que, a su vez, tenía tras de sí todo un sector económico nacido para suministrar a la marina de guerra la madera, las velas, los pertrechos, la artillería y todo cuanto esta necesitaba para tal fin. Astilleros, arsenales, apartaderos y fundiciones, en los que llegaban a trabajar miles de personas, anticiparon la revolución industrial en los grandes países europeos.

Batalla de Aboukir, 1 de agosto de 1798. El buque de línea, que toma su nombre de la formación que adoptaban las flotas en los combates navales, constituyó la espina dorsal de las armadas europeas del siglo XVIII.

Por otro lado, aunque es costumbre asegurar, no sin cierta vaguedad, que la extensión de las fuerzas armadas estables se produjo en la Edad Moderna, no fue en realidad hasta el siglo XVIII cuando los ejércitos adoptaron un verdadero carácter permanente. Hasta el final de la guerra de los Treinta Años, en 1648, las tropas de todos los estados europeos habían estado integradas en su mayor parte por soldados mercenarios, pues estos resultaban por lo común más fiables a la hora de reprimir rebeliones internas; era muy fácil licenciarlos y prescindir de ellos, lo que hacía factible reducir con celeridad el presupuesto militar en tiempos de paz, y la tarea de contratarlos, equiparlos, encuadrarlos y pagar sus soldadas podía encomendarse sin problema a contratistas privados o incluso a sus propios jefes. Sin embargo, el incremento de los costes del armamento, en especial la artillería, convirtió a la guerra en una cuestión que sólo el Estado podía afrontar e hizo de sus ejércitos una fuerza permanente.

Todos estos hechos supusieron una auténtica revolución. Imitando el ejemplo de la Francia de Luis XIV, ordenanzas precisas reglamentaron todo cuanto afectaba al Ejército y la Armada; vieron la luz los primeros ministerios de la Guerra y de Marina; la logística militar experimentó un avance nunca visto; decenas de cuarteles, ubicados en fortalezas, cerca de las fronteras y en las ciudades principales de cada reino, acogieron los numerosos regimientos en que ahora se dividían los ejércitos; se erigieron grandes hospitales para atender a la recuperación de los soldados heridos en combate; se fundaron academias para formar a los futuros oficiales, y una parte cada vez mayor del gasto público se destinó a sufragar las necesidades de las tropas, mientras todo un nuevo sector de la industria crecía al calor de la creciente demanda estatal de uniformes, fusiles, cañones, municiones y pertrechos para dotarlas. Con toda razón puede asegurar el historiador británico Paul Kennedy que «[…] los cambios más significativos que se produjeron en los campos militar y naval durante el siglo XVIII fueron probablemente de organización, debido a la acrecentada actividad del Estado[1]».

En cualquier caso, estos decisivos cambios hicieron de la guerra algo mucho más costoso de lo que

---

[1] Kennedy, Paul. *Auge y caída de las grandes potencias.* Barcelona: Plaza y Janés, 1989. p. 112-113.

venía siendo habitual, y situaron a los grandes estados ante la imposibilidad evidente de financiar sus costes recurriendo tan sólo a sus ingresos fiscales regulares. Es obvio que podían incrementar la ya gravosa carga impositiva que sufrían sus súbditos, pero la medida, de prolongarse en el tiempo, podía alimentar revueltas y, a medio plazo, incluso dañar la economía. La consecuencia de este hecho fue doble. Por una parte, algunos gobiernos promovieron una auténtica revolución financiera, mediante la cual crearon los instrumentos de banca y crédito necesarios para sufragar sus crecientes gastos militares; por otra, se convirtió en imposible la hegemonía absoluta de una potencia sobre las demás, tal como había sucedido hasta mediados del siglo XVII con la España regida por los Habsburgo, y con la Francia de Luis XIV, en menor grado, después de esa fecha. Pero otros factores, en los que resulta conveniente detenerse, fueron de igual modo muy relevantes a la hora de explicar este hecho.

Una Europa distinta

En primer lugar, la Europa del siglo XVIII es mucho más grande, aunque no en un sentido geográfico, por supuesto, sino desde un punto de vista económico, político y diplomático, que la de las centurias precedentes. Sus fronteras se han extendido por el este al incorporarse por fin al concierto de las naciones los vastos territorios de una Rusia que, tenida antes por un sujeto marginal, se ha erigido ahora en actor de cierta relevancia a causa de las reformas modernizadoras impulsadas por Pedro I a comienzos de siglo.

Pero lo han hecho mucho más por el oeste, donde el océano Atlántico ha dejado de ser un lago ibérico, disputado con escaso éxito por ingleses, franceses y holandeses, para convertirse en protagonista de un comercio colonial cada vez más intenso y determinante, dado su papel de teatro fundamental en el que actúan las nuevas fuerzas económicas a las que el continente debe su progreso. Asegurar de forma eficaz extensiones tan vastas y mantenerse a la vez, y en solitario, como potencia hegemónica en el continente y en los océanos, como ha logrado durante más de un siglo la monarquía hispánica, resulta ahora de todo punto imposible para un estado que aspire a imponer su dominio sobre los demás.

Por otra parte, mientras el siglo da sus primeros pasos, algunos nuevos actores, poco relevantes o carentes de soberanía en la centuria anterior, han sido aceptados en la selecta comunidad de estados europeos mientras otros de sus miembros ven cambiar, para bien o para mal, su peso específico. A un tiempo, los poderes universales heredados del Medievo, el Imperio germánico y el papado, se hunden en una decadencia irreversible, y no lo hacen en menor medida los viejos principios: las guerras no se librarán más por la fe, sino como resultado del análisis frío y objetivo de los intereses nacionales o, en el peor de los casos, dinásticos, lo cual permitirá hacer y deshacer alianzas que colocan a un mismo estado en uno u otro lado, y con uno u otros amigos, según el momento y la conveniencia. Como fruto de tales procesos, y después de dos décadas de guerra general en Europa, hacia 1720 el aspecto del continente es muy distinto al de 1700.

Las grandes potencias coloniales de comienzos de la Edad Moderna, Portugal, España y, quizá en menor grado, las Provincias Unidas, han perdido mucho protagonismo. La Corona lusa, que firma con Gran Bretaña el Tratado de Methuen en 1703, pocas décadas después de romper por la fuerza sus vínculos con la Monarquía Hispánica, queda sometida a la dependencia económica, política y militar de Londres, de la que no logrará sustraerse a lo largo de la centuria. Las Provincias Unidas, derrotadas y forzadas por Inglaterra a aceptar las llamadas Actas de Navegación, que dejaban en manos de los comerciantes autóctonos el tráfico comercial de las Islas Británicas, se convierten en una potencia secundaria, cuyos menguantes recursos van quedando cada vez más comprometidos por la necesidad de proteger su territorio de la continua amenaza francesa. Y en cuanto a España, la superpotencia del siglo XVI, golpeada una y otra vez en las últimas décadas del XVII por las insaciables pretensiones de Luis XIV y amputada por los Tratados de Utrecht y Rastadt de 1713 y 1714 del conjunto de sus posesiones europeas –los Países Bajos meridionales, el ducado de Milán, los presidios de la Toscana, Nápoles, Sicilia y Cerdeña–, así como de los pequeños pero estratégicos enclaves de Gibraltar y Menorca; forzada a ceder grandes privilegios comerciales en las Indias a los ávidos comerciantes británicos; sin Armada digna de tal nombre, y del todo agotada después de más de una década de guerra dentro y fuera de sus fronteras, parece apartada del todo y para siempre del selecto concierto de las grandes potencias, aunque pronto se demostrará que no es así.

Respecto a Francia, no ha perdido su condición de actor internacional de primer orden. Agrandada con las plazas de Lille, Besançon y Estrasburgo, sus fronteras son más seguras que cincuenta años antes y ha logrado, al fin, al colocar a un Borbón en Madrid, romper el cerco al que la habían sometido los Habsburgo. Pero agotada por un cuarto de siglo de guerras y derrotada con claridad en la guerra de Sucesión a la Corona de España, como legitima el Tratado de Utrecht de 1713 y ratifica un año después el de Rastadt, no le queda sino desistir de los designios hegemónicos de Luis XIV, que fallece por entonces, mientras los territorios cedidos a los ingleses en Canadá y las Antillas comprometen con fuerza sus aspiraciones coloniales en el continente americano. Así, pronto asumirán sus gobiernos la dificultad de mantener a un tiempo la guerra en el continente y en el mar y, por ende, de lograr en solitario, sin el concurso de otras potencias, cualquier objetivo territorial que implique una alteración relevante en el nuevo orden europeo.

Del mismo modo, al norte y este de Europa se han producido notables alteraciones del equilibrio tradicional. Entre 1718 y 1721, los tratados de Passarowitz, Estocolmo y Nystad, que han puesto fin a la guerra en aquellas zonas, dejan a Suecia y Polonia, dos viejas potencias, sumidas en la más absoluta decadencia. La primera, vencida por Rusia y Prusia, ha perdido Ingria, Estonia, Livonia, gran parte de Carelia y Pomerania, y con ellas su antigua hegemonía sobre el mar Báltico. La segunda, del todo devastada por la invasión sueca, con su economía arruinada y víctima de sus disputas internas, caerá bajo la dependencia de Rusia y de

Austria, anticipando así los futuros repartos de su territorio entre las potencias vecinas. En cuanto a Venecia, forzada por el tratado de Passarowitz a renunciar a Morea, al suroeste de Grecia, y a Creta, y aunque logra conservar Dalmacia, las islas Jónicas y las ciudades de Préveza y Arta, ha de pasar a un segundo plano, que sólo la reputada pericia de su diplomacia le permitirá disimular, sin ocultarlo del todo, a lo largo de la centuria. Por último, el Imperio otomano pierde también su condición de gran potencia, amputado de extensos territorios en el Danubio y los Balcanes. Desde este instante, no tendrá otro papel que el de convidado de piedra en una Europa cuyas potencias rectoras se valdrán a menudo de él como contrapeso para mantener el equilibrio en la zona.

Pero vayamos con los vencedores. Sobre todos ellos, Gran Bretaña sale de los tratados de paz que ponen fin a la guerra general en el continente europeo en una posición inmejorable para erigirse en la gran potencia colonial y naval que aspiraba a ser ya desde mediados del siglo XVII. Por una parte, logra la demolición por los franceses del puerto de Dunkerque, la plaza fuerte que amenazaba con mayor eficacia sus costas. Por otra parte, se asegura el control de todos los núcleos vitales en las comunicaciones europeas: en primer lugar, desde Hannover, los estrechos daneses, que comunican el Báltico y el mar del Norte; en segundo lugar, el estrecho de Gibraltar, arrebatado a los españoles, que le deja expedita la puerta del Mediterráneo occidental, asegurada por la isla de Menorca, también cedida por España, y, por último, el estrecho de Mesina y el canal de Sicilia, que unen las dos cuencas, occidental y oriental, del Mediterráneo.

A todo ello se añade un enorme fortalecimiento de sus posiciones en ultramar. Este se pone de manifiesto, por una parte, en la adquisición a costa de Francia de los vastos territorios de Acadia, Nueva Escocia, Terranova y la Bahía de Hudson, y por otra, y sobre todo, en las ventajas comerciales arrancadas a España, que, en la práctica, le permitirán romper por medio de un contrabando masivo el monopolio que esta ha venido tratando de preservar celosamente hasta entonces en las Indias. No hay que despreciar tampoco la gran ventaja geoestratégica que ha supuesto para Inglaterra la misma derrota de los Borbones, que ha impedido la unión en una sola persona de las coronas de Francia y España, y la amputación de las posesiones europeas de esta última, que conjura para siempre el espectro de una nueva hegemonía continental. En pocas palabras, con dos grandes potencias terrestres, Francia y Austria, como luego veremos, y tres de menor tamaño, Rusia, Prusia y España, el equilibrio ha quedado asegurado en el continente, con lo que los ingleses pueden al fin dedicar todos sus recursos a la expansión colonial sin más cuidado que el de asegurar que frente al excesivo engrandecimiento de una gran potencia europea se levante siempre una coalición de las demás que permita a los británicos cortar de raíz sus aspiraciones. Todo el sistema de Utrecht parece, en fin, pensado por y para Gran Bretaña:

> [...] el equilibrio continental se levanta sobre los cimientos del antagonismo entre Borbones y Habsburgos. Dualismo tradicional que venía de las dos centurias anteriores, pero que Inglaterra racionalizará, mecanizará, ceñirá dentro de moldes fijos de poder; fronteras intangibles y garantizadas internacionalmente,

> barreras, sistemas regionales de alianzas, puntos de apoyo para el formidable poderío de su flota. Y junto a esa clave franco-austriaca del equilibrio europeo, dos sistemas regionales cuidadosamente dirigidos y vigilados por la diplomacia inglesa: un equilibrio báltico, basado también en el reparto de una potencia que conociera mejores tiempos en la centuria anterior, Suecia; y un equilibrio mediterráneo, que afecta muy especialmente, como tendremos ocasión de ver más adelante, a los intereses de la política exterior de la España de la primera mitad del XVIII.[2]

Es por ello por lo que, entre otras razones, Austria, o, con mayor precisión, los territorios sometidos al control de los Habsburgo de Viena, sale de la guerra transformada en el estado más extenso de Europa occidental. En el oeste, y aunque ha de desistir de sus pretensiones sobre la Corona española, recibe de Felipe V, al que no reconoce aún como rey, los Países Bajos meridionales, los presidios de la Toscana, el ducado de Milán, Nápoles y Cerdeña, que luego cederá al reino del Piamonte a cambio de Sicilia; en el este, toma del Imperio otomano la zona occidental de Valaquia, el banato de Temesvar y la mayor parte de Serbia, lo que asegura a los Habsburgo la hegemonía sobre el Danubio y los Balcanes, una posición que mantendrán hasta el siglo XIX. Sin embargo, su reiterada incapacidad para dotar a territorios tan vastos en extensión como heterogéneos en lo económico, lo cultural y lo político de un entramado institucional de cierta eficacia limitará mucho su poder real y terminará por sellar, mucho tiempo después, su fatal destino final.

[2] JOVER ZAMORA, José María. *España en la política internacional.* Madrid: Marcial Pons, 1999. p. 28.

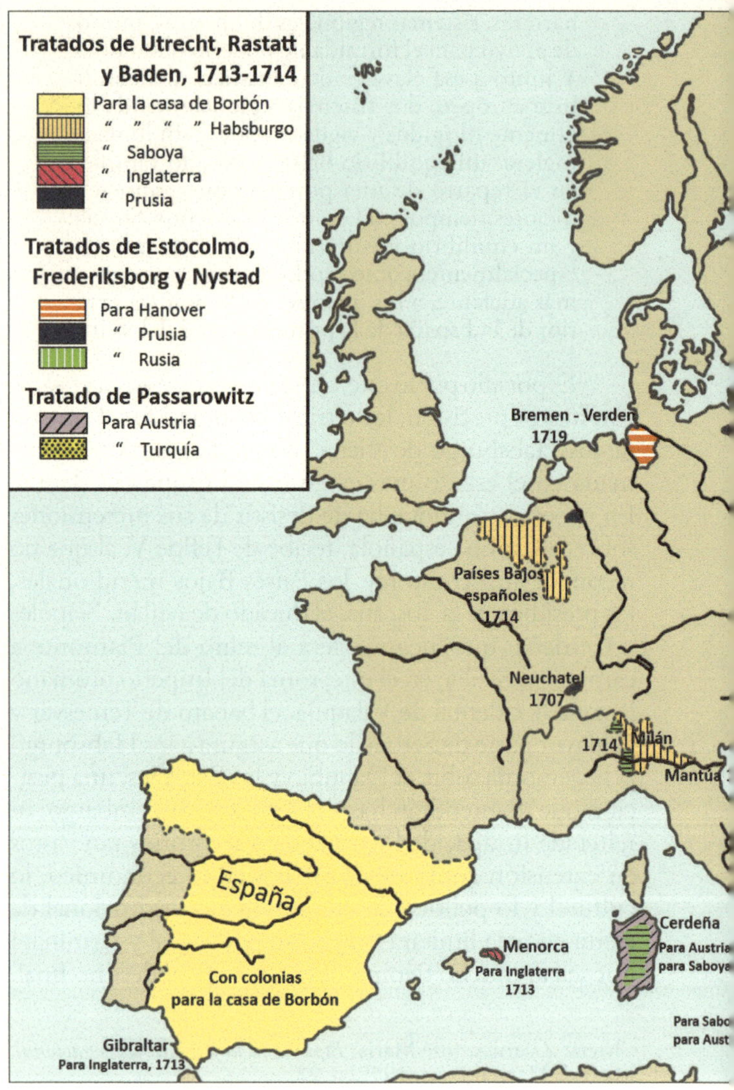
Tratados de Utrecht, Rastatt y Baden, 1713-1714
Para la casa de Borbón
" " " " Habsburgo
" Saboya
" Inglaterra
" Prusia
Tratados de Estocolmo, Frederiksborg y Nystad
Para Hanover
" Prusia
" Rusia
Tratado de Passarowitz
Para Austria
" Turquía
Bremen - Verden
1719
Países Bajos españoles
1714
Neuchatel
1707
1714
Milán
Mantua
España
Con colonias
para la casa de Borbón
Menorca
Para Inglaterra
1713
Cerdeña
Gibraltar
Para Inglaterra, 1713

Europa tras los tratados de paz que pusieron fin al estado de guerra general que sufrió el continente durante los primeros años del siglo XVIII. La decadencia de algunas potencias, el ascenso de otras y la aparición de actores secundarios relevantes sustituyeron el orden internacional vigente por otro en el que la hegemonía de una potencia no volvió a producirse.

También, en el contexto de ese nuevo equilibrio báltico ideado en Londres, sale muy beneficiado el pujante Imperio ruso. Tras la debacle sufrida por el ambicioso rey sueco Carlos XII, es Moscú quien hereda, aunque no del todo, la hegemonía antes detentada por Suecia en el mar Báltico, lo que le hace aparecer de manera súbita ante las cancillerías occidentales como un nuevo actor con el que hay que contar desde ese instante. Engrandecida con los vastos territorios arrebatados a Suecia y fortalecida por las reformas políticas, económicas y militares impulsadas por el zar Pedro I a comienzos de siglo, Rusia se abre hacia los mares Báltico y Negro, y se prepara ya para influir con decisión en los asuntos del centro de Europa. Para sus soberanos, se tratará desde entonces, como escribiera una centuria más tarde el marqués de Custine, de gobernar según principios orientales, pero con todos los adelantos de la técnica administrativa europea, los imprescindibles, al menos, para alimentar su vocación expansionista.

Semejante evolución, aunque partiendo de un retraso social y económico mucho menor, experimenta Prusia, otra de las grandes beneficiarias de la paz, quizá por la vocación de barrera renana contra la expansión francesa –compartida, eso sí, con pequeños estados alemanes como Colonia y Baviera– que la diplomacia inglesa reserva para ella en la Europa del futuro. Su soberano Federico I, hasta ese instante sólo duque de Brandeburgo, ha sido al fin reconocido como rey en Utrecht y Rastadt; su poco extenso territorio se ha acrecentado con la anexión de la Pomerania sueca, y su viejo Ejército, impulsado con decisión por el capaz sucesor de Federico, el monarca Federico Guillermo I, llamado el Rey Sargento, se convertirá pronto en uno de los mejores de Europa, como probará su ejecutoria en la guerra de los Siete Años. Las encontradas aspiraciones de Prusia, Austria y Rusia serán responsables, en las décadas siguientes, de los cambios territoriales más relevantes, amenazando un equilibrio que, en teoría deseado por todos, no será nunca fácil de preservar.

Otro país merece también cierta atención, aunque sólo sea por compartir con Prusia esa función de barrera atribuida por la diplomacia inglesa. Se trata de Saboya, engrandecida con Sicilia y algunos territorios del norte de Italia con el fin de servir a una triple función de freno frente a las aspiraciones expansionistas de otras potencias: frente a Francia, ansiosa de reconquistar su influencia sobre Italia; frente a Austria, cuya reciente adquisición del antiguo Milanesado español podía despertar en ella el anhelo de una salida al Mediterráneo a través de Génova, y frente a España, para la cual constituía este mar, como vimos, un eje estratégico de primer orden en su política exterior. Situada así en el centro de un verdadero huracán de aspiraciones encontradas, su alianza con Gran Bretaña no será sólo la condición básica de su supervivencia, sino también la base de una activa política exterior no exenta de anhelos expansionistas.

Un continente en equilibrio, un océano en disputa

En el contexto de una Europa más grande y más abierta al mundo, con un número de potencias relevantes mucho mayor, unos principios rectores en crisis y una forma más costosa de hacer la guerra, las relaciones internacionales hubieron de sufrir notables transformaciones. Un nuevo principio ocupó el lugar de los antiguos. Este principio fue el del equilibrio. No se trataba de una idea del todo nueva. Como postulado teórico, su invención se remonta a un momento tan lejano como la primera mitad del siglo xvi, cuando tratadistas como Giovanni Rucellai o Francesco Guicciardini acuñaron el concepto para aplicarlo a la difícil relación entre la República Veneciana y la alianza formada por Florencia, Milán y Nápoles, cuya armonía defendieron como garante de la independencia del conjunto de los estados italianos frente a las crecientes pretensiones hegemónicas de España y Francia. Mucho más tarde, a finales del siglo xvii, el monarca inglés Guillermo III de Orange lo resucitaría, bien que como herramienta dialéctica para lograr el apoyo de las potencias secundarias europeas en su deseo de oponerse a las aspiraciones de Luis XIV, que, en sus planteamientos, no sólo eran rechazables porque dañaran los intereses británicos, sino la misma libertad de Europa. Idéntica idea subyacía en el contenido del testamento firmado por el monarca español Carlos II el 3 de octubre de 1700. Al proclamar su sucesor a Felipe, duque de Anjou, nieto del monarca francés Luis XIV, se aseguraba de serenar a las grandes potencias europeas introduciendo una cláusula que impedía toda futura reunión en su persona de las Coronas de España y Francia, pues era obvio que semejante concentración de poder destruiría el equilibrio que a todos por entonces parecía deseable. Mucho más elaborada en autores ingleses del siglo xviii como lord Bolingbroke y, sobre todo, David Hume, que incluso publicó en 1752 una obra titulada precisamente *Of the Balance of Power*, sería esa también, aun más tarde, la visión de los ilustrados, para quienes el continente no era sino:

> [...] un sistema político, un cuerpo donde todo está ligado por las relaciones y los distintos intereses de las naciones que habitan en esta parte del mundo. Ya no es como antes, un confuso montón de piezas aisladas, en el que cada una se cree poco interesada en la suerte de las demás y se preocupa poco en lo que no le concierne directamente. La atención continua de los soberanos sobre todo lo que pasa, los ministros residentes permanentes, las negociaciones perpetuas, hacen de la Europa moderna una especie de república, cuyos miembros, independientes pero ligados por un interés común, se reúnen para mantener el orden y la libertad.[3]

En cuanto a la práctica, el equilibrio, como principio rector efectivo de las relaciones internacionales opuesto a la hegemonía de un solo estado, había irrumpido por primera vez en el mundo diplomático en 1648, cuando la Paz de Westfalia puso fin a la devastadora guerra de los Treinta Años[4]. Desde entonces, y a despecho de los repetidos intentos del monarca francés Luis XIV –la mayor parte de ellos a costa de los desprotegidos territorios españoles– por consolidarse como el árbitro de Europa, ya no sería posible para una sola potencia imponer su voluntad

---

[3] Vattel, Emmerich de. *Le droit des gens*, 1758, libro III, capítulo III. p. 47

[4] En realidad, la conocida como Paz de Westfalia engloba dos tratados distintos, el de Osnabrück, que puso fin a la guerra de los Treinta Años, firmado el 15 de mayo de 1648, y el de Münster, que dio por concluida la llamada guerra de los Ochenta Años entre España y las Provincias Unidas, que fue sellado el 24 de octubre.

a las demás, ni los conflictos bélicos se articularían sobre la base de una coalición más o menos estable de potencias unidas en defensa de su soberanía amenazada por el excesivo poder de una de ellas. La Europa de Utrecht habría de construirse, como vimos, sobre ese mismo principio, que, consolidado de manera definitiva en el Congreso de Viena, tras la derrota final de la Francia napoleónica, permaneció en vigor hasta 1914.

Pero la asunción de este postulado por todos los estados no puede considerarse algo logrado por completo en el siglo XVIII. El equilibrio era, sin duda, la premisa o axioma que guiaba la política exterior británica desde 1648. Pero se trataba de eso, de una política, no de un sistema. Para los gobernantes ingleses, su país había de servir como una especie de *holder of balance*, esto es, un sostén del equilibrio cuyo papel consistía en asegurar que ningún estado europeo alcanzara la preponderancia sobre los demás, pues de ese modo, ninguno de ellos podría amenazar su supremacía en el mar. Pero otra cosa bien distinta era lo que pensaba el resto de los gobiernos. Para ellos, el equilibrio no era el objetivo primordial de su política exterior, como cabría exigir a un verdadero sistema de relaciones internacionales basado en dicho postulado, sino una suerte de mal menor, un principio de conveniencia al que se recurría cuando no quedaba otra salida. Si las grandes potencias europeas renunciaban a engrandecerse, no era porque no aspiraran a ello, ya que todas, en mayor o menor grado, lo hacían, sino porque sabían que era imposible. En otras palabras, los gobiernos europeos, entre bambalinas y a pesar de sus continuas declaraciones a favor del equilibrio continental, hacían de la necesidad una virtud, y el equilibrio del que tanto se hablaba era más bien un equilibrio negativo, muy semejante al que dos siglos después caracterizaría a la Guerra Fría, con la diferencia de que en ningún caso fue capaz de evitar el periódico estallido en el continente de conflictos de carácter general que terminaban por involucrar a todas o al menos a la mayoría de las grandes potencias europeas.

Ello no quiere decir, no obstante, que el nuevo sistema europeo de relaciones internacionales del siglo XVIII no presentara ya alguno de los rasgos que, según autores como Morton Kaplan, son propios de los sistemas de equilibrio[5]. Poco a poco, fueron consolidándose, si no todos, sí al menos unos pocos. Se convirtió en norma no escrita, pero no por ello menos cierta, por ejemplo, que una potencia que apetecía expandir su territorio prefiriera intentarlo mediante la negociación antes de ir a la guerra, y que buscara aliados antes de negociar siquiera. También lo era, sobre todo en las primeras décadas del siglo, que el resto de los estados se unieran contra cualquiera de ellos que tratara de engrandecerse en exceso. Todo ello vino a consolidar la práctica de los congresos internacionales –Utrecht entre 1712 y 1713, Cambrai en 1720, Soissons en 1728– como medida preventiva o respuesta inmediata a las amenazas contra el equilibrio internacional vigente. Y es obvio, por último, que se permitió la incorporación al sistema de nuevos actores antes no esenciales y a actores derrotados.

---

[5] KAPLANK, Morton. *System and Process in Internacional Politics.* Nueva York: Wiley, 1957.

Todo ello exigía, sin renunciar a aquella, conferir a la diplomacia una clara primacía sobre la guerra. Cuando en cualquier lugar del continente, por periférico que pudiera considerarse, brotara un conflicto susceptible de alterar el equilibrio continental, todas las potencias se reunirían para tratar de resolverlo, les afectara o no de manera directa, y sólo si los embajadores se revelaban incapaces de alcanzar un acuerdo se recurriría a la guerra, en la cual cada estado afectado, como veremos, escogería el bando que más le conviniera en función de sus intereses, que podían cambiar entre un conflicto y el siguiente. La paz, cuando llegara el momento, se negociaría sobre idénticos principios: ningún estado había de resultar beneficiado o perjudicado en exceso; Europa era, de algún modo, una sola entidad, una suerte de gran familia de naciones cuya libertad y prosperidad dependían de que ninguno de los parientes que la constituían impusiera su voluntad a los demás.

Pero debe quedar claro que el equilibrio del que se habla se refiere tan sólo al continente; en ningún caso al mundo colonial, donde Gran Bretaña, amparándose en la libertad de navegación, ampliaba sin cesar su imperio comercial, mucho más preocupada por asegurar mercados para sus productos que por conquistar nuevas tierras para su bandera. Es obvio que una interpretación universal del principio del equilibrio habría convenido a la mayoría de las grandes potencias, en especial a España y Francia, dueñas de extensas tierras allende los mares y, por ende, obligadas a combatir en ambos escenarios, dividiendo así sus recursos. Pero sólo una concertación firme y duradera de los estados europeos habría sido capaz de imponerse sobre

Gran Bretaña en el mar. A punto estuvo de suceder cuando, durante la guerra de independencia de las trece colonias norteamericanas de Inglaterra, Francia, España y Holanda reunieron sus armadas contra la *Royal Navy*, mientras, inspirados por Rusia, los países ribereños del Báltico, e incluso Portugal, creaban una Liga de Neutrales dispuestos a defender el derecho de sus buques a comerciar libremente. Pero, en 1783, acabada la guerra, todo volvió a su cauce. A la hora de la verdad, para casi todos los estados era más importante lo que sucedía en el continente que lo que pudiera ocurrir en el mar.

No por ello, sin embargo, puede hablarse sin más de una hegemonía británica, en el mismo sentido que damos a esa expresión al hablar de la España del siglo XVI o la Francia de Luis XIV, un fenómeno que, como hemos visto, sencillamente ya no era posible. Gran Bretaña, después de Utrecht, era el árbitro de Europa, no su señor. Para asegurarse de que se mantenía en el continente el inestable equilibrio que tanto convenía a sus intereses coloniales, requería de una continua labor diplomática orientada sin descanso a atesorar aliados en el continente y a usarlos como contrapeso frente a cualquier riesgo de ruptura de ese equilibrio. La historia de cómo lo logró es, en cierto modo, la historia de las relaciones internacionales del siglo XVIII.

Una pugna secular

Ejércitos mucho más caros, nuevos actores, intereses contrapuestos, equilibrio inestable, diplomacia más activa: en ese contexto se desarrolla la historia de las relaciones internacionales europeas del siglo XVIII. Y no fue una era más pacífica que las anteriores. Guerras hubo muchas a lo largo de la centuria, pero se trataba de guerras distintas. No eran ya guerras de principios, religiosos o ideológicos, sino de intereses, nacionales unas veces, dinásticos otras, aunque no siempre resulte sencillo deslindarlos. No eran guerras totales, animadas por el objetivo de provocar la aniquilación del enemigo, sino motivadas por la resolución de un problema concreto, dinástico o territorial y, por ende, limitadas en el tiempo hasta que ese problema se resolvía. No eran guerras tan sólo europeas, restringidas al continente y a sus mares, sino también, y cada vez más, coloniales, pues el comercio con las Indias, occidentales y orientales, adquiría un peso creciente en las economías de las potencias navales y generaba esferas de influencia que los estados deseaban proteger y ampliar. Tampoco eran guerras nacionales, protagonizadas por el pueblo en armas, como lo serían después de la Revolución francesa, sino guerras de caballeros, planeadas y dirigidas por jefes profesionales que mandaban ejércitos también, en su mayor parte, profesionales y se regían por un código compartido de honor y respeto mutuo, cuyo desarrollo afectaba muy poco a la población civil. Y no eran, por último, guerras de todos contra uno, ya fueran España o Francia, como en las centurias precedentes, sino de todos contra todos, unidos en endebles coaliciones que podían cambiar, y lo hacían sin reparos, entre un conflicto y el siguiente.

Pero no cambiaban de forma del todo aleatoria. Tras los sucesivos y frecuentes conflictos que jalonaron el siglo puede descubrirse una pauta que ayuda a comprenderlos en todo su significado, más allá de su imprevisibilidad sólo aparente. En todas las conflagraciones hubo siempre dos enfrentamientos de fondo. El primero tenía por teatro el continente, y oponía a Austria y Prusia por el dominio sobre el decadente Imperio alemán e Italia. Como actores interesados en este escenario, la ahora poderosa Rusia, que aspiraba a extender su influencia hacia el centro de Europa a costa de una Polonia crepuscular, y Francia, que no se resignaba a perder la suya tras haberse liberado al fin de la pinza a la que durante dos centurias le habían sometido los Habsburgo de Viena y Madrid, basculaban hacia una u otra potencia en función de sus intereses de cada momento. El segundo, que tenía como teatro el océano y las colonias a las que daba acceso, enfrentaba también a Francia, interesada en preservar sus territorios en Norteamérica y el Caribe, con Gran Bretaña, que aspiraba a arrebatarle su control, no tanto con objeto de incrementar sus posesiones como sus mercados. España, dueña de un inmenso imperio en las Indias occidentales, aparecía al comenzar el siglo como un actor secundario en este escenario, pero el crecimiento de su armada, que se convierte en la tercera del mundo a mediados de siglo, hace de ella una potencia relevante que, en alianza con Francia, puede asegurar el mantenimiento del statu quo en la zona e incluso alterarlo.

Por supuesto, ambas pugnas no operan de manera autónoma una de la otra, sino que se entremezclan de forma habitual, dando origen a alianzas cambiantes. Los gobiernos británicos son conscientes en todo momento de que para preservar el equilibrio continental que tanto les interesa requieren contar siempre con un aliado entre las potencias terrestres, pues solo de ese modo se asegurarán de que frente a cualquier designio expansionista excesivo se levante enseguida una coalición de potencias capaz de neutralizarlo. Ese aliado no puede ser Francia, pues sus intereses en las colonias chocan con los británicos, pero sí Austria o Prusia, que no poseen ambiciones marítimas, y de forma alternativa, si es necesario, para prevenir que un excesivo engrandecimiento de una de ellas altere el equilibrio que se trata de preservar. En cuanto a Francia, es evidente que se encuentra sometida a condicionantes mucho mayores. Al ser a la vez una potencia continental y colonial, su diplomacia se ve obligada a buscar aliados en ambos escenarios. En el mundo colonial, América del Norte sobre todo, hallándose enfrentada, como decimos, a las ambiciones británicas, su mejor opción es España, dueña de un gran imperio amenazado también por la *Royal Navy*. Al principio, la alianza resulta a un tiempo poco rentable y en exceso dificultosa. Por un lado, ni el Ejército español ni su Armada, todavía débiles, pueden resultar decisivos en una guerra; por otra, los gobiernos de Felipe V albergan apetencias sobre la península italiana que no complacen del todo a Francia. Pero cuando España ve satisfechas sus aspiraciones en Italia y su flota vuelve a ser relevante, la alianza, bajo la forma de los denominados Pactos de Familia, se sella y permanece estable durante el resto de la centuria. En el continente europeo, sin embargo, las cosas resultan mucho más difíciles para los gobiernos galos. Como bien saben sus ministros, Francia no posee intereses compartidos, sino enfrentados, con Austria y Prusia, que pugnan por someter a su influencia a la Europa central. No le queda, por ende, a su diplomacia sino apoyar alternativamente a una contra la otra, tratando de evitar que alguna de ellas se alce con un triunfo decisivo.

2

Guerras por una corona

Estas rivalidades convierten al siglo XVIII en un siglo guerrero. Pero no resulta conveniente hablar de guerras dinásticas, dando así la imagen de que los conflictos que tenían lugar estaban causados única y exclusivamente por las ambiciones personales de los soberanos. Porque bajo conflictos denominados en varias ocasiones guerras de sucesión subyacían enfrentamientos entre los estados europeos que venían definiendo sus fronteras e identidades desde el Renacimiento y buscaban ventajas económicas, como era el caso de Gran Bretaña.

Roberto Muñoz: *Trafalgar, 1805. Gloria y derrota de la Armada española* (2005)

La guerra de Sucesión Española

Conocidos los parámetros que definen el marco global de las relaciones internacionales a lo largo del siglo XVIII y presentados, si bien de forma somera, sus principales actores, parece oportuno que nos detengamos en analizar los conflictos bélicos que jalonaron la centuria. Pero dado que es el mar, el océano, el contexto en el que debemos situar la batalla de Trafalgar, de poca utilidad nos resultaría un análisis de carácter general, una descripción que no tuviera en cuenta el papel que en cada uno de esos conflictos desempeñó la estrategia marítima y colonial de las potencias y su concreción en forma de operaciones bélicas que tenían el mar como escenario. Tal será nuestro criterio en las páginas que siguen.

Durante la primera mitad del siglo, las conflagraciones son aún, en líneas generales, el fruto de aspiraciones o problemas de naturaleza dinástica, combinados, en mayor o menor grado, con el notorio irredentismo de algunas de las potencias más lesionadas por las disposiciones de los Tratados de Utrecht y Rastadt o frustradas en sus expectativas territoriales. Habrá que esperar a la segunda mitad de la centuria para que los intereses económicos, en general, y los vinculados al comercio colonial, en particular, ganen un protagonismo que ya no perderán nunca desde ese instante. Pero ni siquiera antes de 1750 queda el océano del todo ajeno a las consideraciones diplomáticas y geoestratégicas de los estados europeos, pues, de forma directa o indirecta, protagonista o secundaria, el mar reclama también un papel en cuantas guerras se libraron entre las potencias coloniales europeas entre 1700 y 1750.

Volvamos, pues, a 1701. Las grandes potencias combaten entre ellas por los territorios españoles en Europa como perros que pugnan por los despojos de un gran oso caído. Se lucha en tierra, sobre todo, en España y fuera de ella; la guerra es, a la vez, civil e internacional. Pero también se lucha, y mucho, en el mar. Y no sólo eso. El verdadero detonante del conflicto se encuentra en él, en el océano cuyas aguas conducen a las vastas posesiones de la Monarquía Hispánica en América y a un comercio que es entonces el más lucrativo que conocen los europeos, pero que los españoles, pioneros dos centurias atrás en aquellas tierras, se reservan para sí celosamente.

Luis XIV, el ambicioso rey francés, ha colocado a su nieto, el duque de Anjou, en el trono de España. Los españoles no parecen encontrar problema en ello; sus títulos son al menos tan buenos como los del otro pretendiente, el archiduque Carlos de Habsburgo. El flamante monarca no los busca tampoco cuando se apresura a reunir, una tras otra, las Cortes de sus reinos y jura ante ellas sus constituciones, como habían hecho siempre sus predecesores. Y no los desean en modo alguno las grandes potencias europeas, serenadas por el testamento de CarlosII, que asegura que ambas coronas, la de España y la de Francia, no se unirán jamás en una misma persona. Pero Luis XIV tiene otros planes. No sólo actúa de facto como monarca español, remitiendo a su nieto Felipe V cartas y cartas, decidiendo por él su matrimonio con María Luisa de Saboya o espiándole a través de la poderosa camarera de la reina, la princesa de los Ursinos; sino que pretende, y logra, arrancar del Gobierno de Madrid sustanciosos privilegios en las Indias para los comerciantes franceses. Cientos de mercantes galos comienzan a llegar a los puertos de Nueva España y el Perú, y enseguida una sociedad francesa, la Compagnie de Guinée, recibe el ansiado y lucrativo monopolio del tráfico de esclavos en las Indias españolas. Y es esta decisión, adoptada en agosto de 1701, la que precipita las cosas. Las potencias marítimas, Gran Bretaña y las Provincias Unidas, reaccionan de inmediato. Pocos días después, el 7 de septiembre, impulsan la formación de la Gran Alianza de La Haya, a la que pronto se suman el Sacro Imperio y la gran mayoría de los estados alemanes, y algo más tarde, Portugal y Saboya. Europa entera está en guerra contra los Borbones, y la conflagración, aunque se disfraza de pugna dinástica, la ha provocado el comercio, y no un comercio cualquiera, sino el comercio colonial, el comercio marítimo. Como escribiera por entonces el propio Luis XIV a su embajador en Madrid, «[...]el principal objeto de la guerra presente es el comercio de Indias y de las riquezas que producen». El océano, por tanto, estará desde el principio llamado a jugar un papel determinante en la evolución del conflicto.

Sobre el papel, todo parece un juego de niños para Gran Bretaña y las Provincias Unidas, por entonces las dos mayores potencias navales de Europa. Un mero balance de fuerzas haría palidecer de vergüenza a los Borbones. Es cierto que Francia posee aún, a pesar de las pérdidas sufridas por su Armada durante las guerras de Luis XIV, un poder naval considerable. En 1700 cuenta todavía con ciento catorce buques de línea y veintiséis fragatas. Pero España, que había sido durante casi un siglo y medio la dueña de los mares, sólo podía disponer, tras el desastroso reinado de Carlos II, de siete navíos y catorce fragatas, amén de algunas galeras, del todo inútiles para la guerra oceánica. Una cifra, en fin, irrisoria si se tiene en cuenta la vastedad de los territorios y la longitud de las rutas marítimas que deben proteger estos buques. Frente a ellos, la orgullosa *Royal Navy* inglesa cuenta en 1700 con el aplastante número de ciento treinta navíos y cuarenta y cinco fragatas, y la marina holandesa, aunque se encuentra lejos de su mejor momento, posee aún en torno a medio centenar de buques de línea.

Por fortuna para sus propios intereses, Luis XIV comprende enseguida que debe otorgar gran importancia al océano en la guerra que se avecina. España carece de poder naval propio, pero la columna vertebral de su economía sigue siendo la plata que, año tras año, arriba a Sevilla en los galeones de la flota de Indias. Si Gran Bretaña y sus aliados se apoderan de esa flota o logran interrumpir las rutas marítimas que unen a España con sus Indias, el futuro de su nieto quedaría comprometido de manera casi definitiva. Por ello, no le cabe al monarca francés sino usar sus propios barcos para proteger el comercio español con el Nuevo Mundo.

El vaticinio se cumple enseguida. En agosto de 1702, una poderosa flota combinada angloholandesa bajo el mando del almirante británico George Rooke ataca el puerto de Cádiz. La forman doscientas siete velas, entre buques de guerra, embarcaciones de apoyo y los transportes necesarios para los catorce mil soldados que lleva embarcados para la invasión de la ciudad. Los buques de guerra son nada menos que treinta navíos de línea y seis fragatas inglesas y veinte navíos de línea y tres fragatas holandesas, amén de algunas unidades menores. Pero aunque la superioridad de los invasores es aplastante, la sorpresa absoluta y las defensas de Cádiz no se encuentran preparadas, el ataque fracasa. El 19 de septiembre las tropas reembarcan tras

Batalla la bahía de Vigo o de Rande, 12 de octubre de 1702, por el pintor holandés Ludolf Bakhuizen.

perpetrar terribles saqueos en localidades próximas a la ciudad, como el Puerto de Santa María y Rota. Por entonces ha corrido ya el rumor de que la Flota de Indias, que debía arribar a Sevilla por aquellos días, ha evitado su ruta habitual y se encuentra refugiada en la ría de Vigo. Rooke, deseoso de vengar su derrota frente a Cádiz, ordena poner proa hacia la ciudad gallega.

Cuando llega frente a sus aguas, encuentra allí, en efecto, una gran flota. La componen diecisiete galeones, de los cuales sólo tres cuentan con un número importante de cañones, a los que se añade un contingente enviado por Luis XIV para proteger a los barcos españoles: quince buques de línea y tres fragatas al mando del almirante conde de Chateau Renaud. Sobre el papel, las riquezas que atesoran sus bodegas han de ser inmensas, pues ninguna flota ha partido de las Indias desde 1699 por temor a los piratas y bucaneros. En la práctica, sin embargo, las cosas son bien distintas. Oliéndose un posible ataque enemigo, el Consejo de Indias ha autorizado que, de manera excepcional, pues sólo puede hacerse en Sevilla, la carga se desembarque y traslade luego por tierra a lugar seguro. Miles de carros son requisados en los alrededores y la plata viaja hacia la meseta antes de que la flota enemiga inicie su ataque. Pero cuando este se desencadena, la derrota hispanofrancesa es total e inmediata: los barcos que no han sido incendiados o echados a pique son apresados; las mercaderías que aún no se habían podido desembarcar pasan a manos del invasor.

Pero aunque menos sangrante, mucho más relevante es lo sucedido unos meses después, el 1 de agosto de 1704, cuando una flota angloholandesa de sesenta y un navíos al mando del inevitable Rooke se presenta frente a la bahía de Algeciras. El almirante inglés no se encuentra en su mejor momento. A pesar de su aplastante superioridad, en los dos años anteriores ha sido del todo incapaz de llevar a cabo desembarco alguno en las costas españolas, ha errado de nuevo en su intento de apresar la flota de la plata y todo lo que ha logrado ha sido capturar un par de buques de sesenta cañones recién construidos en Pasajes. Es por ello por lo que, a propuesta del archiduque Carlos, que viaja con él, decide atacar Gibraltar, una plaza entonces poco defendida pero de inmenso valor estratégico por su ubicación entre el Atlántico y el Mediterráneo. Tras un breve asedio, la pequeña ciudad cae y sus habitantes, que rechazan vivir bajo la autoridad del archiduque, la abandonan para fundar la villa de San Roque. Los ingleses, por supuesto, la han tomado en nombre del pretendiente Habsburgo, pero la retendrán para sí y, a pesar de haber acordado los aliados que no se apropiarán de territorio español alguno, no la devolverán jamás. Se trata de un hecho capital que debemos tener presente de cara a una adecuada comprensión de la batalla de Trafalgar, cien años después. La estrategia inglesa ya está perfectamente definida en 1704: con las miras puestas en sus intereses comerciales, su objetivo prioritario es el control del estrecho de Gibraltar, llave de las comunicaciones entre el Mediterráneo y el Atlántico, y para ese control, el dominio del área marítima comprendida entre el cabo de San Vicente y el propio estrecho resulta casi imprescindible; la posesión de Gibraltar se la asegura. Si añadimos a esta zona el canal de La Mancha, que comunica el océano Atlántico y el mar del Norte, y los estrechos daneses, que sirven de puerta entre este mar y el Báltico, tendremos completa la visión estratégica inglesa del siglo xviii. Asegurar esos espacios será su obsesión durante toda la centuria.

No es extraño, en consecuencia, que Felipe V urja a la reconquista de la plaza, la cual, si se fortifica, puede volverse inexpugnable. Para ello se requiere el concurso de la Armada francesa, pues la española, como sabemos, apenas cuenta aún con efectivos a pesar del programa de rearme acelerado que se está llevando a cabo en los astilleros del norte. De ahí que, mientras las tropas españolas inician el ataque por tierra, una poderosa flota gala de cincuenta y un navíos y seis fragatas al mando del conde de Toulouse zarpe de Tolón dispuesta a completar el asalto desde el mar. Frente a ella, la escuadra angloholandesa de Rooke alinea cincuenta y tres navíos y un número similar de fragatas.

La batalla, tan intensa en lo bélico como clásica en lo táctico, es encarnizada. Las dos flotas, formando frente a frente dos líneas paralelas, se cañonean durante horas hasta que anochece. Por la mañana, Rooke, que ha perdido de vista a la flota enemiga, regresa sobre Gibraltar temiendo que el enemigo haya aprovechado la oscuridad para caer sobre la plaza, pero los franceses no se encuentran allí; han zarpado de vuelta a Tolón para anunciar su victoria.

En realidad no hay tal victoria. Es cierto que los daños de los angloholandeses son mayores, pero el objetivo de la batalla, la recuperación de Gibraltar, no se ha producido. Y habría sido fácil conseguirlo. Los barcos de Rooke apenas contaban con munición para una hora; derrotarlos por completo habría sido muy sencillo, y, sin apoyo naval, Gibraltar habría caído como una fruta madura. El francés no es un vencedor, sino un inepto. Habrá otros intentos posteriores de reconquistar el peñón, pero reforzada la plaza con cañones y soldados, los ataques contra ella se estrellarán una y otra vez contra sus murallas.

Se trata de la última gran batalla naval de la guerra. Desde entonces, los franceses no volverán a arriesgar sus barcos en un enfrentamiento abierto con los ingleses, que se convierten en dueños del Mediterráneo occidental. Este hecho determina el curso inmediato de la guerra en la península. La flota inglesa hace posible los desembarcos que levantan contra Felipe V los reinos de la antigua Corona de Aragón, o, mejor dicho, una parte de ellos, y la conquista de Menorca, que regala a sus barcos un nuevo puerto de gran importancia estratégica en Mahón.

Es cierto que no todo son desdichas para españoles y franceses. El comercio hispano con las Indias nunca llega a interrumpirse del todo, y flotas e incluso navíos en solitario cruzan una y otra vez el Atlántico durante el conflicto, hasta un total de ciento treinta y dos barcos entre 1701 y 1715; nuevos intentos de desembarco, como el que se produce en Canarias, fracasan de forma estrepitosa, e incluso logran los escasos buques del joven monarca algunas victorias sobre los ingleses en América, donde saquean Providence, capital de las Bahamas, y apresan sus corsarios muchos mercantes ingleses, solos o en pequeños grupos. Pero el balance de la guerra, sellado en el tratado de Utrecht, no puede ser más desastroso. Con sus territorios en Europa –Gibraltar y Menorca, los Países Bajos, el Milanesado, Nápoles, Sicilia y Cerdeña–, España pierde su condición de gran potencia; sin armada para defenderlos, la pérdida de su todavía vasto imperio colonial en las Indias puede ser también cuestión de tiempo, máxime cuando dos grietas se han abierto en su monopolio comercial: el navío de permiso, que concede a Inglaterra el derecho a enviar a las Indias para comerciar allí libremente, un navío de quinientas toneladas, y el asiento de negros, por el que serán los ingleses los únicos autorizados para vender en las Indias esclavos africanos. Es cierto que la amputación territorial sufrida ofrece un lado positivo: de sus posesiones en Europa la monarquía hispánica de los Austrias ha obtenido siempre pocos recursos y asumido muchas cargas; América, verdadero cimiento del poder español, podrá ahora recibir la atención que merece. La cuestión es cuánto tiempo tardarán los gobernantes españoles en comprenderlo así y obrar en consecuencia.

Mientras, la guerra ha prendido también en el este y el norte del continente, donde las grandes potencias terrestres pugnan por la hegemonía local. No hablaremos aquí de tales conflictos, de índole más regional que global y con escasa dimensión marítima. Baste decir tan sólo que aún no han concluido las hostilidades en el Oriente cuando la llama de la guerra prende de nuevo en el Occidente.

A por la revancha

Con razón o sin ella, lo cierto es que las duras cláusulas del tratado de Utrecht suponen un duro golpe psicológico para los españoles. La pérdida de Italia, en especial, duele hondamente en Madrid, que no puede olvidar de un plumazo su íntima vinculación con aquellas tierras. ¿Intereses dinásticos? Quizá. Felipe V obra en apariencia persuadido por su segunda esposa, la enérgica Isabel de Farnesio, hija del soberano de Parma, el duque Eduardo II, que ambiciona lograr en la península tronos para sus hijos, excluidos de la sucesión de su marido por los vástagos supervivientes de su anterior matrimonio, los infantes don Luis y don Fernando. Pero esta visión de los hechos, aunque sancionada por historiadores antiguos y modernos, no es del todo veraz. Los vínculos de España con Italia, heredados de la vieja Corona de Aragón, se remontan a más de cuatro centurias; la población, que recela de sus nuevos amos, anhela el regreso de los españoles, pero no lo hace menos la nobleza, que no olvida sus lazos de sangre, y no cabe olvidar que Italia, en el centro del Mediterráneo, es la puerta de ese mar, que constituye uno de los ejes clave de la proyección exterior hispana desde el Medievo, cuya pérdida había supuesto, por citar a José María Jover, «[...]la dislocación de los cimientos de la más inmediata y entrañable política exterior de España[6]».

Pero, conveniente o no, la reconquista de las posesiones italianas exige del Gobierno español dotarse de nuevo de una flota merecedora de tal nombre, pues sólo por mar pueden llevarse hasta allí las tropas y los pertrechos necesarios para devolverlas a la soberanía española. El rearme naval, por tanto, se convierte en una prioridad de los gobernantes filipinos. Ya en 1713 se ordena la construcción de diez navíos en La Habana, tres en otros astilleros y varios más en Guarnizo. Un

[6] JOVER ZAMORA, José María. *España en la política internacional.* Madrid: Marcial Pons, 1999. p. 71.

año después, las escuadras independientes que hasta entonces integraban la flota española se unifican en una sola bajo el nombre de Real Armada. En 1717, un hombre de excepcional talento para la organización, José Patiño, llega a la flamante secretaria de Marina y se embarca en un ambicioso programa de reconstrucción que, en unos pocos años, ha de devolver a España el rango de potencia naval.

Apenas salidos de los astilleros los primeros buques hijos de tan colosal esfuerzo, Giulio Alberoni, hombre de confianza de los reyes, organiza una expedición de ochenta barcos de transporte que, escoltados por nueve navíos y seis fragatas, llevan a bordo un cuerpo expedicionario de nueve mil hombres. En el verano de 1717, la isla de Cerdeña cae sin apenas resistencia en manos españolas. Enardecido por tan sencilla conquista, el favorito escribe el día 9 de agosto a los embajadores españoles en las principales cortes de Europa en los siguientes términos:

> Las personas que formaron la planta de la última paz creyeron que para conseguirla era necesario que el rey nuestro amo cediese una parte de sus estados, y S. M. no ha rehusado hacer este sacrificio, con el fin de llegar al restablecimiento de la tranquilidad en el comercio de las naciones [...]. Creyó el rey que tan generosa conducta por su parte, cuando no inspirase al archiduque deseos de paz, a lo menos le empeñaría a tener en su persona las atenciones y miramientos que se guardan aun entre enemigos declarados y entre dos generales de dos ejércitos a la vista. Pero nada de esto ha sucedido; antes todo lo contrario. Se han publicado en Viena, en Italia y en Flandes declaraciones no del todo correspondientes a la persona de S. M. y a su corona, y para añadir los

> hechos a las palabras, ha sido arrestado el inquisidor general de España, sin embargo de llevar pasaporte de Su Santidad, aprobado y autorizado por el cardenal Lerotemback. Esta postrer ofensa ha renovado la memoria de las anteriores, y la obligación en que se halla el rey de vindicar a sus pueblos de las injurias que no podría disimular sin envilecer su propia autoridad [...][7]

A pesar de la febril alarma desatada de inmediato entre las grandes potencias, cuya anuencia no se ha preocupado de lograr el ambicioso valido, Alberoni no se achanta. El 19 de junio de 1718, una segunda y más numerosa expedición zarpa de Barcelona con destino a Sicilia. El cuerpo expedicionario de treinta y seis mil hombres, comandado por el marqués de Leyde, va escoltado ahora por una flota de doce navíos y diecisiete fragatas al mando del almirante Antonio Gaztañeta. Pocos días después, la flota amarra frente a Palermo, que la recibe con entusiasmo. La conquista de la isla se anticipa rápida y sin dificultades.

Sin embargo, las potencias europeas no están dispuestas a permitir que España se haga de nuevo con Italia. Gran Bretaña, Francia, Austria y Saboya rubrican en Londres la Cuádruple Alianza y exigen a Felipe que embarque sus tropas y abandone sus proyectos en un plazo de tres meses. Pero antes de que concluya, y sin declaración previa de guerra, una flota inglesa al mando del almirante George Byng descubre a otra española que navega desprevenida frente al cabo Passaro, la ataca y destruye o apresa trece navíos. Los

---

[7] Canales, Carlos y Del Rey, Miguel. *Naves mancas. La armada española a vela de cabo Celidonia a Trafalgar*. Madrid: EDAF, 2011. p. 207

Batalla de cabo Passaro, 11 de agosto de 1718, por Richard Paton. La derrota española demostró que aún quedaba mucho por hacer si se pretendía contar con una flota en condiciones de enfrentarse de igual a igual con la británica.

hechos revelan dos cosas: la insensata imprevisión del Gobierno español, que no se había preocupado de contar en Europa con el apoyo diplomático necesario para incurrir en una flagrante ruptura de los tratados en vigor, y la aplastante superioridad de la flota inglesa, cuyos buques eran mayores y montaban más cañones y de mayor calibre que los españoles, muchos de ellos aptos tan sólo para la guerra de corso o la protección de convoyes.

Es sólo el principio. Al torticero ataque de la flota de Byng sigue la declaración de guerra de su Gobierno, al que no tarda en imitar Francia, en enero de 1719. Alberoni no se rinde. Trata de pactar con Suecia y Rusia para abrir un frente en el norte, prepara una expedición a Bretaña y envía otra en auxilio de los rebeldes escoceses. Como era de esperar, la tentativa resulta un fracaso y mientras, tropas francesas cruzan los Pirineos, toman Fuenterrabía y San Sebastián, destruyen nueve navíos en construcción en los astilleros de Pasajes y Santoña, donde incendian además los materiales acopiados para construir otros siete, y tratan de extender sus posesiones en América a costa de la Florida. Los ingleses, entretanto, han saqueado el puerto de Vigo y destruido también sus gradas. El cuerpo expedicionario español en Sicilia queda aislado. La situación se ha hecho insostenible y así lo entiende Felipe V, que desestima un arriesgado plan para invadir Escocia; ordena a sus tropas que evacuen Cerdeña y Sicilia, y se sienta a negociar en Cambrai. En 1724 se firma al fin la paz. Las terribles cláusulas de Utrecht y Rastadt quedan confirmadas. El emperador Carlos VI reconoce al fin a Felipe como monarca legítimo de España. Víctor Manuel de Saboya recupera Sicilia, pero la cambia ahora al emperador por la más cercana Cerdeña. Los territorios conquistados se devuelven. Ingleses y franceses reciben nuevas ventajas económicas en América. España ha ganado muy poco, tan sólo derechos sucesorios sobre los ducados de Parma y Toscana para don Carlos, hijo de Isabel de Farnesio. El equilibrio europeo no se ha alterado.

España lo había intentado, pero lo había hecho con más corazón que cabeza, sin medir el alcance de sus verdaderas fuerzas. Lejos de transigir con la marginalidad que le habían impuesto los tratados de Utrecht, se levantó contra ella, reclamando de nuevo un puesto entre las grandes potencias. Pero la guerra había demostrado que una armada poderosa y moderna no se improvisaba de la noche a la mañana. Los barcos destruidos en la batalla de cabo Passaro eran poco más que cascos reflotados o montados a toda prisa con desechos de otros navíos y su porte no era ya el necesario para abordar con éxito la lucha entre escuadras al uso en la primera mitad del siglo xviii. Había llegado el momento de colocar la construcción naval española a un nivel comparable a la europea, y ello exigía desarrollar una infraestructura industrial capaz de sostener el esfuerzo que iba a realizarse. América, además, debía recibir la atención que merecía, pues eran sus riquezas y su comercio el único cimiento sobre el que podía asentarse la deseada recuperación del vigor perdido por la monarquía hispánica. Era el momento de la reforma; era el momento de los reformadores.

En la España de los años veinte y treinta del siglo xviii, el artífice de la gran reforma de la Armada es, como dijimos, José Patiño. Lejos de arredrarse por el triste destino que han sufrido los primeros buques nacidos de su entusiasmo organizador, no sólo reconstruye con presteza los astilleros destruidos, sino que impulsa la construcción de uno nuevo en La Carraca, cerca de Cádiz, y logra en muy poco tiempo enjugar las pérdidas de la última guerra, elevando el número de buques a una cifra que hace de la Armada española una fuerza de nuevo respetable. En 1732, cuenta con veintisiete navíos de línea y dieciocho fragatas; cinco años más tarde, en 1737, alcanza los treinta y cinco navíos y diecisiete fragatas. Y no se trata ya de buques pequeños, inútiles para un combate entre flotas, sino de barcos grandes, sólidos y bien artillados, tres de ellos de tres puentes y muchos de setenta cañones, que nada tienen que envidiar a los británicos o franceses. Serán los barcos que dejarán muy alto el pabellón de España en la nueva guerra que da comienzo apenas dos años después. Pero no debemos olvidar un dato

José Patiño (1666-1736) en un óleo del Museo Naval de Madrid. El ministro fue el primer gran impulsor de la Armada española en el siglo XVIII.

que debe ayudarnos a poner las cosas en su sitio: los ingleses cuentan por aquellas fechas con ciento veinticuatro navíos de línea y cincuenta y una fragatas; los franceses, que aún no se han recuperado del desastre de la guerra de Sucesión, con unas cifras similares a las de los españoles.

A la guerra por una oreja

Mientras, en el continente los cañones han vuelto a tronar, disparando un conflicto que no tardará en entremezclarse con la secular pugna que enfrenta a españoles y británicos en las Indias. En 1733, la muerte de Augusto II de Polonia ha puesto sobre la mesa el problema de su sucesión, en el que las grandes potencias ven la posibilidad de ampliar sus

Mapa británico de 1741 en el que se representa la Norteamérica colonial en la época de la guerra entre España y Gran Bretaña.

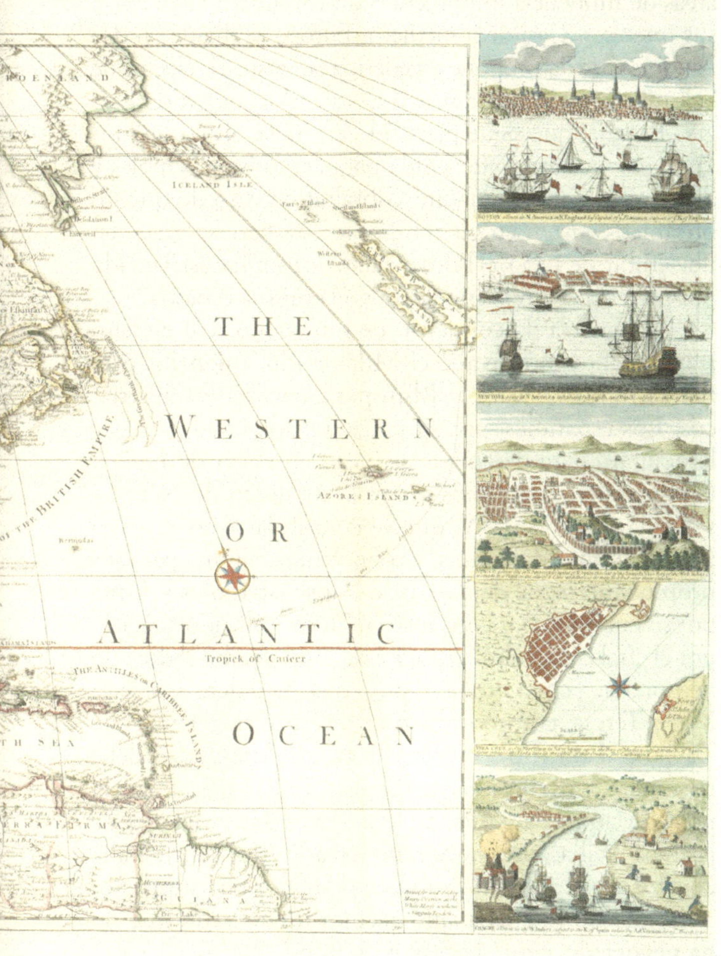

Los impresores dedicaron su obra a Edward Vernon, vicealmirante de la Flota Azul y comandante en jefe de los barcos de su majestad en las Indias occidentales.

áreas de influencia imponiendo un candidato favorable a sus intereses. Casi de inmediato, Europa se divide en dos bandos. Austria propone a Federico Augusto II, elector de Sajonia; Francia, a Estanislao Leszcynski, suegro de Luis XV. España, que sigue pensando en Italia, apoya al aspirante galo a cambio de ayuda para conquistar Nápoles y Sicilia, a los que se añadirá Gibraltar en caso de que los británicos entren en guerra. Sobre esta base se gesta, en noviembre de 1733, el Primer Pacto de Familia, así llamado por pertenecer ambos signatarios a la misma dinastía.

La guerra da comienzo de inmediato. Un ejército franco saboyano invade el Milanesado, mientras otra fuerza francesa cruza el Rhin para atacar a los austriacos. Los españoles, por su parte, invaden la Toscana y la ocupan, para desembarcar luego en el sur de Italia y conquistar en solo unos meses la totalidad de Nápoles y Sicilia. Pero Luis XV, que ve consolidarse en el trono polaco al candidato austriaco sin ventaja alguna para sus propios intereses, deja de lado a los españoles y firma por su cuenta la paz con Austria, un complicado acuerdo por el cual el aspirante galo, Leszcynski, recibe el ducado de Lorena, a cuyo titular, esposo de la heredera austriaca María Teresa, como compensación, se le entregará el de Toscana. Para ello, el infante español don Carlos debe renunciar a los ducados de Parma y Toscana, este para el polaco y aquel para Austria, a cambio del título de rey de las Dos Sicilias, un nuevo reino creado en el sur de Italia con los territorios de Nápoles y Sicilia. Por supuesto, a España no le queda sino aceptar un acuerdo que no ha negociado y que le supone renunciar a buena parte de sus conquistas. No debe extrañarnos, pues, que no ratifique el tratado hasta 1739, muchos meses después de concluir las hostilidades.

Pero para entonces España tiene otras preocupaciones. En ese mismo año estalla la conocida como guerra de la oreja de Jenkins, para los españoles guerra del Asiento, un conflicto por completo colonial y, por ende, naval. Las causas de fondo no son otras que el daño que el contrabando inglés, casi siempre con la connivencia de la burguesía local, ejerce sobre el monopolio comercial español en las Indias, al que amenaza con destruir, los continuos roces que provoca entre ambas potencias la aplicación de las cláusulas comerciales del tratado de Utrecht, en especial el navío de permiso y el asiento de negros, y la poco disimulada ocupación británica de territorios bajo soberanía española en la Florida y el Yucatán, donde se han establecido para cortar el valioso Palo Campeche.

Pero toda guerra necesita un *casus belli* y esta no iba a ser menos. Exasperados por el creciente contrabando, los barcos guardacostas españoles registran los buques ingleses, incluso en alta mar, y a menudo los capturan sin más contemplaciones. La tensión crece entre ambas potencias y alcanza un punto casi insostenible en 1738, cuando, animado por el partido belicista, el descarado Robert Jenkins, capitán del buque contrabandista *Rebecca*, comparece ante el parlamento inglés reclamando justicia y mostrando a los diputados su oreja amputada por el capitán de un guardacostas español años antes. En Londres, las voces favorables a la guerra desbordan al pacifista gobierno de Walpole, que se ve obligado a declararla a España.

Tras la guerra no hay justicia, pero sí razones, al menos para los muchos ingleses que viven del contrabando con las Indias españolas. Por eso, cuando el conflicto estalla, Inglaterra desnuda del todo sus intenciones y trata de aprovechar la ocasión. Ya no se trata de minar poco a poco el monopolio imperial español, sino de atacar de forma directa el Imperio mismo, tomando por la fuerza sus principales enclaves. De ahí que, apenas declarada la guerra, en octubre de 1739, dos poderosas flotas inglesas zarpen rumbo a las Indias. Una, comandada por el almirante Edward Vernon, se dirige contra Cartagena de Indias; la otra, bajo el mando de George Anson, contra el istmo de Panamá, que debe atacar desde el Pacífico para enlazar con las fuerzas del primero y partir así en dos las posesiones españolas.

Vernon conquista sin mucho esfuerzo la pequeña villa de Portobelo, en Panamá, en el otoño de 1739, pero, contra todo pronóstico, fracasa frente a La Habana y Cartagena de Indias entre 1740 y 1741. La batalla por Cartagena, en especial, sitúa en sus justos términos la pretendida superioridad aplastante de la británica *Royal Navy* sobre la Real Armada española. Para su ataque definitivo –algún escarceo se ha producido con anterioridad–, el almirante inglés cuenta nada menos que con treinta y seis navíos, de los cuales ocho son de tres puentes, doce fragatas, algunas de cincuenta cañones, y en torno a ciento treinta buques de carga que transportan un cuerpo expedicionario compuesto por doce mil soldados, a los que hay que añadir las dotaciones de los barcos. Frente a ellos, los españoles disponen tan sólo de una pequeña fuerza naval compuesta por seis buques de línea, todos de dos puentes, de los cuales uno porta setenta cañones y los otros cinco, sesenta o pocos más, y un total de unos tres mil soldados de infantería entrenados y armados de forma muy desigual. Su mejor baza son las poderosas defensas de la plaza. Los sólidos castillos de San Luis, San Felipe y Santiago, que vigilan el principal acceso por mar a la ciudad, la llamada Boca Chica, cuentan con un total de ciento siete bocas de fuego.

La batalla da comienzo el 20 de marzo de 1741. La flota invasora, que había fondeado frente a Boca Chica cinco días antes, comienza el ataque sobre los fuertes españoles, cuyos cañones cree Vernon obsoletos y en malas condiciones. El bombardeo es casi continuo y en apariencia tan eficaz que después de tres semanas, el almirante inglés da por segura la conquista de Cartagena y se apresura a anunciar la noticia a Londres. El entusiasmo es tan desbordante que incluso se acuñan monedas conmemorativas. Pero el inglés ha cantado victoria demasiado pronto. Los responsables de la defensa, el almirante Blas de Lezo y el virrey Sebastián Eslava, no están dispuestos a rendirse. Los ingleses lo intentan una y otra vez, pero sus intentos de tomar la ciudad fracasan. El tiempo corre a favor de los defensores. Los víveres y el agua se van haciendo escasos; la estación de lluvias se acerca y las enfermedades tropicales se ceban en los asaltantes, que sufren entre treinta y cincuenta bajas diarias; las disensiones entre el almirante Vernon, jefe de la flota, y el general Wentworth, que lo es del cuerpo expedicionario, se van haciendo mayores. La situación se hace insostenible y es necesario reconocerlo. El 20 de mayo los ingleses han completado la retirada. Dejan sobre el terreno nueve mil muertos y diecisiete barcos sufren averías muy serias.

Frustrados, los ingleses tratan de desquitarse. Primero lo intentan en Santiago de Cuba. En agosto de 1741, una flota de nueve navíos y doce fragatas que da escolta a cuarenta transportes desembarca en Guantánamo más de tres mil soldados; en noviembre, del todo incapaces de tomar la ciudad, reembarcan sin conseguir nada. Después, ya en 1743, le toca el turno a La Guaira, donde

Toma de Portobelo, 21 de noviembre de 1739. A pesar de errores tan obvios como las banderas, cuyo modelo no implanta la *Royal Navy* hasta 1801, el cuadro, pintado

por George Chambers Senior en 1838, refleja de forma verosímil un típico ataque naval sobre posiciones terrestres de la época.

el comodoro Knowles, que cuenta con nueve navíos, ni siquiera llega a desembarcar, y a Puerto Cabello, donde el desembarco, que en esta ocasión sí llega a producirse, termina en desastre. Y la misma suerte corre cinco años después una nueva expedición contra Santiago de Cuba, que cuenta con ocho navíos y seis fragatas y bergantines. El mayor poder naval del mundo no parece serlo tanto cuando se trata de hacer valer su potencia de fuego en el ataque directo a posiciones terrestres.

Sólo un éxito naval de alguna importancia cosechan los ingleses en esta larga guerra y lo protagoniza, contra todo pronóstico, la flota al mando del almirante Anson. Como sabemos, su misión consistía en navegar por el Pacífico hasta Panamá y apoyar desde allí a Vernon en su intento de tomar el istmo, partiendo así en dos el Imperio español. Pero cuando, tras un largo periplo por el Pacífico y ya muy maltrecha, la flota alcanza su destino, Anson se encuentra con que su colega ha fracasado y debe tomar una decisión. Descarta entonces los buques en peor estado, refuerza con sus dotaciones el único que le queda en condiciones de navegar –el *Centurión*, un navío de línea de sesenta cañones– y se lanza con él a cruzar el Pacífico en pos de Macao, colonia portuguesa donde, con la ayuda de sus aliados, repara y pone a punto su nave para jugárselo todo a una última carta: el abordaje del galeón de Manila, que sabe a punto de llegar de Acapulco en aquella época.

La apuesta es arriesgada; el premio, las inmensas riquezas que siempre trae en sus bodegas aquel barco que tan sólo realiza una travesía anual; su mejor baza, la sorpresa. Y la suerte le sonríe. El galeón de Manila es el *Nuestra Señora de Covadonga*, un navío de gran tonelaje, pero poco artillado, que apenas puede resistir unas horas al fiero ataque del inglés. Cuando, en 1744, Anson regresa a Londres, es un hombre rico; el honor británico, al menos, está a salvo.

Pero sólo el honor. La guerra hispanobritánica en América ha demostrado algunas cosas. La primera, que, a pesar de su aplastante superioridad numérica –la *Royal Navy* cuenta con ciento veinticuatro navíos y cincuenta y una fragatas al comienzo del conflicto mientras la Real Armada sólo alinea veintinueve navíos y diecisiete fragatas–, los ingleses no han sido capaces de lograr ni siquiera una victoria naval de importancia en una guerra que se prolonga por espacio de nueve años. La segunda, que el Imperio español en las Indias es tan vasto que, a pesar de su deficiente defensa, resulta casi imposible conquistarlo por la fuerza. Desde entonces, no será el objetivo de los británicos lograrlo. Los territorios no les interesan; el comercio, sí, de modo que les resultará fácil devolver las conquistas que no posean valor estratégico como custodias de las rutas comerciales. Gibraltar será siempre innegociable; La Habana, Manila, Florida o Menorca serán prescindibles.

Una emperatriz testaruda

Tampoco la guerra naval en Europa irá demasiado bien para la orgullosa *Royal Navy*. En el continente, la situación ha vuelto a enredarse cuando el fallecimiento del emperador Carlos VI en octubre de 1740 divide a las grandes potencias. Unas aceptan a su hija y heredera, la archiduquesa María Teresa de Austria, como sucesora en el trono imperial; otras la rechazan, ansiosas de aprovechar la ocasión para ganar territorios a su costa,

Europa en 1740. Como puede apreciarse, la guerra aún no había alterado sensiblemente el equilibrio de Utrecht.

conscientes de su juventud, su inexperiencia y la vastedad de las tierras que debe proteger con medios que saben escasos. Sin embargo, el pleito dinástico esconde intereses mucho más mundanos que pueden romper el siempre frágil equilibrio europeo. La guerra estalla de nuevo, pero ahora las alianzas se invierten. España, que ha recibido apoyo galo en América, se une a Francia y a Prusia, que desea la Silesia austriaca, así como a Baviera, Sajonia y Cerdeña, mientras Gran Bretaña, fiel a su política de equilibrio, se apresura a apoyar a Austria para impedir su posible desmembramiento, y de igual modo actúan Rusia y los Países Bajos. Todos aspiran a ganar algo o a evitar que lo haga el otro. María Teresa, archiduquesa de Austria y reina de Hungría, persigue su reconocimiento como emperatriz; el príncipe elector Carlos Alberto de Baviera, yerno de José I, predecesor del

Batalla de Fontenoy, de Henri Félix Emmanuel Philippoteaux, 11 de mayo de 1745. El ejército francés, comandado por Mauricio de Sajonia, derrota a una fuerza aliada integrada por británicos, austriacos, holandeses y hannoverianos, y se asegura la conquista de los Países Bajos.

fallecido CarloS VI, ansía a un tiempo Bohemia y la corona imperial; Sajonia anhela anexionar Moravia; el rey Carlos Manuel de Cerdeña reclama para sí el Milanesado; Italia, en fin, es, una vez más, el objetivo de la diplomacia de Felipe V, que apetece sumar Milán a las coronas ganadas para los infantes españoles.

Mientras en Norteamérica y en la India franceses y británicos se enfrentan en las llamadas, en ese orden, guerra del rey Jorge y primera guerra Carnática, en Europa el conflicto transcurre de poder a poder. En un primer momento, los enemigos de María Teresa parecen triunfar en todos los frentes. Federico II de Prusia avanza por Silesia; el candidato Carlos Alberto de Baviera invade Bohemia y es proclamado emperador en Praga con el nombre de Carlos VII, y las tropas francesas inician la conquista de los Países Bajos austriacos.

Pero pronto el voluble signo de la guerra parece invertirse. Satisfecho Federico II con la incorporación de Silesia, que María Teresa le reconoce en un tratado, se retira del conflicto, lo que permite a los austriacos invadir Baviera y Bohemia, obligando a los bávaros a pedir la paz. Aunque las tropas de Felipe V han ocupado Toscana, Módena y Génova, y los franceses siguen avanzando en los Países Bajos austriacos, los aliados de María Teresa firman la Liga de Worms y deciden continuar la guerra. Esto fuerza a las monarquías borbónicas a unirse también con mayor fuerza. En octubre de 1743, sellan el Segundo Pacto de Familia, por el que Francia se compromete a ayudar a España a defender el reino de las Dos Sicilias y a conquistar Plasencia, Milán y Parma para el infante don Felipe; y, una vez declarada la guerra a Gran Bretaña, a auxiliar también a los españoles en la reconquista de Gibraltar y Menorca, y a destruir la recién fundada colonia inglesa de Georgia.

Unidas ahora España y Francia de manera más estrecha y puestas de nuevo las miras de Felipe V sobre Italia, el mar adquiere una importancia capital. La guerra habrá de tener sin remedio una fuerte dimensión naval. Las operaciones se inician pronto con el bloqueo inglés de las costas españolas y el envío fallido de una flota con la intención de atacar Ferrol. Es sólo la primera de las muchas humillaciones que habrá de sufrir la Armada inglesa, tanto en combates individuales como entre escuadras. El siguiente se hará esperar muy poco. El 19 de abril de 1740, el *Princesa*, un navío español de setenta cañones, se topa nada menos que con tres buques ingleses de igual porte, a los que resiste durante siete horas, causándoles graves daños. Capturado el español, los ingleses lo remolcan, lo reparan y lo incorporan a su flota. Y es tal su asombro ante el tamaño y solidez del navío, semejantes

El navío español *Princesa* combatiendo contra tres navíos ingleses, de Nathaniel Parr.
Yale Center for British Art, Paul Mellon Collection.

a los de un inglés de cien cañones, que lo toman como modelo para posteriores diseños.

No es el último de estos lances que procurará esta guerra paradójica. El 25 de julio de 1747, a la vista de las Azores, el barco español *Glorioso*, de también setenta cañones, con cuatro millones de pesos en plata amonedada, se topa con un convoy inglés escoltado por un navío de sesenta cañones, una fragata de cuarenta y un paquebote de veinte. Dejando este al cuidado del convoy, el comandante inglés inicia la persecución del español con el navío y la fragata. Pero lo que se le antoja una presa fácil está lejos de serlo. El *Glorioso* hunde primero la fragata y, tras unas pocas horas de combate, desmantela el navío, que se ve forzado a retirarse para evitar

El navío español Glorioso en un grabado inglés de 1748.

daños mayores. Reparado de urgencia, el español alcanza Finisterre el 14 de agosto, pero allí se encuentra con una nueva flotilla inglesa compuesta por un navío y dos fragatas, que enseguida le acometen, aunque, muy dañados, deben retirarse a las pocas horas sin conseguir nada. El día 16 arriba el *Glorioso* a Corcubión, donde descarga la plata y se le practican nuevas reparaciones.

Ya más aliviado, el comandante del navío, don Pedro Mesía de la Cerda, decide poner rumbo a Ferrol, pero se lo impiden los vientos contrarios y los daños en su aparejo, por lo que opta por ir a Cádiz. El 17 de octubre, a la vista de San Vicente, Mesía vuelve a toparse con una pequeña escuadra inglesa. La forman esta vez cuatro fragatas bien artilladas, enseguida reforzadas por un navío de cincuenta cañones. Todo parecía indicar que el *Glorioso* no saldría esta vez muy bien parado, pues la superioridad enemiga, ciento setenta cañones contra setenta, era aplastante. Sin embargo, lejos de amilanarse, el español entabla combate y enseguida desmantela una fragata y vuela en pedazos el navío inglés, alcanzado en su santabárbara. Sin duda, las otras tres fragatas no serían enemigo de fuste para él, de no ser porque de repente aparece a la vista un nuevo buque de línea de su graciosa majestad, el *Russell*, de tres puentes y ochenta cañones.

Tras un terrible castigo, el *Glorioso*, sin municiones, con el casco destrozado y haciendo agua y el aparejo inutilizado, ha de rendirse al fin. Ha soportado el ataque de cuatro navíos y siete fragatas, hundiendo un navío y una fragata y causando averías muy serías a los demás. Su gesta, desde luego, puede encontrar escaso parangón en la historia de la navegación militar a vela.

Sólo un combate entre escuadras de alguna importancia se da en esta guerra en el continente, y se salda también con una inesperada victoria para los españoles. Se trata del conocido como combate del cabo Sicié o de Tolón, que tiene lugar el 22 de febrero de 1744.

Una escuadra española de doce navíos de línea comandada por Juan José Navarro, a la que se ha ordenado dar escolta a un convoy de transportes que lleva tropas a Italia, acosada por los temporales y por la flota inglesa, se ve obligada a refugiarse en Tolón el 24 de marzo de 1742. Allí permanece un año y medio, hasta que recibe la orden de romper el bloqueo. Para entonces, España y Francia, que han sellado un año antes el Segundo Pacto de Familia, son aliados, pero los franceses no han declarado aún la guerra a Inglaterra. Navarro, pues, decide salir de puerto, aun sabiendo que

Detalle del grabado de Diego Mesa (1796) que representa la Batalla Naval de Tolón, que tuvo lugar en febrero de 1744, cerca de Tolón, Francia, en la que la flota hispana derrotó a la británica.

los buques franceses que le acompañan, dieciséis navíos de línea al mando del anciano pero poco experimentado almirante De Court, no atacarán a los ingleses si no son atacados previamente.

La escuadra inglesa, al mando del almirante Mathews, que vigilaba el puerto, se lanza enseguida al ataque confiada en su ventaja. Dispone el inglés de treinta y dos navíos, de los cuales trece son de tres puentes, contra veintiocho españoles y franceses, que sólo cuentan con dos de tal porte. De los doce españoles, además, sólo seis son verdaderos navíos de guerra;

el resto se quedan en mercantes armados, aptos tan sólo para la carrera de Indias. Por si esto fuera poco, la superioridad artillera británica es aplastante: dos mil doscientos ochenta cañones frente a sólo mil ochocientos seis de los aliados, con el añadido de que los grandes buques ingleses montan piezas de a treinta y dos, mientras que el mayor calibre que montan los navíos de Navarro y De Court es de veinticuatro. En teoría, la victoria inglesa puede darse por segura.

Pero no es eso lo que sucede. Aunque la escuadra española se ve obligada a recibir sola el ataque inglés, pues los franceses, fieles a su intención de no atacar primero, se abstienen de intervenir, lo hace con tan brío que Mathews se ve obligado a retirarse tras sólo cuatro horas de lucha. Cuando al poco tiempo y, eso sí, tras efectuar sumarias reparaciones, reanuda el ataque, vuelve a encontrarse con idéntico resultado. La resistencia española es numantina y la intervención francesa, tardía pero real, termina de decidir el combate, que concluye con la retirada inglesa. El balance de la batalla no puede ser más humillante para Mathews, que es procesado en Londres por negligencia. Los españoles, en una inferioridad tremenda, no sólo han resistido y conservado todos sus barcos, sino que han quedado también dueños del mar, averiando de paso a los orgullosos ingleses cuatro navíos, dos de ellos de tres puentes. Más no se podía lograr con menos. Si los franceses hubieran intervenido antes, la debacle inglesa habría sido total, a pesar de lo cual no faltó algún historiador galo que, narrando los hechos de forma cuando menos poco imparcial, atribuyó del todo el mérito de lo sucedido a De Court y el demérito a Navarro, como nos recuerda Fernández Duro:

> Parecería incomprensible en cualquiera otra nación; los españoles se desataron en reproches contra este general a cuya habilidad y valor debían la salvación, y en su jactancia proverbial, en su lujo acostumbrado de hipérboles, cayeron en el ridículo de otorgar al cobarde e incapaz Navarro el título de marqués de la Victoria, y lo no menos extraordinario si se tratara de otro gobierno que el de Luis XV, fue que las quejas y fanfarronadas de los españoles alcanzaran en Francia la deposición del bravo y venerable de Court.[8]

Poco más de sí da la guerra de Sucesión de Austria en el mar. Tras una apretada sucesión de éxitos y fracasos, ninguno de los dos bandos parece capaz de hacerse con el triunfo; la conflagración resulta muy gravosa para los erarios estatales, y el agotamiento gana terreno. Las muertes de Carlos VII, en enero de 1745, y de Felipe V un año después allanan el camino. En España, Fernando VI apuesta por la paz, y su esposa, la portuguesa Bárbara de Braganza, es afín a los británicos. Además, los franceses, que han ocupado los Países Bajos, parecen a punto de conquistar también las Provincias Unidas. Londres, reacio al principio a firmar la paz, advierte que no tiene ya nada que ganar prolongando el conflicto y se aviene a negociar.

El tratado de Aquisgrán, firmado en octubre de 1848, acuerda una devolución general de conquistas. Francia acepta evacuar los Países Bajos austriacos y algunas plazas holandesas ocupadas y restituye la colonia de Madrás, en la India, a los británicos a cambio

---

[8] Fernández Duro, Cesáreo. *Armada española desde la unión de los reinos de Castilla y Aragón.* Madrid: Imprenta Real, 1895-1903 (9 tomos), tomo 6. p. 312. El historiador francés al que aludimos es León Guérin

del retorno de Cap Bretón, en Canadá. María Teresa logra su reconocimiento como emperatriz, pero entrega al infante español don Felipe, hijo de Felipe V, los ducados de Parma, Plasencia y Guastalla, y al rey Carlos Manuel de Cerdeña algunos territorios en Lombardía. Gran Bretaña, por su parte, logra conservar Gibraltar y Menorca, y renueva hasta 1752 sus privilegios comerciales en la América española, aunque dos años antes de esa fecha aceptará renunciar a ellos a cambio de una compensación de cien mil libras esterlinas, una cifra que a muchos comerciantes ingleses parecerá ridícula.

Pero nada se ha resuelto en realidad. La rivalidad colonial entre Gran Bretaña, por un lado, y España y Francia, por otro, no ha hecho sino aumentar y pronto dará lugar a una nueva guerra. Nadie ha ganado gran cosa. Sólo Federico II, que retiene Silesia, puede mostrarse satisfecho. Los franceses, que se han visto obligados a renunciar a los Países Bajos, se sienten especialmente frustrados, al igual que los españoles, para quienes Italia es una pobre compensación por no recuperar Gibraltar ni Menorca. El estallido de un nuevo conflicto es sólo cuestión de tiempo. Pero la nueva guerra habrá de ser, por fuerza, distinta. Los gobiernos de las tres grandes potencias navales, Gran Bretaña, Francia y España, son ahora del todo conscientes del profundo cambio que se ha venido operando en las décadas precedentes y cuyas inmensas posibilidades sólo Londres ha sabido comenzar a explotar: la verdadera riqueza no se encuentra ya en la posesión de territorios, sino en el desarrollo del comercio. Los gobiernos españoles de Fernando VI, logradas ya en lo fundamental las aspiraciones españolas sobre Italia, volverán al fin los ojos a América, y comprenderán que asegurar su dominio e incrementar los beneficios económicos es una cuestión vital para España que exige prestar a la Armada una atención prioritaria. Como el marqués de la Ensenada escribe a Fernando VI en 1746:

> Yo no diré que pueda V. M. en pocos años tener una marina que compita con la de Inglaterra, porque, aunque hubiere caudales para hacerla, no hay gente para tripularla; pero sí que es fácil tener V.M. el número de bajeles que baste para que, unidos con los de Francia, (si no abandona, que no lo hará, su marina) se prive a los ingleses del dominio que han adquirido sobre el mar.[9]

La batalla de Trafalgar, para la que restan aún casi seis décadas, empieza a prepararse ahora.

[9] Recomendaciones del marqués de la Ensenada a Fernando VI, 1746. En: Lynch, John. *La España del siglo xviii*. Madrid: RBA, 2005. p. 214.

3

Guerras por un mercado

> Veía claramente que era imposible que siguiéramos siendo amigos. Que no tardaría en llegar el momento en que tendríamos que ser enemigos violentos e implacables; que si se confirmaban sus sospechas de que Gran Bretaña estaba engañando a España sobre la evacuación de la Costa de los Mosquitos, proclamaría nuestra doblez ante todas las cortes de Europa; que la causa de España debía ser considerada como la causa común de todas las naciones. Y que, en cualquier caso, era mejor morir con las armas en la mano que llevar una vida de mezquindad y de desgracia.
>
> Carta de Robert Liston a lord Carmarthen, 20 de abril de 1785 [10]

---

[10] Robert Liston fue el embajador inglés en España entre mayo de 1783 y agosto de 1788. La cita se refiere a la actitud del conde de Floridablanca, entonces el principal ministro de Carlos III, ante Gran Bretaña. Para un mejor conocimiento de la política exterior británica de estos años, puede consultarse el trabajo de Guerrero, Ana Clara. «Las relaciones hispano-británicas tras la Paz de Versalles». En: *Espacio, Tiempo y Forma, Serie Historia Contemporánea*, 2, Madrid: UNED, 1989. p. 13-28.

Siete años de guerra

Así es. Las guerras que se producen en la segunda mitad del siglo ni siquiera hallan ya su pretexto en las aspiraciones dinásticas encontradas; son ya guerras económicas, motivadas por la conquista de los mercados coloniales y la protección de las rutas navales necesarias para explotarlos con seguridad. No por ello dejan de librarse batallas terrestres; las hay, y de gran importancia. Pero no es ya en la tierra, sino en el mar, donde se juega el destino de las principales naciones y, por ende, el del mismo progreso del ser humano.

Es por ello por lo que sólo han de transcurrir ocho años para que las grandes potencias europeas se enzarcen de nuevo en un conflicto. La denominada guerra de los Siete Años es una conflagración incluso aún más extendida en el tiempo y en el espacio que su predecesora, y, desde luego, ya del todo moderna en sus causas esenciales, de naturaleza casi por completo comercial y colonial. En teoría, las hostilidades dan comienzo a causa del deseo de la emperatriz austriaca María Teresa de recobrar la Silesia, que la reciente paz de Aquisgrán había dejado en manos de Federico II. Pero enseguida se verá que el verdadero protagonismo de la lucha reside en la pugna secular entre británicos y franceses por el control de los mares, en la que también España, aunque tarde y con vacilaciones, reclama un papel esencial.

Las intenciones revisionistas de la emperatriz María Teresa pronto cuentan con el apoyo de Francia, Sajonia, Rusia y Suecia, mientras Gran Bretaña, fiel a su política de equilibrio, se inclina en esta ocasión por sostener a Prusia, cuyo desmembramiento, como antes había sucedido con el de Austria, no le conviene en absoluto, pues

Federico II en la batalla de Leuthen, 5 de diciembre de 1757. A decir de Napoléon, que le admiraba, el proceder del rey prusiano en esta batalla constituyó «una obra maestra de movimiento, maniobra y resolución».

podría trastocar el equilibrio continental hasta el punto de engrandecer lo bastante a Francia, haciendo con ello posible que le dispute la primacía en los mares. Una vez más, Federico II, sabiéndose cercado, decide asestar el primer golpe. En el otoño de 1756 invade por sorpresa Sajonia y la ocupa. Poco después, sus tropas penetran en Bohemia, pero son derrotadas por los austriacos. Es sólo el comienzo. Los aliados se lanzan sobre Prusia con ánimo de destruirla, pero la brillantez estratégica de Federico II y la gran calidad de sus tropas se imponen.

En tres batallas sucesivas libradas entre 1757 y 1758 en Rossbach, Leuthen y Zorndorf, los prusianos derrotan a franceses y austriacos y salvaguardan su integridad territorial. Pero la entrada en acción de los rusos le pondrá las cosas muy difíciles a Federico II. Sus ejércitos, en unión de los austriacos, lo vencen en la batalla de Kunersdorf, cerca del Oder, en agosto de 1759, y ocupan la Prusia Oriental. Incluso Berlín cae en manos extranjeras.

El signo de la guerra, empero, habrá de cambiar pronto. La sorpresiva victoria de británicos y hannoverianos sobre los franceses y la retirada de rusos y suecos de la lucha vuelve a equilibrar las cosas. Además, el conflicto no marcha demasiado bien para los franceses en América y en la India, donde la clara superioridad de la *Royal Navy* compromete gravemente la defensa de las colonias galas. De hecho, en 1760, las tropas inglesas comandadas por el general Wolfe han completado ya la conquista de Canadá, mientras en la India las fuerzas de Robert Clive derrotan una y otra vez a los franceses. Es obvio que Francia necesita un aliado de cierto peso si pretende frenar a los británicos, y la elección evidente es España, pero los españoles se aferran a la neutralidad hasta que advierten que la victoria inglesa puede suponer la práctica expulsión de Francia del continente americano y, como consecuencia de la misma, una ruptura irreversible del equilibrio en las colonias que no puede sino perjudicar a los intereses de la monarquía católica. Con toda razón, el rey teme que a Quebec suceda México y que Inglaterra se adueñe de toda América del Norte y con ella, de la plata de sus minas. Sabe que mueven a Francia intereses espurios, que no mira a España de igual a igual, que aspira a ser ella, y no Inglaterra, la que logre forzar el acceso al en teoría impenetrable mercado colonial español. Pero no

Captura del navío francés *Foudroyant* por el inglés *Monmouth* frente a Cartagena, 28 de febrero de 1758. El enfrentamiento se produjo como resultado de la llegada de una escuadra al mando de Duquesne para ayudar a la flota francesa bloqueada en el puerto español, y se saldó con una victoria británica que evitó la llegada de ayuda al Canadá francés.

tiene opción; en política no se elige a menudo entre lo bueno y lo malo, sino entre lo malo y lo peor.

Por esa razón, Carlos III se aviene al fin a la firma de un nuevo tratado de alianza con Francia, el llamado Tercer Pacto de Familia, el 15 de agosto de 1761. Su contenido, quizá por efecto de las previas defecciones francesas, parece mucho más ambicioso que los anteriores, pues se trata de una verdadera alianza ofensiva-defensiva. Pero no por ello deja de ser cierto que España se ha incorporado al conflicto muy tarde y ha escogido mal el bando. A Londres le falta tiempo para declarar la guerra a Madrid y hacer valer su por entonces aplastante superioridad naval. En junio de 1762 cae La Habana y en octubre lo hace Manila; sólo en Río de la Plata, al año siguiente, logran las tropas españolas frenar las pretensiones inglesas, pero por entonces el resultado de la conflagración está ya decidido. El 10 de febrero de 1763, el Tratado de París, seguido poco después por el de Hubertsburg, pone fin al conflicto.

Su balance no puede ser otro que el de un aplastante triunfo de Gran Bretaña. Mientras su aliada Prusia retiene Silesia, los británicos reciben de Francia Senegal, la India, con excepción de un pequeño rosario de factorías, Canadá y las islas francesas de las Antillas, territorios a los que se añade la Florida española y el derecho a navegar con libertad por el río Misisipi. Como Madrid obtiene en compensación el vasto pero poco poblado territorio francés de la Luisiana, resulta evidente que Francia ha dejado de ser una potencia colonial relevante, mientras España, que ha perdido buena parte de su flota, uno de sus astilleros más importantes y un territorio de cierta consideración, todo ello sin recuperar Gibraltar ni Menorca, puede dejar de serlo en cualquier momento si los británicos así lo desean. En síntesis, mientras en Europa el Gobierno de Londres se asegura de que el equilibrio se mantenga, en América parece imposible que no se rompa por completo en su beneficio.

De un modo u otro, la guerra en el mar ha alcanzado un protagonismo decisivo, pues sin la gran superioridad británica en este ámbito no podría explicarse en absoluto el resultado final del conflicto. A mediados de los cincuenta, poco antes de la ruptura de las hostilidades, Gran Bretaña cuenta con ciento treinta y dos navíos de línea y setenta y ocho fragatas; Francia, con cincuenta y veintiséis, y España, con cincuenta y tres y veinte. Pero

La batalla de la bahía de Quiberon, 20 de noviembre de 1759 en un óleo sobre lienzo de Nicholas Pocock. Museo Marítimo Nacional, Londres.

España se incorpora al conflicto muy tarde, cuando Francia se encuentra ya derrotada y ha perdido buena parte de sus navíos, y su intervención no basta para alterar un resultado ya irreversible. De hecho, los franceses han sufrido una derrota naval tras otra antes de 1761, algunas de ellas auténticas humillaciones. Lo es la batalla de Quiberon, el 20 de noviembre de 1759, frente a las costas francesas de St. Nazaire, en la que el almirante inglés Edward Hawke, con veinticuatro navíos de línea, derrota a los veintiún navíos de Conflans, destruyendo a seis y dispersando al resto. Y lo ha sido la de Lagos, frente a Portugal, en agosto, en la que otros cinco navíos franceses habían sido destruidos o apresados por los ingleses. Y las derrotas no conocen excepción geográfica alguna. Francia ha sido vencida en todas partes: en la India, en Canadá, en las Antillas, en África… ¿Qué puede esperar sino derrotas la Armada española cuando se incorpora tarde y mal preparada a una guerra que su aliado ya ha perdido?

La flota inglesa entrando en La Habana, 21 de agosto de 1762. Óleo sobre lienzo, 1775.

Y va a tratarse de derrotas terribles, las peores sin duda de todo el siglo, mucho mayores incluso que la de Trafalgar, a pesar de la increíble notoriedad –interesada, sin duda– que esta batalla ha alcanzado, de las que le costará años reponerse al poder naval español. La primera de ellas sucede enseguida, apenas conocida la entrada de España en el conflicto. Dejando de lado a su aliada Portugal, que ha sido invadida por un ejército español y atacada en sus posesiones americanas de Sacramento, los ingleses se lanzan enseguida contra el objetivo que consideran primordial, pues es el que responde a sus intereses geoestratégicos, por completo determinados por la necesidad de controlar de forma efectiva las rutas comerciales y los mercados atlánticos, ampliando en lo posible su ya fuerte penetración en el Imperio español. El 5 de marzo de 1762, zarpa de Portsmouth una escuadra al mando del almirante Pocock que, tras unirse en el Caribe con las fuerzas navales inglesas allí destacadas, reúne la impresionante cifra de veintisiete navíos de línea, quince fragatas y ciento cincuenta transportes en los que viaja un cuerpo expedicionario de doce mil soldados. El 6 de junio de 1762, la gran flota se encuentra ya frente a La Habana.

La ciudad posee una importancia estratégica fundamental. No sólo es el puerto más importante de la América española, en el que recalan cuantas flotas cruzan el Atlántico entre el continente y Europa, sino el principal arsenal y el astillero con mayor capacidad con que cuentan los españoles. A pesar de ello, sus defensas no están bien preparadas. Buena parte de la muralla es demasiado baja y carece de foso. Y una altura en concreto, la conocida como *La Cabaña*, debe ser fortificada, pues de ser tomada, permitiría batir impunemente la ciudad. El Gobierno de Madrid, consciente de ello, ha enviado en 1760 dos ingenieros para dirigir las obras y ha instado al nuevo capitán general de Cuba, el mariscal de campo Juan de Prado Portocarrero, a que las inicie de inmediato. Pero cuando estalla la guerra bien poco se ha hecho aún.

Es cierto que, al igual que, guiados por la impar astucia de Temístocles, hicieron los atenienses en la batalla de Salamina, los defensores de La Habana pueden quizá aún levantar contra Inglaterra una muralla de madera. Barcos hay de sobra para ello. El flamante jefe de escuadra Gutierre de Hevia cuenta nada menos que con catorce navíos y seis fragatas en La Habana misma, a los que, en caso de necesidad, puede sumar en poco tiempo otros siete navíos y cuatro fragatas que fondean en puertos próximos, veintiún navíos y diez fragatas en total, una fuerza impresionante. Sus cañones, sumados a los de los fuertes con que cuenta la plaza, y a las tropas que la defienden, que han sido reforzadas no hace mucho desde España, unos tres mil soldados veteranos y cinco mil milicianos voluntarios, son más que suficientes para una defensa al menos comparable a la de Cartagena de Indias, que se hallaba en una situación mucho peor, con sólo media docena de navíos pequeños. Sin embargo, y a diferencia de lo sucedido veinte años antes, La Habana caerá enseguida en manos inglesas.

La razón no es otra que la absoluta incapacidad y la sorprendente cobardía del mando. Todas sus decisiones, desde el principio hasta el final, vienen a ser erróneas. En lugar de dar batalla en mar abierto, varios navíos son hundidos a la entrada de la bahía, con lo que los demás, que quedan encerrados, de nada sirven ya. Como es de esperar, el cerro de La Cabaña cae pronto, pero, lejos de dificultar el desembarco de los invasores con asaltos continuos de las tropas irregulares, se permite al cuerpo expedicionario británico desembarcar con total sosiego hombres, pertrechos y cañones. Sin embargo, ni siquiera con eso, y con la posterior captura de El Morro, el principal fuerte de la ciudad, queda esta condenada, pues recibe sin cesar hombres y suministros del interior, mientras los atacantes, como sucedió en Cartagena, sufren decenas de bajas al día como resultado de la deshidratación, la falta de alimentos y las enfermedades tropicales, hasta el punto de que en torno a cinco mil soldados y tres mil marineros se encuentran ya enfermos a comienzos de agosto. Portocarrero podría, en consecuencia, optar por resistir a ultranza y esperar a que la desmoralización y el cansancio cundan entre los atacantes. Pero no lo hace. Bien al contrario, tan pronto como el 11 de agosto, los ingleses empiezan el bombardeo de los muros de la ciudad y sin que hayan siquiera abierto brecha, el renegado capitán general pide negociar la rendición, que acepta tan pronto

Defensa de El Morro de La Habana (1762), por Rafael Monleón Torres, 1873. La heroica defensa de la fortaleza por Luis de Velasco no impidió que la ciudad cayese en manos de los ingleses.

como el mando inglés les asegura la capitulación con honores y la salida de las tropas de la plaza. A la ineptitud se une, así, la cobardía y la traición al deber.

Se trata de un desastre sin paliativos. Con La Habana se pierden tres millones de libras esterlinas en plata, además de las mercancías, de valor incalculable, almacenadas en el puerto; trece navíos de entre sesenta y ochenta cañones, amén de seis fragatas y más de un centenar de embarcaciones menores, y, sobre todo, se pierden un astillero y un arsenal de enorme importancia y una base naval del todo imprescindible para el control de las comunicaciones de la zona y para asegurar la defensa del Imperio español en tierra firme, que queda expuesto a nuevos y ahora mucho más peligrosos ataques ingleses.

Como es de esperar, Hevia y Portocarrero son encausados y condenados en mayo de 1765. Deben pagar de su bolsillo los daños sufridos por la Real Hacienda y el comercio, pierden sus empleos y son desterrados. Pero, para general indignación, la pena no llega a cumplirse, al menos en el caso de Hevia. El rey, sin duda influido por los poderosos amigos del inepto jefe de escuadra, le indulta enseguida y le deja proseguir sin mácula alguna con su carrera en la Administración, en la que alcanza los más altos grados y honores. La vergüenza y la ignominia se suman, así, como tantas veces sucede en nuestra historia, a la desgracia.

Y no será la última en esta guerra infame. En septiembre del mismo 1762 una pequeña escuadra inglesa al mando del vicealmirante Cornish procedente de Madrás, en la India, ataca Manila, la capital de Filipinas. La defensa de la plaza se presume difícil. La guarnición es muy reducida, apenas superior a quinientos soldados; las defensas, muy someras, y la artillería, escasa, anticuada y de pequeño calibre. En cuanto a la flota, sencillamente no existe. La Real Armada no ha destacado allí ni siquiera una fragata, y las pocas embarcaciones artilladas con que cuenta la ciudad están pensadas para la represión de la piratería y el contrabando, por lo que no pueden ni aun soñar con enfrentarse a los grandes buques de línea. En realidad, la Administración española no ha previsto otra cosa, pues ha confiado siempre, sin errar demasiado, en que la misma lejanía del archipiélago ofrecía protección suficiente frente a cualquier ataque enemigo.

Con todo, la defensa es mucho más certera y valerosa que en La Habana. Aunque la plaza cae enseguida, el 5 de octubre, la resistencia no cesa en el interior de la isla, donde las fuerzas milicianas siguen acosando a los ingleses, impidiéndoles que extiendan su control al resto del territorio. Pero aunque Manila no posee en sí misma demasiada importancia, sí la tiene la documentación que los ingleses hallan en sus archivos, que contienen las cartas de navegación trazadas por los marinos españoles a lo largo de dos siglos de continuas singladuras por el Pacífico.

Por si todo ello fuera poco, no tienen en esta guerra los corsarios españoles la eficacia que demostraron en la anterior, por lo que las pérdidas inglesas son escasas en este capítulo de las acciones bélicas. Todo parece conjurarse contra españoles y franceses, que han de firmar la paz en condiciones de clara desventaja y con el nefasto resultado que hemos comentado más arriba. Por ello, Gran Bretaña sale de la guerra de los Siete Años más poderosa que nunca y se consolida como la mayor potencia comercial y colonial del mundo. Francia, que ha perdido su primer imperio, deja de contar fuera de Europa, y España, que no ha sufrido un descalabro tan grande como se esperaba, continúa siendo la potencia dominante en América, pero debe embarcarse, como de hecho hará, en un programa de reformas que le permita asegurar esa posición frente a la creciente amenaza inglesa. El fortalecimiento de la Real Armada, una vez más, deberá recibir una atención prioritaria en el contexto de esas reformas. En todo caso, para Madrid y París, el ansia de venganza está servida.

Una ocasión perdida

Será cuestión tan sólo de encontrar la ocasión. Y la ocasión llegará no mucho después, pero no tan pronto como sin duda desean el marqués de Grimaldi y el duque de Choiseul aquel frío día de invierno parisino en que estampan su sello bajo las apretadas líneas del tratado de paz que firma también, del lado inglés, el duque de Bedford. Poco antes de que el imperialismo británico conozca su edad dorada, que habrá de prolongarse durante cerca de un siglo y medio, una nueva guerra estará a punto de complicar la realización de los felices designios de los gobernantes ingleses.

Como tan a menudo sucede, la nueva conflagración la provocan las heridas mal cerradas del anterior conflicto. En las colonias inglesas de Norteamérica, el resultado de la guerra de los Siete Años ha dejado muy mal sabor de boca. Los nuevos súbditos del monarca británico en el antiguo Canadá francés reciben pronto los beneficios de un estatuto especial, como si fueran vencedores antes que vencidos. A la inversa, los colonos ingleses se sienten tratados como vencidos antes que como vencedores. Sus tributos son los mismos que antes de la guerra, en exceso elevados y siempre impuestos por el Parlamento de Londres, y los beneficios de su participación en ella, no sin razón, se les antojan escasos. Han luchado por Gran Bretaña, pero son los británicos de la metrópoli, y no ellos, quienes salen ganando. El malestar se extiende por las colonias inglesas de Norteamérica, que tardan bien poco en sublevarse contra el rey Jorge III.

Tras varios meses de combates, el 4 de julio de 1776, los representantes de las trece colonias rebeldes proclaman su independencia y se preparan para defenderla por las armas. Londres envía de inmediato a América un poderoso cuerpo expedicionario profesional de treinta mil hombres y, en la mejor tradición militar del siglo XVIII, trata de aplastar a los sediciosos en una batalla decisiva. Si lo logra, sin duda la guerra será muy corta, pero la táctica de guerrilla de los sublevados, la inmensa extensión del teatro de operaciones y la ausencia de una capital que conquistar lo hacen muy difícil; la rápida y contundente intervención de los enemigos de Gran Bretaña lo convertirá en imposible.

Francia es la primera en apoyar a los rebeldes, pues sabe que no tiene nada que perder y sí mucho que ganar con su victoria. En febrero de 1778, sus delegados firman una alianza con el Gobierno francés, que envía enseguida a América barcos, tropas y dinero. España, empero, tiene dudas; teme que el anhelo de independencia de los sublevados se contagie a su Imperio. Por ello, al igual que Holanda, opta al principio por limitar su ayuda al dinero y los pertrechos, pero enseguida comprende la oportunidad que se le ofrece y cambia de opinión. En abril de 1779, el Tratado de Aranjuez compromete al Gobierno de Carlos III a auxiliar a los franceses a cambio de la ayuda de estos en la recuperación de Gibraltar, Menorca y los territorios americanos arrebatados por Inglaterra, es decir, Florida y la Bahía de Honduras.

La intervención extranjera resulta decisiva. Igualada por la unión de las armadas francesa, española y holandesa, la *Royal Navy* deja de ser por unos años dueña de los mares. Las tropas españolas, con fuerte apoyo naval, reconquistan enseguida Florida y Menorca, aunque fracasan de nuevo ante Gibraltar; las francesas ayudan a los rebeldes en sus operaciones, y las inglesas, auxiliadas por mercenarios alemanes, no hacen sino perder terreno. Al fin, la derrota del general británico lord Cornwallis en la batalla de Yorktown, en el otoño de 1781, convence al Gobierno de Londres de la imposibilidad de la victoria. El 3 de septiembre de 1783, el Palacio de Versalles sirve de escenario a la firma de la paz. Los flamantes Estados Unidos de América ven reconocida su independencia.

Capitulación de lord Cornwallis en la batalla de Yorktown, 1781, por John Trumbull. Capitolio de los Estados Unidos, Washington.

Pero el Tratado de Versalles tiene también una fuerte repercusión sobre el equilibrio entre las grandes potencias coloniales. Gran Bretaña no sólo debe desprenderse de sus territorios norteamericanos, con la excepción de Canadá, sino que se ve obligada a devolver a España Nicaragua, Honduras, Campeche, Florida y Menorca, aunque no Gibraltar, y a Francia la mayor parte de las Antillas y el Senegal. Durante una década, incluso parece que la hegemonía británica en los océanos ha muerto antes de nacer. Pero se trata de una impresión muy engañosa. Las mismas ideas de libertad e igualdad que han inspirado a las colonias norteamericanas su declaración de independencia resurgirán con fuerza aún mayor en Francia, en 1789. Y ahora, el viejo mundo ya no vivirá para contarlo.

Pero ¿qué papel ha correspondido al mar en esta historia? ¿Hasta qué punto ha sido decisivo en su resultado el equilibrio naval que por vez primera se ha producido entre la *Royal Navy* y sus enemigos?

Lo ha sido, y mucho. Confiados en exceso tras su rotunda victoria en la guerra de los Siete Años, los dirigentes ingleses han descuidado la flota. Y esta desidia coincide en el tiempo con dos hechos nada despreciables. Por un lado, la extensión del Imperio británico es ahora mayor que nunca; las costas y las rutas comerciales que deben proteger sus barcos en la India, en Canadá y en África ha crecido mucho, y la guerra con los rebeldes norteamericanos deposita sobre la *Royal Navy* una nueva carga, que la fuerza incluso a desproteger otras zonas, como el mismo canal de La Mancha. Por otro lado, si los ingleses han disminuido el ritmo de sus construcciones navales, los españoles y los franceses no lo han hecho, sino al contrario. Así, hacia 1777, poco después de iniciarse la guerra de la independencia de las trece colonias inglesas en Norteamérica, las cifras hablan por sí solas: Gran Bretaña cuenta con ciento cuarenta y dos navíos de línea y ciento dos fragatas; Francia, con setenta y ocho y sesenta y siete; España, con cincuenta y ocho y veintiséis. La ocasión, por tanto, es inmejorable. Una victoria decisiva en el mar sobre los ingleses, un suceso que hasta ese instante ha parecido impensable en París y en Madrid, puede suponer no sólo revertir el fracaso de 1763, sino incluso derrotar para siempre a la pérfida Albión.

La guerra naval da comienzo muy pronto. Durante los primeros años de la conflagración, antes de la entrada de Francia en el conflicto, la *Royal Navy* se limita a transportar tropas y suministros a América y a apoyar desde el mar las operaciones terrestres. Luego, la incorporación sucesiva de Francia, España y Holanda fuerza a los buques ingleses a prestar atención a diversos teatros de operaciones, tantos como costas poseía su ya vasto imperio colonial en el Caribe, Norteamérica, África y la India, sin olvidar Gibraltar, Menorca y el propio canal de La Mancha, una vasta extensión de océano, demasiado, en realidad, para los recursos con que cuenta ahora la preterida Armada Real británica.

Quizá por ello los franceses actúan enseguida. Ya en abril de 1778 envían una pequeña escuadra de doce navíos de línea y cuatro fragatas al mando de d'Estaing que llega sin novedad a las costas de Delaware, en julio. Pero el principal objetivo del Gobierno de París es la propia Gran Bretaña, para lo cual se prepara en Brest una escuadra de treinta y dos navíos de línea al mando del conde de Orvilliers. Los ingleses, sin embargo, reaccionan muy pronto y envían a su encuentro al almirante Keppel, con veintinueve navíos. Ambas escuadras se

Batalla de Ouessant, 27 de julio de 1778, por Théodore Gudin.

enfrentan frente a Brest, en la conocida como batalla de Ouessant, el 27 de julio de 1778. Se trata de una batalla clásica, en la que los buques, colocados en líneas paralelas, se limitan a cañonearse durante varias horas sin ningún resultado significativo. Sin embargo, el balance de las operaciones navales es cada vez más negativo para Gran Bretaña. Mientras en el Atlántico norte d'Estaing continúa ayudando a los rebeldes sin que los barcos ingleses de Howe y Byron puedan impedirlo, en los primeros meses de 1779, la flota francesa traslada su teatro de operaciones a las Antillas y, ante la inoperancia británica, conquista San Vicente y Granada.

La entrada de España en la guerra empeorará aun más las cosas para los ingleses. En efecto. El mismo 23 de junio de 1779, al día siguiente de la declaración formal de guerra, zarpa de Cádiz una gran escuadra de treinta y un navíos de línea y siete fragatas al mando del almirante Luis de Córdova. Su misión no es otra que unirse a la pequeña flota del almirante Antonio de Arce, que ha salido de El Ferrol con otros ocho navíos y dos fragatas, y, una vez reunidas ambas escuadras, alcanzar en el canal de La Mancha a la flota del conde de Orvilliers, que cuenta con otros veintiocho navíos y dos fragatas, y ahuyentar del canal a la *Royal Navy* que, bajo el mando del almirante Hardy, sólo dispone en la zona de treinta y ocho navíos, al objeto de permitir el paso de un ejército francés de cuarenta mil hombres embarcados en unos cuatrocientos transportes.

Hacia el 17 de julio, ya reunidas las flotas y tras destacar los españoles unos pocos buques en las Azores y sumar los franceses alguno más, dominan el canal sesenta y seis navíos de línea. El pánico se apodera de Inglaterra; las poblaciones costeras son abandonadas; el comercio se interrumpe; la bolsa cierra; la invasión se cree inminente. Pero cuando todo parece resuelto, las cosas se tuercen de repente para los aliados. Una tremenda epidemia se desata en los barcos franceses y una inesperada tormenta saca al grueso de la flota fuera del canal. Con todo, el 31 de agosto, la flota combinada descubre a la de Hardy y comienza la persecución. Pero cuando la captura parece cosa hecha, los vigías avisan al almirante francés de que un gran convoy se aproxima. Ganado por el ansia de botín, Orvilliers ordena variar el rumbo con funestos resultados: Hardy escapa; el convoy avistado resulta ser una pequeña flota de mercantes holandeses y, mientras tanto, el verdadero convoy inglés con mercancías procedentes de las Indias logra entrar en puertos ingleses. La mejor ocasión aliada de batir a los ingleses en su propia casa, logrando así su rendición, se ha perdido.

No habrá otra. Agotados, los franceses regresan a Brest y a Córdova no le queda sino hacer lo propio, para consternación del Gobierno de Carlos III, que no entiende por qué las tropas no han cruzado el canal mientras Hardy se encontraba a la defensiva huyendo de Orvilliers. Es cierto que el balance de los combates de estos meses es, en general, favorable a los aliados. El corso español captura numerosas presas inglesas y, de tanto en tanto, una pequeña división rinde alguna fragata. En torno a Gibraltar, sometido a un efectivo bloqueo, las capturas son especialmente jugosas. Pero los aliados no pueden apuntarse ninguna gran victoria en Europa y sí sufren una importante derrota cuando, el 16 de enero de 1780, la flota española de Lángara, que suma tan sólo once navíos, debe enfrentarse a la inglesa de Rodney, de veintidós, que ha acudido a reforzar el peñón. El combate, que se desarrolla en las cercanías del cabo de Santa María, cuesta a los españoles cinco bajas, mientras el inglés no sólo desembarca hombres y pertrechos en Gibraltar, sino que zarpa después sin problemas hacia América.

Para compensar, tan sólo unos pocos meses después, los ingleses sufrirán el mayor desastre naval de su historia. Un gran convoy de cincuenta y cinco buques, apenas protegido, es interceptado frente a las costas de Galicia por una flota combinada hispano francesa al mando de Luis de Córdova, que cuenta con treinta y seis navíos. Los escoltas y unos pocos mercantes logran escapar, pero el botín capturado es inmenso: cincuenta y dos barcos, casi tres mil prisioneros, suministros para la escuadra de Rodney, ochenta mil mosquetes, uniformes completos para doce regimientos y cerca de un millón seiscientas mil libras en monedas y lingotes de oro. Por si fuera poco, cuatro nuevas fragatas apresadas a los ingleses se incorporan a la Armada española. Para Gran Bretaña, se trata de una catástrofe sin parangón.

Pero en América las cosas les van aun peor a los ingleses. Bernardo de Gálvez, gobernador de Luisiana, al mando de una desigual fuerza de mil cuatrocientos cincuenta soldados, emprende la reconquista de la Florida y en poco tiempo se apodera de las importantes plazas de Manchak, Baton Rouge y Mobile, para luego, ya con el apoyo naval de la escuadra de Solano, enviada desde España con refuerzos y pertrechos para fortalecer las defensas españolas en el Caribe, lanzarse contra Pensacola, que, tras varios intentos, logra al fin tomar en mayo de 1781. El remate perfecto de la campaña habría de ser la conquista de Jamaica, la base inglesa más importante de aquel mar, pero la derrota en abril de 1782 de la flota francesa del almirante de Grasse frente al inglés Rodney en la célebre batalla de Les Saints, la primera de la historia en las que los ingleses se valen de

Batalla de Les Saints o de Los Santos, 12 de abril de 1782, por Thomas Whitcombe. A la derecha, el buque insignia de Grasse, el *Ville de Paris*, en combate con el HMS *Barfleur*.

la táctica de cortar la línea enemiga para envolverla entre dos fuegos, deja las manos libres al hábil almirante inglés para reforzar Jamaica. Más adelante nos ocuparemos de analizar al detalle la referida táctica y sus repercusiones en el combate naval entre flotas. Baste ahora con remarcar que «[…] se había inventado un nuevo sistema de combate: flota ordenada y disciplinada en las evoluciones tácticas previas, y delegación de la responsabilidad e iniciativa de cada capitán una vez en la batalla[11]». La respuesta española, empero, no se hace esperar. Una expedición de dos mil hombres enviada por Juan Manuel de Cagigal, capitán general de Cuba, rinde sin apenas oposición las islas Bahamas a comienzos de mayo y se apropia de trescientas piezas de artillería y más de sesenta barcos.

[11] San Juan, Víctor. *Trafalgar. Tres armadas en combate*. Madrid: Sílex, 2005. p. 76.

To the Brave GARRISON of GIBRALTAR, in particular to the Rt. Honble. Lieut.
This Plate Representing the Destruction of the Spanish Battering Ships, before Gibraltar, on

Destrucción de las baterías flotantes españolas la noche del 13 de septiembre de 1782, por William Hamilton (1783).

Los españoles culminan con ello sus objetivos en la zona. Han recuperado Florida, expulsado a los ingleses de Honduras e incluso les han arrebatado las Bahamas. La estrella naciente del Imperio británico parece a punto de extinguirse sin haber brillado, tanto más cuanto en Europa las cosas no parecen ir mejor. Aunque un ejército hispano francés fracasa en 1782 en el enésimo intento de tomar por la fuerza la plaza de Gibraltar, tenida desde entonces por inexpugnable, y ello a pesar del empleo de curiosas innovaciones bélicas como las cañoneras del español Barceló o las baterías flotantes del francés d'Arçon, la isla de Menorca ha caído en manos aliadas en febrero de ese mismo año, y con ella un importante botín que incluye varias fragatas y más de un centenar de mercantes.

Mientras en Norteamérica las victorias de los rebeldes se suceden y la guerra camina hacia su final, los ingleses sufren una nueva derrota naval en Europa, aunque más simbólica que real. A pesar del fracaso sin paliativos del intento de asalto de Gibraltar, el Gobierno de Carlos III no ha perdido la esperanza de rendir la plaza por hambre, para lo cual es preciso evitar que esta reciba ayuda por mar. Con tal fin, una gran escuadra aliada patrulla sin descanso las proximidades del peñón, y es esta impresionante flota, formada por un total de cuarenta y nueve navíos de línea y cinco fragatas, de ellas catorce navíos y una fragata franceses y el resto españoles, al mando de Luis de Córdova, la que avista el día 10 de octubre un convoy inglés escoltado por una flota de treinta y cuatro navíos y seis fragatas al mando de lord Howe. Sobre el papel, a la vista de la gran disparidad de las fuerzas enfrentadas, la victoria parece segura, pero la climatología se alía con los ingleses. Un fuerte temporal dispersa la flota aliada e impide el combate. Cuando sus buques se hallan de nuevo listos para la lucha, el almirante español se encuentra con que Howe ha logrado llegar a Gibraltar y desembarcar allí las tropas y los pertrechos que llevaba para reforzar la plaza. Indignado por su fracaso, da en perseguir al inglés, cuyos barcos, mucho más rápidos por llevar ya sus cascos forrados con planchas de cobre[12], le llevaban gran ventaja. Desesperado, Córdova manda a sus comandantes que, liberados del orden de batalla, den caza al enemigo, aun sabiendo que así quedarán rezagados los navíos más grandes y comprometida con ello su superioridad.

Cuando el alcance por fin se produce, el 20 de octubre de 1782, a la vista del cabo Espartel, doce navíos aliados han quedado rezagados, por lo cual la batalla se desarrolla en condiciones de práctica igualdad de fuerzas. Tras varias horas de cañoneo, nada se decide. Ningún barco resulta hundido o apresado, y el daño se limita a algunos palos y aparejos. Los ingleses, sabiendo que nada tienen que ganar arriesgándose más, abandonan el escenario de la batalla aprovechando la oscuridad de la noche y siguen rumbo hacia sus costas, mientras españoles y franceses, que quedan dueños de él, pueden reivindicar una victoria que, así las cosas, reviste poca o ninguna trascendencia. El número de barcos enfrentados en la batalla es enorme; las consecuencias, nulas.

Ya es tarde para que suceda nada más. Las arcas de los principales contendientes están vacías; Francia y España han logrado mucho de lo que se proponían;

---

[12] Se trata de una innovación de la época que, por impedir la adherencia de moluscos marinos, salvaguardaba la integridad de la obra viva del casco y con ella sus cualidades hidrodinámicas, que se deterioraban con gran rapidez en los barcos desprotegidos.

Gran Bretaña sabe que no puede ganar la guerra. El momento de la paz ha llegado. En Versalles, los franceses recuperan San Pedro y Miquelón, Santa Lucía y Tobago, amén de Senegal, algunos enclaves en las Antillas y el derecho de pesca en Terranova; Menorca y Florida retornan a la soberanía española, junto a las costas de Nicaragua, Honduras y Campeche, pero no el ansiado Gibraltar. Por último, Gran Bretaña reconoce la independencia de los Estados Unidos, cuyo territorio abarca desde los Apalaches al río Misisipi. El balance para Londres es negativo, pero no catastrófico. Podría haber sido peor de no haberse retirado Francia tan pronto de la lucha, obligando a España a hacerlo también, pues los ingleses se hallaban ya en retirada en todos los frentes y no han cedido diplomáticamente sino lo que ya habían perdido militarmente. Pero la derrota es evidente, en la tierra y en el mar, y los ingleses, a diferencia de los españoles y los franceses, obtendrán de ella una buena enseñanza

4

La revolución que no lo fue en el mar

Un tiempo nuevo sobre esquemas viejos estaba a punto de desencadenarse. La Primera Coalición contra Francia sería el paso definitivo hacia la paulatina transformación de predominios y formas institucionales en torno al Atlántico que para España duraría en su primera fase hasta 1814, tras la salida del Ejército napoleónico de la península, y en su segunda fase hasta 1826, fecha del Congreso de Panamá y de la emancipación completa de la América continental.

José Cayuela y Ángel Pozuelo: *Trafalgar. Hombres y naves entre dos épocas* (2005)

Un tiempo nuevo sobre esquemas viejos

Desde el punto de vista de las relaciones internacionales y su proyección sobre el vital escenario del océano, el panorama que nos ofrece el siglo XVIII presenta, como hemos tratado de exponer en los capítulos anteriores, perfiles muy nítidos y de una gran estabilidad. Los tratados de Utrecht y Rastadt, entre 1713 y 1714, responden, con casi milimétrica precisión, a los designios de Gran Bretaña, que apuntan a la consolidación del equilibrio continental entre las grandes potencias, de modo que ninguna de ellas llegue a ser lo bastante fuerte en tierra para sostener una armada capaz de amenazar el dominio británico en los mares, libres así para que los mercantes ingleses los crucen en todas direcciones, alimentando un comercio que enriquecerá con rapidez al país y lo convertirá, mediado el siglo, en el taller del mundo.

Con mayor o menor dificultad, ese equilibrio se mantendrá hasta 1789, cuando la Revolución francesa venga a trastocarlo por completo. Por medio del control directo de las vías de comunicación estratégicas –Gibraltar, el estrecho de Mesina, Malta, los estrechos daneses–, las alianzas, todo lo cambiantes que sean necesarias, los subsidios económicos directos y, en caso de extrema necesidad, el envío de cuerpos expedicionarios de reducido tamaño a los escenarios bélicos, los gobiernos británicos logran neutralizar las posibilidades de las dos únicas potencias capaces de disputarles su dominio del mar: España y Francia. A la primera, amputada en Utrecht de sus posesiones europeas, solo se le permitirá recuperar cierta influencia sobre Italia, pero evitando la reintegración territorial plena de aquella península; a la segunda se la vigilará estrechamente para evitar que sola, o en compañía de otros, recupere la peligrosa pujanza exhibida durante el reinado de Luis IV, cuando, a despecho de lo previsto en la Paz de Westfalia, había sido a un tiempo la potencia dominante en el mar y en la tierra.

Frente a esta estrategia global, planteada al servicio de los intereses coloniales dominantes en los gobiernos ingleses, París y Madrid, tras ciertas discrepancias que quedan resueltas al colmarse las aspiraciones españolas en Italia, no pueden sino acercar sus posturas. Sus intereses son coincidentes. Ambas son potencias coloniales; ambas tienen aquello que desean los ingleses: un mercado protegido; y ambas, por separado, son del todo incapaces de sostener a un tiempo un gran Ejército con que proteger sus fronteras y una Armada lo bastante fuerte para defenderse de la británica: la alianza entre las potencias borbónicas, más allá de afinidades familiares y de la perenne aspiración francesa de satelizar a una España a la que no tiene por un igual, resulta una necesidad innegable.

Los pactos de familia, por tanto, lejos de ser una apuesta por los intereses dinásticos en detrimento de los nacionales, son el fruto maduro de una reflexión profunda y certera sobre estos últimos. Cosa distinta es su funcionamiento en la práctica, pues Francia tiende a anteponer sus intereses a corto plazo a los que ambas potencias comparten, de mucho más calado. Por ello es frecuente que los gobiernos de París se retiren de la lucha antes de tiempo o se avengan a firmar tratados que dejan a menudo insatisfechas las aspiraciones españolas. Pero la comunidad de intereses es evidente y cuando, como es el caso de la guerra de independencia de las trece colonias inglesas de Norteamérica, ambos países actúan de forma coordinada, los resultados son buenos.

La Revolución francesa viene, al menos sobre el papel, a poner en tela de juicio todo lo heredado. Inspirada en idénticos postulados ideológicos que la sublevación de las trece colonias, arremete contra el orden vigente, oponiéndole una alternativa global de carácter liberal y burgués cuyas ideas nada tienen que ver con las tradicionales. Sus adalides formulan con claridad un conjunto de nuevos principios económicos, sociales y políticos que, al ponerse en práctica, cambiarán por completo el mundo: la propiedad privada de los medios de producción, fábricas o tierras; la libertad para comprar y vender, sin otra ley que la del mercado mismo y sin freno alguno que distorsione sus efectos; la igualdad absoluta de los individuos ante la ley, sin privilegios, pero también sin medidas orientadas a convertir la igualdad de derecho en igualdad de hecho; la elección de los gobernantes por la nación, entendida como reunión de aquellos individuos que, por su cultura o su riqueza, están preparados para decidir en nombre de todos los demás; la separación de los poderes públicos como caución frente a la tiranía; la garantía de la propiedad, la libertad de pensamiento, de reunión y de expresión, la inviolabilidad del domicilio y la correspondencia, como derechos básicos de las personas que las leyes deben amparar. Cuando todas estas ideas se ponen en práctica, en los Estados Unidos y en Francia primero, en el resto de Europa y de América más tarde, nada volverá a ser como era.

Pero no sucede así en los mares. La revolución derriba el absolutismo, pero el gobierno constitucional no varía una coma de los postulados de la política exterior francesa: Inglaterra sigue siendo el enemigo; España sigue siendo el aliado. Es por ello por lo que la Asamblea Nacional se inclina por ayudar a España en el conflicto declarado entre esta e Inglaterra por el enclave de Nutka, en la costa norte del Pacífico, en 1790. Y por la misma razón, Carlos IV sustituye en febrero de 1792 al conde de Floridablanca, poco popular en Francia, por el de Aranda, que goza de las simpatías de París. Tampoco el Gobierno inglés, en manos por entonces de William Pitt el joven, tiene nada que decir al respecto: la Revolución francesa es un asunto interno que poco tiene que preocupar a los británicos; si el equilibrio no se rompe, todo lo demás reviste escasa importancia.

Pero el equilibrio se rompe. En 1775, Jacques de Guibert había formulado, quizá sin desearlo, una profecía:

> Pero supóngase que surja en Europa un pueblo vigoroso por su genio, por sus recursos y por su gobierno; un pueblo en el cual se unan las austeras virtudes y una milicia nacional para establecer una política de desarrollo, que no pierda de vista sus propósitos, que sepa cómo hacer la guerra a bajo costo y cómo subsistir después de la victoria, y que no se vea obligado a soltar las armas por necesidades financieras. Veríamos que ese pueblo podría subyugar a sus vecinos y podría derribar sus endebles constituciones como los vientos del norte hacen temblar los endebles carrizos.[13]

[13] Guibert, Jacques de. *Essai générale de tactique.* Lieja, 1775.

La batalla de Valmy, 20 de septiembre de 1792, por Jean-Baptiste Mauzaisse (1835), Palacio de Versalles, París.

Y eso es exactamente lo que va a suceder en 1792. Francia, alimentada por las nuevas ideas y atacada por las potencias absolutistas que ven en su sola existencia un peligro contra el orden internacional vigente, se tornará un pueblo en armas y desatará, así, una fuerza tan devastadora que ningún ejército mercenario del Antiguo Régimen podrá frenar. Los enardecidos revolucionarios llaman a levantarse contra sus gobiernos a los pueblos del continente; los monarcas absolutos, temerosos del contagio, toman las armas contra la nación díscola que hace temblar sus tronos; la guerra se extiende por Europa. Austria y Prusia son las primeras. Al principio, la victoria aliada se adivina fácil. El ejército francés sufre las consecuencias de la deserción masiva de oficiales nobles y la falta de disciplina de la tropa. En julio de 1792, las columnas prusianas del duque de Brusnwick cruzan la frontera; en septiembre, austriacos y prusianos se acercan ya a París.

Sin embargo, no todo está perdido para la revolución. Decenas de miles de voluntarios forman de la nada nuevos regimientos con que reforzar al ejército en campaña. No han sido entrenados; muchos de ellos no han visto nunca antes un fusil. Pero luchan por un ideal y están dispuestos a morir por él. En Valmy, el 20 de septiembre de 1792, cuando los prusianos se lanzan confiados sobre las líneas francesas esperando provocar la desbandada de un ejército bisoño, el general Kellermann, agitando su sombrero en la punta de su espada, grita: «¡Viva la Nación!». Cincuenta mil voces repiten su grito y no se mueven un centímetro de sus posiciones. El gran escritor alemán Goethe, que es testigo de lo ocurrido, escribirá: «Desde hoy y desde este lugar empieza una nueva era en la historia del mundo».

Enseguida, la nueva Francia republicana convierte la esperada derrota en una imparable y sorprendente sucesión de victorias. Saboya, Niza y Bélgica se anexionan por la fuerza a la invencible Nación revolucionaria. Los gobernantes franceses, que no olvidan los intereses a los que sirven, proclaman navegables las bocas del Escalda. Es demasiado para Londres, cuyo comercio resulta directamente amenazado por el control francés de Amberes, una gran plaza comercial, y el cambio de estatuto de una zona vital. Pitt se muestra hostil a Francia y esta declara la guerra a Gran Bretaña y a Holanda el 1 de febrero de 1793. Solo queda España que, consciente de los intereses que comparte con Francia y de que una guerra con ella en tierra pondría en manos inglesas su imperio americano, mira hacia otro lado todo el tiempo que puede.

Pero no podrá por mucho tiempo. El conde de Aranda, fervoroso partidario de la neutralidad, la mantiene incluso cuando, el 21 de septiembre de 1792, los franceses proclaman la República. Pero seguir defendiéndola cuando, en enero de 1793, la guillotinada cabeza del destronado Luis XVI rueda por el cadalso es pedirle demasiado a Carlos IV. Así lo entiende el nuevo primer ministro, Manuel Godoy, quien, tan partidario de la neutralidad como Aranda, se ve obligado a ir a la guerra por razones de dignidad dinástica, aun siendo del todo consciente de que la guerra contra Francia es contraria a los intereses de España:

> [...] la necesidad de defendernos contra esta (Inglaterra) sobre todos los mares no dejaba elegir más medios que juntar nuestras fuerzas con las de Francia y Holanda para proteger

> nuestro comercio y guardar todas nuestras inmensas posesiones en ambas Indias, que codiciaba Mr. Pitt con tantas ansias y a quien, poniéndonos en guerra con la Francia, habría sido tan asequible levantarlas y separarlas de nosotros [...][14]

Las operaciones se inician en marzo. La campaña de 1793 se resuelve a favor de las armas españolas, que se defienden con éxito en el País Vasco y Aragón mientras penetran con rapidez en el Rosellón y la Cerdaña. En el resto de Europa, las cosas no les van mucho mejor a los franceses, cuyo empuje inicial parece haberse detenido. Pero en agosto de ese mismo año una ley convierte en soldado a cualquier francés de sexo masculino capaz de empuñar un arma y pone en marcha una leva masiva. A finales de 1794, un millón de hombres vestidos de azul, el color del nuevo ejército republicano, avanza en todos los frentes.

El resultado de las sucesivas campañas que se desarrollan entre 1793 y 1798, las llamadas guerras de la Primera Coalición, será, pues, favorable a la Francia revolucionaria. Agotadas, Prusia, Holanda y Toscana firman la paz en 1795. También lo hace España, que por el tratado de Basilea, firmado el 23 de julio, se libera al fin de una guerra absurda a un coste no muy alto, el que supone la cesión a Francia de la mitad de la isla de Santo Domingo. El tratado, empero, no significará sólo la paz, sino el retorno a la alianza tradicional con los franceses, aunque ahora en unas condiciones que poco tienen que ver con las que caracterizaron el Tercer Pacto de Familia. Para

---

[14] Godoy, Manuel. *Memorias*, Madrid, 1956, vol. II. p. 38.

el Directorio, primero, y para Napoleón, después, España no será un aliado, sino un mero satélite de cuyos recursos podrá disponer a su antojo.

Una alianza contra natura

¿Qué ha sucedido, entre tanto, en el mar? Por primera vez a lo largo de todo un siglo, entre 1793 y 1795 los marinos españoles se encuentran como aliados de los ingleses. No se trata de una situación que les disguste especialmente en lo personal. Saben que los intereses de sus naciones son del todo incompatibles, pero cultos, ilustrados y progresistas la mayoría de ellos, se sienten de algún modo mucho más cerca de los educados oficiales ingleses, representantes de una moderada monarquía parlamentaria, que de los intransigentes marinos franceses, adalides de una República atea y extremista. Lo que sí les disgusta, sin embargo, es cooperar en la destrucción del poder naval galo, que saben su aliado natural en la defensa de las Indias frente a la aplastante superioridad de la *Royal Navy.* Y esa destrucción será terrible. Francia pierde, entre 1792 y 1795, nada menos que treinta y tres navíos y treinta y una fragatas, así como el arsenal de Tolón y, lo que es mucho más grave, la élite de su oficialidad y de sus mandos, la mayoría de filiación aristocrática, expurgada por la Revolución. Unas pérdidas que se harán sentir durante los años siguientes y que tendrán un efecto demoledor en el resultado de la propia batalla de Trafalgar.

Poco hubo de hacer la Real Armada en esta guerra. Recién declarada, se envía una expedición a Cerdeña con escolta de veinticuatro navíos y nueve fragatas. La campaña se cierra con la ocupación de las islas de San Pedro y San Antíoco, el apresamiento de una fragata y el hundimiento de otra.

Concluida la acción, la potente escuadra del almirante Juan de Lángara opera cerca de la costa gerundense cuando el almirante británico Hood, que ha recibido la petición de ayuda de los rebeldes monárquicos que han tomado Tolón, le ruega le envíe refuerzos. Consciente de la importancia estratégica de la plaza, gran arsenal y base determinante para el control del Mediterráneo occidental, responde el español uniéndose a Hood con toda su flota, veinte navíos y una fragata. El 29 de agosto, los aliados llegan a la rada de Tolón y expulsan de allí a los barcos del contralmirante Saint-Julien para desembarcar, a continuación, en la ciudad marinería y soldados de los barcos. Pero sólo tres meses se mantendrá la pobre presencia hispano británica en Tolón. Las tropas leales a París, setenta y cuatro mil hombres, asaltan la ciudad, que ha recibido muy pocos refuerzos, y las exiguas tropas aliadas –unos diecisiete mil soldados, sumando a los realistas franceses los poco nutridos contingentes ingleses, españoles, napolitanos y sardos– deben reembarcar.

Una desigual amistad

Poco más hay de relevante antes de 1795. Tras la paz de Basilea, España se une de nuevo a Francia por el tratado de San Ildefonso del 18 de agosto de 1796, que la compromete a una alianza exclusiva contra Inglaterra. Por entonces, sólo siguen en lucha contra los franceses

Gran Bretaña y Austria, pero las fulgurantes campañas del joven general Napoléon Bonaparte en el norte de Italia vuelven con rapidez las tornas. En 1796, cruza como un rayo el norte de la península; arrolla a los piamonteses y los austriacos; toma Milán, y fuerza a todos los soberanos de la zona a firmar armisticios favorables a Francia. Al año siguiente, la historia se repite y Austria se aviene a la paz, que firma el mismo Bonaparte en Campoformio, el 18 de octubre. Los ingleses se han quedado solos. Sufren una grave crisis financiera; Irlanda trata una vez más de sacudirse el dominio de Londres, y los motines se extienden por su flota, pero no inclinan la cabeza. La guerra seguirá aún cinco años más y buena parte de ella, como cabía esperar, se desarrollará en el mar.

Repasemos, como es ya nuestra costumbre, las fuerzas enfrentadas al principio del conflicto. Gran Bretaña dispone ahora de cerca de doscientos navíos y una cifra similar de fragatas, la mayoría de ellos barcos de excelente calidad que cuentan con todos los adelantos técnicos de la época, como el forro de cobre en sus cascos, la llave de fuego en sus cañones y las carronadas en sus cubiertas, tripulaciones bien entrenadas y oficiales y jefes bien formados, y abiertos muchos de ellos a las nuevas tácticas de combate naval. Frente a ellos, Francia, que ha sufrido graves pérdidas desde 1789, sólo puede oponer un total de menos de cincuenta navíos y una cifra similar de fragatas, con tripulaciones incompletas, una oficialidad inexperta y mandos mucho más leales en lo ideológico que capaces en lo técnico. En cuanto a España, cuenta por entonces con setenta y seis navíos y cincuenta fragatas, la mayor cifra de todo el siglo, pero en un estado muy distinto de los buques ingleses, pues los marineros disponibles apenas alcanzan la mitad de

Plano francés que representa la rada y el puerto de Tolón en 1793.

los necesarios para tripularlos todos, el artillado es, por lo general, de un calibre menor que el de sus homólogos ingleses, y la introducción de los forros de cobre, las carronadas u obuses y las llaves de fuego está lejos de haberse completado. Con toda razón puede el almirante José de Mazarredo aconsejar a su Gobierno que desista de la guerra que va a iniciarse. Huelga decir que no se le hace ningún caso; bien al contrario, se le despoja de modo fulminante del mando que ostenta en el departamento marítimo de Cádiz y se le condena al ostracismo de un mando secundario en Ferrol. Así pagaban entonces los gobernantes españoles a quienes se aventuraban a refutar sus designios, por absurdos que estos fueran, y a menudo lo eran, y por leales y honradas que fueran sus intenciones, que también lo eran, y mucho, en este caso.

Haciendo, pues, oídos sordos, el Gobierno impone a la Armada un esfuerzo poco menos que titánico. Declarada la guerra a Gran Bretaña el 7 de octubre de 1797, ciento cuarenta y tres buques son movilizados en muy poco tiempo y varias escuadras parten de inmediato con rumbo a los puntos estratégicos del Imperio español, sin duda para evitar sorpresas como las sufridas en guerras anteriores. Tres navíos y dos fragatas zarpan hacia las Filipinas; siete navíos y cuatro fragatas, a Norteamérica; cuatro navíos y dos fragatas, a la América central. Quedan, además, con el fin de proteger las costas peninsulares, una escuadra de quince navíos y doce fragatas en Cádiz, y otra de once navíos e igual número de fragatas en Cartagena.

La respuesta inglesa no se hace esperar. Fiel a postulados estratégicos que han permanecido estables en los últimos cien años, el almirante John Jervis comienza a patrullar el Atlántico entre Cádiz y Lisboa. Puede con ello interceptar los caudalosos convoyes españoles procedentes de América, pero también controlar la circulación entre el Mediterráneo y el Atlántico. Mientras, otras escuadras se sitúan frente a los principales puertos españoles y franceses –Tolón, Cartagena, Ferrol y Brest, principalmente– con ánimo de bloquearlos.

Frente a esta estrategia, los aliados pretenden, una vez más, concentrar sus fuerzas para lograr la superioridad en el canal de La Mancha, por lo que el almirante José de Córdova y Ramos zarpa de Cartagena el 1 de febrero para unirse a los franceses en Brest. Antes debe dar escolta de Málaga a Cádiz a un convoy que se dirige allí. No puede hacerlo. Los vientos contrarios se lo impiden y, además, desordenan su formación. Unos días después, se encuentra fondeado a la vista del cabo

Combate naval de San Vicente. *Rescate del Santísima Trinidad por el Pelayo,* por Antonio de Brugada Vila. Museo Naval de Madrid.

portugués de San Vicente cuando una fragata exploradora de Jervis descubre su flota. Aunque la disparidad de fuerzas es enorme –Córdova cuenta con veinticuatro navíos, de ellos siete de tres puentes, y el inglés con quince, seis de tres puentes, aunque menos artillados que los españoles– va a iniciarse una de las batallas más célebres de la historia naval.

En efecto. Sobre el papel, la flota inglesa es inferior. Los españoles no sólo cuentan con más buques, sino que uno de ellos, el *Santísima Trinidad*, con ciento treinta bocas de fuego, es enorme y muchos otros excelentes, sobre todo los seis *reales* de ciento doce cañones, quizá los mejores navíos de guerra a vela construidos jamás, sólidos, rápidos y muy bien artillados. Pero Jervis sabe muy bien que no es oro todo lo que reluce. Sabe, por ejemplo, que sus tripulaciones son bisoñas y están incompletas y mal armadas; que sus cañones no cuentan con llaves de fuego y son de menor calibre; que, en fin, la flota española no está preparada para un ataque, pues Córdova, haciendo gala de una grave irresponsabilidad, ha fondeado sus naves en completo desorden y no tendrá tiempo de formar la línea de combate.

Así sucede. Jervis forma en perfecta línea y se lanza sobre los españoles. Estos, tomados por sorpresa, reciben el ataque desordenados, de modo que sólo diecisiete de sus veinticuatro navíos entran en acción. Sin embargo, Córdova no sólo aguanta bien el primer embate, sino que, apreciando la maniobra que tratan de llevar a cabo los ingleses, ordena a un grupo de navíos de la vanguardia que avance para rodear al enemigo. Está a punto de lograrlo. Sólo lo impide la habilidad de un joven comodoro inglés, Horatio Nelson, quien, desde el buque de setenta y cuatro cañones HMS *Captain*, se lanza valientemente a cortar la maniobra española. A la orden de Jervis, le siguen enseguida varios navíos ingleses y en poco tiempo toman al abordaje dos españoles, el *San Nicolás*, de ochenta cañones, y el enorme *San José*, de ciento doce, un suceso del todo extraordinario en la historia naval que sólo se explica como resultado de la enorme escasez de fusiles y pistolas que sufren las dotaciones españolas. Mientras, la vanguardia inglesa apresa otros dos navíos, el *Salvador del Mundo*, de ciento doce cañones, y el *San Isidro*, de setenta y cuatro, y el enorme *Santísima Trinidad* sólo se salva de serlo también gracias a la rápida intervención del *Pelayo* y el *San Pablo*. Poco a poco, sin embargo, los navíos españoles van agrupándose, poniendo, así, en peligro a los ingleses, claramente inferiores en número, por lo que Jervis ordena la retirada. Lleva consigo cuatro presas y la seguridad de haber obtenido una clara victoria.

Rendición del San José, por Daniel Orme, 1799. Museo Marítimo Nacional, Londres. El oficial inglés que acepta la rendición no es otro que Horatio Nelson, cuya acción individual, del todo opuesta a la ortodoxia táctica del momento, sin duda salvó a su escuadra de una derrota.

¿Por qué José de Córdova, que ha logrado reorganizarse y conserva una clara superioridad numérica, no ordena entonces la persecución? Es difícil de saber con certeza. Lo cierto es que, en lugar de tomar la decisión inmediata que las circunstancias exigen, opta por consultar mediante señales a los capitanes de sus navíos, quienes, salvo tres excepciones, se pronuncian por desistir de la persecución. Se pierde, de este modo, una ocasión de oro para invertir el signo de la batalla o, al menos, represar los navíos perdidos, algo sin duda sencillo dada la situación en la que han quedado los cascos y aparejos de la mayoría de los buques ingleses y su escasez de municiones. El 3 de marzo, el timorato almirante entra en Cádiz. Ha perdido por el camino unos cuantos navíos y todo su honor. Meses después, perderá su carrera y su fama. Pero con ella se pierde también parte del respeto que profesa a su Armada el pueblo español, que, del todo consciente de que el fallo ha sido de los mandos más que de los navíos o los tripulantes, dará pábulo a una ingeniosa coplilla:

> ¿Por qué se llevó el inglés
> dos navíos y dos reales?
> Por el general Morales.
> ¿Y dónde estaba Moreno en esta ocasión?
> Estaba en observación.
> ¿Y qué era lo que observaba?
> Cómo el inglés los llevaba.
> ¿Qué navíos han llegado?
> Los que el inglés ha dejado.
> ¿Qué navíos han venido?
> Los que el inglés ha querido.

Pero no podemos dar por pasada la página de esta batalla sin retener de ella la importante enseñanza que Nelson ofrece en este instante a la marina inglesa, aunque parece pasar del todo inadvertida para la española y la francesa. Si bien para muchos de los muy conservadores lores del Almirantazgo, su comportamiento al salirse con su navío de la línea y lanzarlo luego a una maniobra individual sin solicitar la autorización del comandante de la escuadra, lejos de ser genial, es una mera insubordinación –algunos han olvidado ya a Rodney y su audaz triunfo en Los Santos–, lo cierto es que sin ella la victoria de Jervis quizá no se hubiera producido. Como con gran acierto se ha escrito:

> En el cabo de San Vicente, Nelson mostró las bases de un nuevo comportamiento militar en combate por parte del mando; seguir la audacia de Rodney, eso sí, pero con el cálculo de la maniobrabilidad de los buques en permanente ofensiva, y no sólo a la espera de que el destino orientase los acontecimientos. Nelson diseccionaría la acción en pocos minutos como un técnico ante todo, adelantándose a la situación, siendo flexible con la coyuntura, huyendo siempre de la rigidez táctica.[15]

Trafalgar empieza a ganarse, pues, en San Vicente. Pero mientras, la guerra en el mar va subiendo su temperatura. En el mismo mes de febrero, dos días después de aquella batalla, los ingleses se presentan frente a la isla española de Trinidad de Barlovento con una expedición de conquista integrada por nueve navíos de línea y tres fragatas bajo el mando del contralmirante Harvey, que cuenta para el desembarco con seis mil setecientos

[15] Cayuela, José y Pozuelo, Ángel. *Trafalgar...*, p. 71.

cincuenta soldados. La conquista se prevé fácil, pues la población, en su mayoría negra o mestiza, no es muy leal a los españoles, pero no tanto como va a serlo en la práctica. Para su defensa, se ha enviado a la isla una pequeña escuadra de cuatro navíos de línea y una fragata al mando del brigadier Sebastián Ruiz de Apodaca. A la simple vista de las banderas inglesas, el marino, que considera imposible la defensa, manda que desembarquen las tripulaciones y ordena quemar los navíos. Desembarcan así sin problema los expedicionarios, tan sólo para encontrarse con que el gobernador de la plaza, el brigadier Chacón, se rinde de inmediato sin disparar una bala, argumentando que sólo cuenta con seiscientos soldados, enfermos muchos de ellos. Trinidad ha caído sin costar a los ingleses un solo muerto. No es raro, pues, que, tras un éxito tan fácil, intente el Gobierno de Londres repetirlo en Puerto Rico y Guatemala, aunque en estos casos las guarniciones locales, que sí saben cumplir con su obligación, lo impiden.

Entretanto, Jervis, ahora al mando de una flota de veintitrés navíos, somete a Cádiz a un bloqueo que pronto se muestra mucho menos operativo de lo que desearía el almirante inglés. Rehabilitado Mazarredo, toda vez que la humillante derrota de San Vicente ha probado cuán atinadas eran sus críticas, y encumbrado a la comandancia de la Armada, se desempeña con tal eficacia que un buen número de navíos se encuentran enseguida dispuestos para el combate con todos los adelantos del momento, desde las llaves de fuego a los forros de cobre. Además, el dispositivo organizado para forzar el bloqueo se revela muy eficaz.

Ataque de Nelson a Santa Cruz de Tenerife, julio de 1797, por Esteban Arriaga.

Los continuos ataques con cañoneras, en los que Mazarredo deposita toda su confianza, causan tanto daño a los ingleses que estos deben conformarse con un bloqueo a distancia, sin aproximarse a la costa, lo que merma mucho su eficacia[16].

Quizá por ello decide el almirante Jervis, que ha oído rumores sobre la llegada a Santa Cruz de Tenerife de un barco repleto de caudales americanos, destacar a Horatio Nelson, su mejor comandante, con una pequeña división para conquistar la plaza. El entonces ya contralmirante llega frente a Santa Cruz el 22 de julio y, confiado en repetir con igual facilidad el éxito de Trinidad, la ataca frontalmente.

---

[16] La cañonera era una pequeña embarcación blindada con realce en la proa, en la que montaba un solo cañón de grueso calibre. El ataque combinado de varias de estas naves a una fragata o un navío aislado podía causarle mucho daño sin apenas sufrirlos, pues su movilidad y su pequeño tamaño hacían imposible acertarle con un cañón.

Dispone tan sólo de cuatro navíos, tres fragatas y dos unidades menores que dan escolta a un contingente de tres mil setecientos hombres. Pero lo que Nelson no sabe es que Santa Cruz posee sólidas defensas, cerca de un centenar de buenas piezas de artillería, una población civil que odia a los ingleses y, sobre todo, que su comandante, el anciano general Antonio Gutiérrez, está resuelto a resistir a toda costa y es un militar muy capaz y con un hondo sentido del deber. El ataque resulta un fracaso y el inglés, que ha perdido en la terrible refriega el brazo derecho, se ve obligado a abandonar. Será su única derrota, pero queda probado una vez más que los sólidos baluartes erizados de cañones, siempre que el mando de la plaza posea un poco de honor y un mucho de resolución, son estorbos demasiado grandes para una flota, por poderosa que sea y hábil, y arrojado que resulte su comandante. Es cierto que, en aparente contradicción con esta tesis, Menorca vuelve a caer en manos inglesas en noviembre del año siguiente, pero su ejemplo no invalida la teoría, pues la guarnición, como la de Trinidad, se rinde sin apenas combatir.

Pero se trata de una simple excepción en el brillante historial de victorias de la *Royal Navy* en esta guerra. La siguiente se produce tan sólo unos meses después, el 17 de octubre de 1797, esta vez sobre los holandeses, enemigos de Gran Bretaña desde que han caído en la órbita francesa. En ella se enfrentan, frente a la localidad holandesa de Camperdown, dos flotas de parecido tamaño, catorce navíos de línea, sin contar las fragatas, aunque los barcos holandeses son de menor calado y porte que los ingleses y es también mucho menor la habilidad artillera de sus

Batalla de Camperdown, 17 de octubre de 1797, por Thomas Whitcombe. Museo Marítimo Nacional, Londres.

tripulaciones. Pero no son estas las principales causas de su derrota, sino la brillante táctica del comandante inglés, el contralmirante Adam Duncan, similar a la utilizada por George Rodney en la batalla de Los Santos, y que se revela muy superior a la clásica línea de combate del contralmirante holandés De Winter. Formada en dos columnas perpendiculares a la línea enemiga, la flota inglesa corta y envuelve a los barcos holandeses, cañoneándolos por ambas bordas hasta forzar su rendición. Nueve navíos de De Winter son apresados por Duncan, que logra una victoria aplastante.

La táctica y el éxito van a repetirse de manera no menos espectacular al año siguiente, en 1798, en un escenario, eso sí, por completo distinto, el fondeadero de Aboukir, en la costa de Egipto. Allí ha llegado en julio, tras conquistar Malta y burlar sin demasiados problemas la torpe vigilancia de la

Batalla del Nilo, 1 de agosto de 1798. El cuadro, obra de Thomas Whitcombe, expuesto en el Museo Marítimo Nacional de Londres, representa el momento exacto en el que la flota inglesa se dispone a cortar la línea de los buques franceses, anclados junto a la costa.

escuadra de Nelson, un cuerpo expedicionario francés de treinta y ocho mil soldados comandado por el joven general Napoleón Bonaparte, estrella rutilante de la Francia del Directorio tras sus brillantes victorias en Italia. Para Napoleón, que el 23 de julio ha entrado ya en El Cairo tras derrotar a los pies de las pirámides a los célebres mamelucos turcos, la conquista del país del Nilo supone un intento de sustituir a las perdidas Antillas y sentar las bases de un nuevo imperio colonial para Francia. Pero Gran Bretaña, que descubre entonces la vital importancia que puede llegar a tener Suez en la ruta hacia la India, no está dispuesta a permitirlo. La victoria de Nelson en Aboukir adquiere, de este modo, una relevancia fundamental.

La posee también por cuanto significa como anticipo y, en cierta manera, ensayo del planteamiento táctico del propio Nelson en Trafalgar. El ataque se produce el 1 de agosto. Poco antes del anochecer, cuando menos probable resulta, la flota inglesa se cierne sobre la francesa formada en tres columnas. Los buques galos, que no esperan el embate, se encuentran fondeados en una zona de bajíos junto a la costa, y es obvio que el vicealmirante François-Paul Brueys, su comandante, cree bien segura su posición, pues, anticipándose a la presumible táctica inglesa, incluso ha desmontado algunos cañones de babor, que miraban hacia el litoral, y los ha montado en las bandas de estribor, mirando hacia el mar. Pero en realidad, la formación gala es muy vulnerable. Entre la costa y su línea de combate las aguas son lo bastante profundas para permitir el paso de barcos de gran calado, en especial con la marea alta de la tarde, y la separación entre los buques franceses es de unos cuarenta metros, la suficiente para que un navío se introduzca entre ellos.

Es lo que hace el audaz, quizá temerario, Horatio Nelson. Su inferioridad numérica es palmaria. Los franceses cuentan con trece navíos de línea. Uno, el insignia L'Orient, monta ciento veinte cañones, tres llevan ochenta y nueve, setenta y cuatro, además de cuatro fragatas, mientras que Nelson, si bien dispone del mismo número de navíos, carece de fragatas y, además, todos sus buques son de setenta y cuatro cañones, menos uno, que sólo tiene cincuenta. Pero a pesar de su desventaja, y sin pararse siquiera a

El magnífico buque francés *L'Orient* vuela en pedazos en la batalla del Nilo.

organizar bien su formación, ordena a algunos de sus barcos colarse por detrás de la línea francesa mientras otros la atacan de frente. Con ello, al tiempo que los ingleses van avanzando, cada navío francés es batido a un tiempo por dos buques de Nelson, convirtiéndose de este modo en aplastante superioridad lo que sobre el papel parecía inferioridad manifiesta. A las diez de la noche, tras un terrible duelo artillero que parece resistir con soltura, el buque insignia francés, el tres puentes *L'Orient*, tras estallar su santabárbara, vuela inesperadamente en pedazos con el propio vicealmirante Brueys a bordo. La batalla está perdida del todo para los franceses. Villeneuve, segundo de Brueys y futuro comandante aliado en la batalla de Trafalgar, logra huir a duras penas con dos navíos y dos fragatas; el resto son apresados o hundidos. Napoleón queda aislado en Egipto, aunque logrará escapar meses después dejando allí a su ejército. Y, sobre todo, el Mediterráneo vuelve a ser un mar inglés.

La segunda coalición en el mar

Pero la fallida aventura egipcia de Napoléon no ha pasado desapercibida. William Pitt, que ha comprendido la importancia estratégica del país en la ruta hacia la India, no está dispuesto a dejar que se repita un suceso semejante. Tampoco el Imperio otomano, soberano del territorio, ni Rusia, que no desea a Francia en el Mediterráneo oriental, al que aspira a ganar una salida.

La confluencia de intereses entre las tres potencias saca a Gran Bretaña del aislamiento en el que se hallaba y sienta las bases de lo que será la Segunda Coalición contra la Francia del Directorio. Moscú, en cuyo trono se sienta ahora el rabioso antirrevolucionario Pablo I, firma en diciembre de 1798 con la Sublime Puerta un tratado que le permite el paso por los estrechos del Bósforo y los Dardanelos y le garantiza, por fin, el codiciado acceso al Mediterráneo, que aprovecha enseguida para arrebatar a Francia las islas Jónicas. A continuación, Rusia y Gran Bretaña firman una alianza que compromete a los rusos a enviar tropas a Italia para desalojar de allí a los franceses. Nápoles y Suecia se unen poco después a la coalición, a la que se añaden también Austria y Portugal. Una nueva amenaza se cierne sobre la Francia revolucionaria.

Los comienzos son prometedores para los aliados. En 1799, la República parece retroceder en todos los frentes, aunque no pierde los territorios que le aseguran las que considera sus fronteras naturales: Bélgica, Saboya y Niza. Napoleón, mientras tanto, sigue en Egipto sin intervenir en nada de lo que sucede en Europa. Pero las cosas cambian cuando, al fin, logra zafarse de la vigilancia inglesa y, dejando allí a su ejército, se embarca para Francia, a la que llega el 9 de octubre de 1999. Poco después dará el golpe de estado que ha pasado a la historia como Dieciocho Brumario (9 de noviembre de 1799). La nueva Constitución francesa del año VIII le convierte en primer cónsul de la República; en la práctica, será el dueño del país. Una nueva era se inicia en Europa.

Bajo la dirección del hábil y ambicioso Napoleón, el rumbo de la guerra se altera por completo. En muy poco tiempo, logra apartar a Rusia de la coalición y fomentar las desavenencias entre San Petersburgo y Londres. Puede, de ese modo, ocuparse de Austria, a la que derrota en Marengo el 14 de junio de 1800. Nuevas derrotas convierten a Nápoles en satélite de Francia y convencen a los austriacos de la necesidad de firmar la paz, que se sella en Luneville el 9 de febrero del año siguiente. Gran Bretaña vuelve a estar sola, pero la caída del Gobierno de Pitt y la llegada al poder de Addington, menos radical en su actitud hacia la Francia republicana, facilitan el acercamiento. El 27 de marzo de 1802 Londres y París firman la Paz de Amiens.

¿Pero qué ha sucedido durante todo este tiempo en el océano? ¿Sigue siendo su papel tan decisivo como lo ha sido en las campañas anteriores? ¿Corre algún peligro la hegemonía de la *Royal Navy*? Antes de responder, recordemos algo: el choque entre Francia y Gran Bretaña viene configurándose con nitidez creciente como un colosal duelo estratégico entre la ocupación sistemática de territorios europeos impulsada por el Directorio y después, con mayor decisión, por el propio Napoleón, y el dominio de las rutas marítimas, que exige, como condición necesaria, asegurar el control de ciertos pasos estratégicos –el estrecho de Gibraltar, el de Mesina, los estrechos daneses– y conservar una gran agilidad en el movimiento de las flotas, capaz de afirmar con rapidez la superioridad local y la victoria naval allí donde sea necesaria, estrategia adoptada por Londres. Esto supone para Francia la necesidad de mantener operativo un gran ejército de maniobra, casi siempre superior al millón de hombres, a cuya potencia se sacrificará incluso la operatividad de la flota, cuyas limitaciones habrá que paliar con la alianza de la tercera gran potencia naval, que no es otra que España, y si resulta factible, alguna más, como la holandesa o la danesa. Para Gran Bretaña, la situación es la inversa: la *Royal Navy* se lleva la parte del león de los presupuestos, mientras el Ejército permanece limitado a unas pocas decenas de miles de soldados, bien entrenados, pero incapaces de enfrentarse solos al colosal ejército napoleónico, por lo que el Gobierno de Londres se ve obligado a buscar el apoyo de aliados continentales capaces de aportar considerables masas de tropas, como es el caso de Austria, Prusia y, sobre todo, Rusia, a las que siempre ofrecerá los subsidios necesarios para apuntalar su esfuerzo militar y, en caso de necesidad, también contingentes de tropas bajo mando británico. Con todo ello, y sobre todo después de la victoria de Jervis en San Vicente, sus objetivos militares gozarán de una claridad meridiana: empujar a las armadas francesa y española a uno o varios combates navales de aniquilamiento que, por un lado, aseguren el aislamiento en el continente de Napoleón y permitan su destrucción y, por otro, abran las puertas del Imperio español en las Indias a los comerciantes británicos. Como algún autor ha apreciado con gran agudeza:

> Y Londres era también consciente de ello: podía dañar el comercio transoceánico hispano, podía hundir cierto número de buques, podía ejercer el comercio ilegal con los principales puertos coloniales, pero sin el hundimiento del arma por excelencia de la corona de Carlos IV, su escuadra, no sería capaz de controlar el Atlántico en todas sus consecuencias, ni tampoco imponer una política continental a Napoleón en Europa ante la alianza de dicha escuadra con la Armada francesa.[17]

En este contexto, España no tiene otra salida que unirse a Francia, pues sigue compartiendo con ella los mismos intereses y el mismo enemigo que durante todo el siglo XVIII. Pero los gobiernos franceses son cada vez más exigentes, y no siempre

---

[17] Cayuela, José y Pozuelo, Ángel. *Trafalgar...*, p. 155.

coinciden sus prioridades con las españolas, de modo que a menudo debe Madrid nadar entre dos aguas, procurando dar satisfacción a las demandas francesas y conservando la flota atenta a las rutas marítimas y los enclaves terrestres de los que depende la seguridad del comercio colonial español y la misma integridad de su Imperio en las Indias. Bajo estos parámetros hay que entender el segundo Tratado de San Ildefonso, firmado entre España y Francia el 1 de octubre de 1800, por el cual la primera cede a la segunda Luisiana a cambio de la posibilidad de que el duque de Parma, yerno de Carlos IV, pueda sentarse en el nuevo reino satélite de Etruria. Dicho tratado contiene un protocolo secreto, y mucho más interesante, en virtud del cual Carlos se compromete a ceder a Napoleón nada menos que seis navíos. El *Conquistador,* el *Pelayo,* el *San Jenaro,* el *San Antonio,* el *Intrépido* y el *Atlante*, todos ellos, por fortuna, de setenta y cuatro cañones, serán los elegidos. No se trata de una servidumbre tan gravosa como la acordada en el primer tratado de igual nombre, que comprometía quince, pero sí lo bastante humillante como para volver a poner en tela de juicio la utilidad del colosal esfuerzo naval español de las décadas precedentes.

Lo cierto es que, aunque inevitable, durante estos años la alianza francesa resulta poco rentable para España, que se ve envuelta una y otra vez en planes de dudosa eficacia que no tienen por objeto sino servir a los intereses exclusivos de París. El año 1799 está presidido por la obsesión francesa de repatriar a su ejército de Egipto, pero ello exige lograr, al menos de forma temporal, la superioridad naval en el Mediterráneo, algo que la flota gala, mermada tras el desastre de Aboukir, no puede conseguir sola. España accede, pero recuerda que Menorca se encuentra en manos inglesas y logra, así, que su reconquista se incluya en el planteamiento estratégico de la campaña: una flota de veinticinco navíos al mando del almirante Bruix debe salir de Brest hacia el Mediterráneo y, reforzada en Cádiz con los diecisiete del almirante Mazarredo, socorrer Malta, asediada por los ingleses, liberar Menorca y, burlando a Nelson, acudir a Egipto. Mientras, como diversión, se amagará un desembarco en Irlanda, para lo cual la Real Armada debe también cooperar con la Marina francesa enviando a Rochefort una segunda escuadra de cinco navíos y dos fragatas con tres mil hombres.

Huelga decir que todo queda en nada. Cuando el jefe de escuadra Francisco Melgarejo llega a Rochefort, no encuentra allí preparativo alguno. Bruix, en efecto, llega a salir de Brest, pero no puede entrar en Cádiz. Mazarredo, por su parte, sale del puerto andaluz, pero los temporales le obligan a recalar en Cartagena para efectuar reparaciones. Allí se dirige Bruix tras hacer lo propio en Tolón, pero entonces el Directorio cambia de planes y le ordena reunirse con Mazarredo en Cádiz para luego regresar juntos a Brest y preparar desde allí nada menos que la invasión de Gran Bretaña, lo que se ordena también al sufrido Melgarejo.

La escuadra reunida es, así, impresionante; su utilidad, nula, pues nada se hace con ella, y así llega el año 1800 con las mismas obsesiones y la misma falta de operatividad francesa, que arrastra en su parálisis a la Armada española. Los británicos, por su parte, sí resultan mucho más prácticos y operativos en sus planes, que, temiendo la entrega a los franceses de toda la Armada hispana, fundan en un doble ataque a sus puertos más importantes y que creen entonces más vulnerables: El Ferrol, mal defendido, y Cádiz, atacado por el tifus. Sin embargo, ambos intentos terminan en fracaso. El primer objetivo resulta mucho más difícil de tomar de lo esperado –el recuerdo de Trinidad les sigue jugando malas pasadas a los ingleses, que creen con demasiada frecuencia que todo el monte es orégano–, por lo que lo abandonan enseguida, y respecto al segundo, se encuentra con una defensa tan correosa que fuerza también muy pronto a desistir a los demasiado confiados invasores.

Mientras, los mandos de la Real Armada tratan de que las veleidades estratégicas francesas no resten demasiada atención ni esfuerzo a las que deben ser sus prioridades, aunque tengan para ello que planificar operaciones con los medios y en los tiempos que les permite la servidumbre hispana respecto a París. En febrero de 1799, el vicealmirante Pedro Obregón, con cuatro navíos y tres fragatas, conduce tropas y pertrechos a Canarias. Entre los meses de mayo y junio, mientras espera a Bruix, Mazarredo patrulla la costa entre Cádiz y Cartagena.

Así, 1799 y 1800 pasan sin pena ni gloria en el mar para unos y otros contendientes, situación que perjudica sobre todo a los británicos, cada vez más aislados diplomáticamente e incapaces de frenar a un Napoleón que, como hemos visto, va imponiendo sus reglas a toda Europa. Pero, por desgracia para los españoles, no sucederá lo mismo con 1801, pues los británicos, más por suerte que por méritos, causarán en ese año un nuevo descalabro a la flota hispana.

El combate de Algeciras del 7 de julio de 1801 en una litografía de Louis Lebreton.

En julio, el contralmirante Linois, al mando de tres navíos y dos fragatas, se dirige a Cádiz para hacerse allí cargo de los buques recién cedidos a Francia por el segundo Tratado de San Ildefonso. Al hallar bloqueado el puerto por los ingleses, no puede sino recalar en la bahía de Algeciras, donde entra el 4 de julio, sabiéndola bien protegida por las baterías de costa. Tan pronto como Saumarez, el almirante inglés al mando de las operaciones de bloqueo, tiene noticia de ello, destaca una pequeña flota de siete navíos de línea y una fragata y se lanza, de forma un tanto suicida, contra las posiciones francesas, cuyo jefe, que parece haber aprendido la lección de Aboukir, se encuentra bien protegido por las baterías costeras y tan cerca del litoral, que ningún barco puede rodearle. El resultado es un fracaso total del inglés, que debe retirarse sin conseguir otra cosa que perder un navío de setenta y cuatro cañones.

Pero lo peor está por llegar. Saumarez se retira a Gibraltar con ánimo de lamerse las heridas y reforzarse antes de buscar su venganza, mientras los españoles acuden a hacer lo propio con Linois, al que envían nada menos que cinco navíos y una fragata, entre ellos los magníficos *San Hermenegildo* y *Real Carlos*, ambos de ciento doce cañones. Y precisamente serán estos dos excelentes navíos, a un tiempo sólidos, maniobreros y bien artillados, los protagonistas de uno de los episodios más tristes de la historia naval española, el llamado Desastre de Punta Carnero.

En efecto. El 12 de julio de 1801, la flota combinada franco española, así reforzada y con el apoyo de dos fragatas francesas más, se hace de nuevo a la mar. Saumarez, ávido de compensar su error tomando al enemigo alguna presa, se lanza en su persecución. Cae la noche y pronto ve que no puede hacer nada: sus barcos no han sido aún reparados del todo y la superioridad aliada es enorme, pero, renuente a desistir, envía por delante al HMS *Superb*, de setenta y cuatro cañones, al objeto de hostigar en lo posible la retaguardia enemiga, pues ha apreciado allí unos pocos navíos que navegan descolgados del resto y quizá pueda causarles algunos daños aprovechando la extrema oscuridad.

Se trata de los españoles *Real Carlos* y *San Hermenegildo* y el francés *Saint Antoine*. Poco podría hacer contra sus casi trescientos cañones el *Superb* si se enzarzara en un combate directo, pero tampoco desea su comandante retirarse sin causar alguna avería al enemigo, de modo que se acerca sin luz alguna al

Combate de Punta Carnero, 12 y 13 de julio de 1801, en un grabado de la época. El *Real Carlos* y el *San Hermenegildo* en llamas poco antes de su explosión. Grabado de Thomas Sutherland.

San Hermenegildo, le descarga una andanada sobre la aleta de babor y, sin ser visto, cruza la popa del *Real Carlos* mientras recarga y le lanza otra al *Saint Antoine*, perdiéndose después en la oscuridad. Lo que sucede a continuación, tan inesperado como trágico, no tiene nada que ver con una supuesta argucia inglesa, como tantas veces se ha dicho, sino con una increíble mala suerte. En medio de la total oscuridad, el comandante del *San Hermenegildo*, viéndose atacado, responde disparando sobre el que toma por su agresor, pero este no es otro que el *Real Carlos*, que navega a su lado, y que, al recibir los disparos, cree asimismo que es un enemigo quien le ataca, por lo que, aunque renuente al principio, pues la total oscuridad no permite ver nada, termina por responder. Ambos barcos se enzarzan así en un virulento combate que acaba con su voladura, al alcanzar el fuego las respectivas santabárbaras. Lo impensable se ha consumado. Aquella noche triste tienen los españoles más bajas que en Trafalgar, cerca de dos mil muertos. La rendición posterior del *Saint Antoine* redondea para los ingleses una victoria que, no por inesperada, posee menos valor.

Por lo demás, nada relevante sucede hasta la firma de la Paz de Amiens, el 27 de marzo de 1802, a no ser la destrucción de la flota danesa en la batalla de Copenhague por una escuadra inglesa al mando del almirante Sir Hyde Parker, con Nelson como segundo, en abril de 1801. Los españoles reciben la paz con los brazos abiertos, aunque les cueste la cesión a los ingleses de Trinidad. Han perdido durante el conflicto nada menos que diecisiete navíos y doce fragatas, contando en estas cifras los siete cedidos a Francia. Es cierto que no se trata de unas pérdidas catastróficas, sobre todo si se comparan con los cincuenta y ocho navíos y ochenta y una fragatas que han perdido los franceses desde 1792, o los veinticuatro navíos y diecinueve fragatas de los holandeses. Pero no cabe olvidar que la Real Armada no recibe ni un navío nuevo desde 1798 y que sus dificultades para mantener operativos los que tiene son cada vez mayores. Aun así, la paz es saludada con verdadero entusiasmo, pues bien sabe el Gobierno español, presidido ahora de nuevo por Godoy, que sólo en paz podrá recuperarse el muy dañado comercio con las Indias y enjugarse una parte al menos del brutal déficit que la guerra continua viene causando a las maltrechas cuentas públicas. Por desgracia, la paz será breve y cuando las hostilidades se reanuden, su resultado será verdaderamente catastrófico, pues de su mano llegará no sólo la derrota de Trafalgar, sino, lo que es mucho más importante, la invasión francesa de la península, la independencia de los virreinatos americanos y, a la larga, la conversión de España en una potencia secundaria en el concierto internacional.

5

Tres armadas en combate

Así, se daba el absurdo de que una flota dotada de excelentes navíos, probablemente entre los mejores del mundo en su época, no tenía claro cómo emplearlos ni era capaz de reemplazarlos en caso de pérdida, desangrándose a costa de sus fracasos. En estas condiciones y aunque la agonía fue larga, estaba condenada irremediablemente a la extinción.

Víctor San Juan: *Trafalgar. Tres armadas en combate* (2005)

Antes de abordar la narración detallada de la campaña que culminó en la batalla de Trafalgar, llega ahora el momento de reflexionar sobre sus protagonistas, las tres escuadras que en ella combatieron: la británica, la francesa y la española. Pero las armadas de comienzos del siglo XIX, lejos de ser maquinarias bélicas sencillas, más o menos semejantes a las flotas que las precedieron, constituían ya organizaciones militares de gran complejidad, cuyo adecuado conocimiento requiere detenerse con algún detalle en aspectos tan diversos como su tecnología –en especial la de sus buques y la artillería que montaban–, su organización, sus mandos y sus tácticas de combate. A todas estas dimensiones de la guerra naval de la época de Trafalgar trataremos de dar cumplida atención en las páginas que siguen.

La tecnología: buques y cañones

La columna vertebral, el alma de las flotas, antes y después de la época que nos ocupa, ha sido siempre el buque de guerra, un arma de formidable poder ideada por los estrategas como plataforma móvil capaz de proyectar contingentes militares y poder artillero allí donde se considerase necesario. Pero esta afirmación, siendo cierta con carácter general, lo era mucho más antes de la revolución industrial, una larguísima etapa de la historia humana en la que la tecnología naval gozó siempre de un desarrollo muy superior a la terrestre y, por ende, resultaba mucho más rápido y eficaz desplazarse sobre las olas del mar que por los rudimentarios o inexistentes caminos de tierra.

Mediado el siglo XVII, en todas las armadas de alguna relevancia el bajel de mayor importancia táctica, el buque de combate propiamente dicho, es el navío de línea, culminación de la tecnología bélica naval a vela que sólo se alcanza tras una larga evolución que requiere el empeño de varias centurias. Durante milenios, cuando sólo era capaz de navegar los mares interiores de los continentes, el ser humano necesitó del remo como complemento de la vela –esta casi siempre latina, de cuchillo, para ceñir cada pequeño soplo del viento escaso y caprichoso de los mares pequeños– y asegurar, así, la movilidad de las embarcaciones incluso en momentos de calma chicha. El auge de las naves mancas, los bajeles sin remos que dependían por completo del viento para navegar, llegó como consecuencia del descubrimiento de América, a finales del siglo XV. Aunque la Edad Media había conocido ya los barcos sin remos, había de ser el océano, con sus poderosas corrientes, sus fuertes y constantes vientos y su fiero oleaje, el que hiciera de ellos el tipo de bajel dominante y en el que, por ende, se centraría desde entonces el progreso tecnológico del arte de navegar. El osado navío que quisiera cruzar el océano había de poseer bordas más elevadas; debía prescindir de los remos, pues las olas los arrancarían del agua, y, ya que había de fiar todas sus esperanzas al soplo del aire en travesías muy largas en las que no podía tocar puerto, tenía que disponer su aparejo para atrapar los fuertes vientos e impulsar, así, la nave a una velocidad desconocida en los mares interiores.

Las primeras embarcaciones que lograron dar respuesta a tales exigencias no eran muy grandes ni eficientes. La carabela, la nao y la carraca se mostraron

Galeón español en un grabado de Alberto Durero.

capaces de cruzar el Atlántico y alcanzar con éxito las remotas costas de América. Sus velas, en su mayoría redondas, pues tal era la forma que adoptaban sus grandes lienzos cuadrados al embolsar el viento, las impulsaban con gran fuerza y velocidad. Pero se trataba de naves endebles, con muy pobre capacidad de carga y sin mucho espacio para el armamento, lo que las hacía en extremo vulnerables a los cada vez más frecuentes asaltos de los piratas. Se necesitaba, pues, un buque más grande, con altas bordas que le permitieran cabalgar las olas y un generoso velamen que lo impulsara con fuerza sobre ellas, pero también con amplias bodegas para estibar con seguridad los pesados metales preciosos y las ricas mercancías de las Indias, y cubiertas despejadas sobre las que portar numerosos cañones para defender su valiosa carga. Ese buque fue el galeón.

El galeón se nos muestra, de este modo, como la respuesta perfecta a las necesidades de la navegación oceánica de la era de los descubrimientos. Sus altas bordas terminan, a proa y a popa, en dos imponentes fortines, muy elevados sobre la cubierta, que reciben por ello el nombre de «castillos». Su silueta se afina, haciéndose más larga y prolongándose aun más en la proa en un largo y decorado bauprés. Su aparejo se multiplica, ansioso de ceñir el viento, primero con cuatro mástiles, luego con sólo tres, pero siempre con un velamen mucho mayor que la carabela o la nao. Su casco, en fin, se ensancha en la línea de flotación, resultando las amuras inclinadas hacia dentro, y se perfora, abriéndose en él troneras con portas abatibles para los cañones, que se disponen en filas en paralelo a aquellas, mucho más cerca del agua, ganando así la estabilidad necesaria para multiplicar las letales bocas de fuego, que pronto se cuentan por decenas. Se trata, en suma, de lo que hoy se denominaría un «buque multipropósito», útil para el transporte de mercancías, pero también capaz de defenderse y defender a otros, un buque que, ideado por los españoles y pronto imitado por las otras potencias navales, reinará sin discusión sobre los mares hasta mediados del siglo XVII.

Será en esa época cuando su hasta entonces indiscutible supremacía comience poco a poco a declinar. Las guerras por la hegemonía comercial entre Inglaterra y los Países Bajos, tres en muy corto

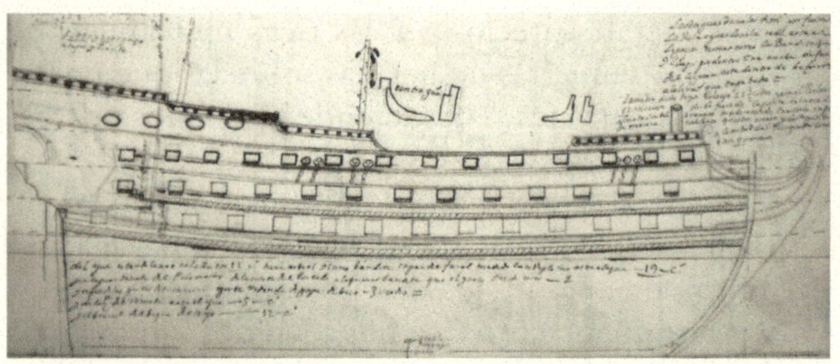

Navío del siglo xvii estudiado por José Antonio de Gaztañeta en su *Arte de fabricar reales*, obra que recoge las notas tomadas por el autor a partir de la observación de la construcción de varios buques en su destino de Colindres en los últimos años de la centuria.

espacio de tiempo, fuerzan a sus constructores a embarcarse en un titánico esfuerzo de mejora de sus bajeles cuyo resultado no es otro que el navío de línea.

El navío de línea es, pues, hijo del galeón, pero se trata de un vástago que mejora en mucho la herencia de su padre. Con sus formas más estilizadas, sus rebajados castillos y sus proas más afiladas, ofrece menos resistencia a las olas y las corta con mayor facilidad; con su aparejo de velas más planas y esbeltas logra superficies más aerodinámicas y eficientes para navegar incluso con viento escaso o de través; con su mayor tonelaje y sus cubiertas más numerosas y holgadas puede llevar al combate un mayor número de cañones; formando con sus compañeros, sus matalotes, la línea a la que debe su nombre, entablará una tras otra las batallas navales de esta centuria y la posterior. A comienzos del siglo xviii, la guerra en el mar se ha convertido en el monopolio de los navíos de línea. Debemos, pues, detenernos un poco en el que será, antes que los marinos y sus jefes, el incuestionable protagonista de la batalla de Trafalgar [18]:

> Ginés Falcó lleva ocho meses a bordo y conoce el navío de los topes a la sentina; pero cuando mira alrededor, como ahora, las proporciones del monstruo lo siguen dejando de pasta de boniato: un flamante setenta y cuatro cañones de tres mil y pico toneladas de madera, lona, cáñamo, hierro y carne humana sobre un casco de ciento noventa pies de eslora y cincuenta y dos de manga, forrado de cobre bajo la línea de flotación, clavado y empernado de bronce y de cabillería americana, con roble ferrolano, haya asturiana, pino aragonés, jarcia murciana y valenciana, lona andaluza, bronce catalán y sevillano, hierro cántabro. Una máquina perfecta, prodigio de la ingeniería naval, plataforma artillera hecha para moverse con el viento, soportar temporales y hacer picadillo al enemigo, si se deja.[19]

Acierta sin duda Arturo Pérez-Reverte. Para quien lo viera por primera vez en toda su rotunda majestuosidad, anclado en el puerto, un navío de línea de comienzos del siglo XIX había por fuerza de resultar

[18] Existían, por supuesto, como hemos visto, otros tipos de buques en las armadas del siglo XVIII, como eran, sin ánimo alguno de exhaustividad, las fragatas, los bergantines, las corbetas, los jabeques, las balandras, las goletas e incluso las galeras, que no llegan a desaparecer del todo hasta entrada ya la centuria posterior. Sin embargo, con el fin de no extendernos demasiado, hemos optado por centrar nuestra atención en el navío de línea, único buque que jugaba un papel real en las batallas navales de la época y que, en consecuencia, debe el lector conocer de forma adecuada para comprender en todo su significado la batalla de Trafalgar, que es el objetivo del presente capítulo.

[19] PÉREZ-REVERTE, Arturo. *Cabo Trafalgar*. Madrid: Alfaguara, 2004. p. 56.

impresionante. No en vano tendría ante sí el producto más avanzado de la tecnología de su época, fruto de varios siglos de ensayos y errores, que sólo sería superado en rapidez, resistencia y cualidades marineras cuando, llegado ya el siglo XIX, el vapor y el metal sellaran su promiscua alianza para revolucionar el mundo de la navegación.

Pero en la oscura intimidad de sus sollados, sus cubiertas y sus pañoles, el navío no resultaba sin duda tan impresionante. Quien penetrase en ellos por primera vez tendría la impresión de hallarse de repente en un reino tenebroso, maloliente y húmedo, sometido por doquier al imperio del más humilde de los materiales: la madera. Porque el sólido esqueleto del navío se había formado tan sólo con recia madera, ya fuera de roble o de olmo, la más común en los buques franceses y británicos, ya de caoba o de otros árboles tropicales, en el caso de los españoles. Con ella se construía el armazón del navío: la roda, la quilla y el codaste, en sentido longitudinal, de proa a popa; las cuadernas, o costillas de la nave, y los baos, las traviesas horizontales sobre las que se apoyaban sus cubiertas. Esta estructura se forraba luego con blanca madera de pino, por medio de gruesos tablones bien encajados entre sí usando rebajes y escarpes para no dejar espacios, y se cubría luego de tablazón más fina, claveteada sobre ellos. De esa manera se remataba tanto la obra viva del buque, esto es, la parte del casco destinada a sumergirse, como la obra muerta, que debía sobresalir por encima de la línea de flotación, con la diferencia de que la primera se *calafateaba*, esto es, se embreaba y se sellaban sus juntas con estopa para hacerla impermeable, mientras la segunda se pintaba con colores reglamentarios de cada marina de guerra:

listones amarillos y negros alternos en el caso español; azules en la Armada francesa, y formando una especie de cuadros de ajedrez en la *Royal Navy*, aunque no todos los navíos se ajustaban con exactitud a este patrón, pues era costumbre que los capitanes gastaran parte de su peculio en decorar sus buques para dotarlos de personalidad propia.

También de pino se construían los *mástiles*, cuya longitud era tan grande que hacía imposible tallarlos de una sola pieza por grueso y largo que fuera el árbol escogido para ello. Se usaba, por el contrario, un ingenioso sistema que consistía en engarzar entre sí varios palos hasta alcanzar la altura deseada. Los tres mástiles del navío, el *mayor*, que se erigía en el centro de la cubierta superior; el *trinquete*, cerca de la proa, y el de *mesana*, próximo a la popa, se construían de igual modo. En perpendicular sobre la cubierta superior se montaba un palo macho formado a partir del engarce mediante machihembrado de innumerables piezas de madera sobre un alma central hasta lograr el grosor deseado; las piezas exteriores se redondeaban, y la integridad del cilindro resultante se aseguraba por medio de abrazaderas de hierro montadas sobre rebajes. El extremo inferior del palo macho se encajaba en el fondo del navío para afirmarlo y el superior se preparaba mediante un *tamborete* para recibir un palo de menor grosor, pero formado de igual modo, el *mastelero*, en el que se encajaba después un segundo mastelero, el *mastelerillo*, hasta alcanzar la altura necesaria para montar todo el velamen. El conjunto se aseguraba luego por medio de la *jarcia firme*, un complejo entramado de cables y cabos que sujetaban los palos entre sí y a las bordas del navío para evitar que se rompieran con el viento fuerte. En los largos períodos en los que el navío no estaba operativo y había de permanecer en el arsenal, tanto la arboladura como las jarcias se desmontaban para evitar su deterioro.

Sobre esta arboladura se fijaba el conjunto de velas que requería el navío para desplazarse, al que se daba el nombre de *velamen*. Consistía en un gran número de trapos de forma cuadrada y de muy distinto tamaño elaborados con lienzo muy pesado y resistente. Estos trapos se fijaban a los mástiles por medio de las *vergas*, que no eran sino perchas horizontales de madera acolladas a los palos por medio de anillas de metal que podían girar sobre su eje para ceñir mejor el viento. Cada vela tenía su propia denominación, aunque con carácter general las más grandes y próximas a la cubierta del buque recibían el nombre de *vela* seguida del palo del que colgaban, como por ejemplo la vela mayor o la del trinquete; las siguientes en orden ascendente se llamaban *gavias*, y las más altas, *juanetes* y *sobrejuanetes*. El largo palo en el que se prolongaba la proa del barco, formando sobre ella un ángulo ascendente, se denominaba *bauprés*, y entre él y el de trinquete se colocaban varias velas triangulares denominadas *foques*, mientras las que colgaban de sus *botalones* directamente sobre la superficie del agua recibían el nombre de *cebaderas*.

El casco del navío constituía, por su parte, una verdadera ciudad flotante cuya actividad, que en nada cedía en bullicio a las terrestres, se desarrollaba a menudo en la penumbra. Lo formaban, aparte de las *amuras*, o paredes verticales, en las que se abrían las troneras de los cañones, cerradas mediante *portas* abatibles, dos o tres cubiertas o *puentes* horizontales que lo dividían en otros tantos pisos. De hecho, la categoría o *clase* de los navíos dependía del número de cubiertas y, por tanto,

Plano de 1797 de un navío español de setenta y cuatro cañones. En él se aprecian con claridad las cuadernas que sirven de costillas al casco.

de cañones que poseían. A finales del siglo XVIII, la élite de las marinas de guerra la constituían los escasos y poderosos tres puentes de entre noventa y ocho y ciento veinte cañones, los llamados *navíos de primera clase*, capaces de decantar la victoria en una batalla hacia el bando que los alineara en mayor número. Les seguían en importancia los de *segunda clase*, con un artillado que oscilaba entre las ochenta y las noventa y ocho piezas, en dos o tres puentes según su desplazamiento. Figuraban a continuación los navíos de *tercera clase*, con dos puentes, que montaban entre setenta y cuatro y ochenta cañones. Por último, los de *cuarta* y *quinta clase*, con escaso artillado, eran ya pequeños navíos poco aptos para el combate entre escuadras e incluso fragatas de gran tamaño. El navío de setenta y cuatro cañones era el más común en todas las armadas por ser el que ofrecía mayores prestaciones en cuanto a resistencia, velocidad, maniobrabilidad y potencia de fuego en relación con sus costes de construcción. El arqueo oscilaba entre las mil quinientas toneladas en los de tercera clase, hasta cerca de las tres mil en los mayores, y en cuanto a las dimensiones, podían variar entre los más de sesenta metros de eslora, en torno a dieciséis de manga y ocho de puntal de un navío de primera clase y los entre cincuenta y cincuenta y cinco metros de eslora, catorce a quince de manga y siete de puntal de uno de tercera[20].

La cubierta exterior del navío se dividía en tres partes: el *combés*, o parte central, en la que se abría un orificio de forma rectangular que daba acceso a la cubierta inferior, el llamado *pozo del combés*; el *alcázar*, o parte posterior, sobre la que se levantaban dos o tres cubiertas más en las que se disponían la cámara del comandante y de los oficiales, cerrando el conjunto la *toldilla*, en la que se situaba la rueda del timón, y el *castillo*, en la proa, que a diferencia de lo que sucedía en los galeones, ya apenas resaltaba sobre la cubierta, pero se prolongaba en una pequeña protuberancia, el *beque*, que tenía por misión sostener el bauprés, bajo el que se encontraba la característica y decorativa talla de madera conocida como *mascarón de proa*. La popa del navío, por situarse en ella las dependencias de la oficialidad, se abría al exterior mediante barrocas galerías con ventanales muy decorados que, sobresaliendo por encima de la pala del timón, formaban el llamado *espejo de popa*.

Inmediatamente por debajo de la cubierta principal se situaban las cubiertas de las baterías: la

[20] La *eslora* es la longitud total de un navío entre la proa y la popa, y la *manga* mide su anchura entre bordas. A la altura del buque en su cuaderna central se la llama *puntal*.

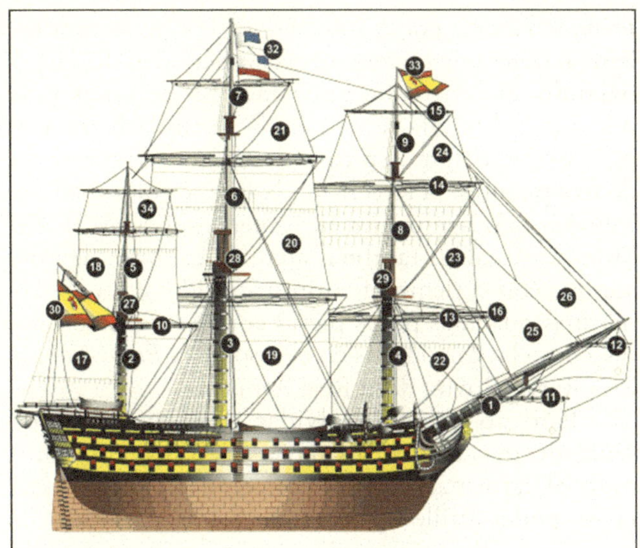

1- Bauprés
2- Palo Mesana
3- Palo Mayor
4- Palo Trinquete
5- Mastelero de sobremesana
6- Mastelero mayor o de gavia
7- Mastelero de juanete mayor
8- Mastelero de velacho
9- Mastelero de juanete de proa
10- Verga seca o de gata
11- Verga de cebadera
12- Verga de sobrecebadera
13- Verga de trinquete
14- Verga de Velacho
15- Verga de juanete
16- Botalón de rastrera
17- Cangreja
18- Sobremesana
19- Vela mayor
20- Gavia
21- Juanete mayot
22- Vela Trinquete
23- Velacho
24- Juanete de proa
25- Foque
26- Contrafoque
27- Cofa de mesana
28- Cofa de mayot
29- Cofa de trinquete
30- Bandera de combate
31- Gallardete o grímpola
32- Banderas de señales
33- Insignia de Teniente General
34- Juanete de sobremesana o periquito

Aparejo de un navío español de tres puentes.

primera batería era la inferior, en la que se montaban, al objeto de incrementar la estabilidad del barco bajando su centro de gravedad, los cañones más pesados; sobre ella se situaba la segunda batería, y por encima de esta, en caso de tratarse de un navío de tres puentes, la tercera, en la que se colocaban los cañones más ligeros. En la cubierta superior, al aire libre, se situaban también algunos cañones ligeros, aunque con el tiempo fueron sustituidos en todas las marinas por unas pocas piezas cortas de grueso calibre como las carronadas en el caso de la *Royal Navy* o los Obuses Rovira de la Real Armada.

Pero no debemos olvidar que, como hemos señalado más arriba, los navíos de línea eran ante todo plataformas móviles concebidas para proyectar su poder artillero allí donde fuera necesario. Un navío, por robusto y marinero que fuera, no tendría ningún sentido si su estructura se revelara incapaz de soportar de forma continuada el titánico esfuerzo de disparar una y otra vez, de forma simultánea si fuera necesario, los poderosos cañones de sus baterías.

Estos cañones habían alcanzado su madurez operativa mucho tiempo atrás y, como veremos más adelante, solo experimentan mejoras realmente significativas en las últimas décadas del siglo XVIII. Se trataba, por lo general, de piezas de hierro fundido de avancarga y ánima lisa de distintos calibres[21] que se montaban

[21] Por lo general, los calibres utilizados en los navíos de línea eran de treinta y seis, veinticuatro, dieciocho, doce, ocho, seis y cuatro libras, aunque los británicos solían preferir los de treinta y dos a los de treinta y seis. No se trataba de un capricho, las treinta y dos o treinta y seis libras, poco más de quince kilogramos, era el máximo que la experiencia demostraba que un hombre podía manejar con soltura.

Baterías de un navío de línea del siglo XVIII de dos puentes o cubiertas. De abajo hacia arriba podemos observar la primera batería con cañones de veinticuatro o treinta y seis libras; la segunda, que solía tenerlos de dieciocho libras, y la cubierta del alcázar, que solía montar pequeños cañones de ocho libras u obuses de calibre variable. Fuente: www.todoababor.es

sobre grandes cureñas de madera de cuatro ruedas para permitir el retroceso provocado por la descarga, que quedaba limitado mediante un grueso cabo llamado *braga*, y su posterior colocación por los artilleros para un nuevo disparo, o incluso el cambio de borda si así se requería en la batalla. Situados formando una línea en paralelo a la amura del navío, sus bocas asomaban al exterior de aquella mediante troneras cuadradas que podían cerrarse mediante portas abatibles para evitar la entrada del agua en caso de mar picada. Atendidos cada uno de ellos por una pequeña brigada de seis hombres, que se repartían las tareas necesarias de traer los cartuchos de pólvora, cargar el arma, atacarla, acercarla a la tronera, apuntarla, disparar y limpiar el ánima para un nuevo disparo, lograban frecuencias de tiro que podían ir desde un disparo cada tres minutos en el caso de los artilleros peor adiestrados a dos disparos cada tres minutos si se trataba de artilleros experimentados.

Es necesario tener presente, no obstante, que la artillería naval de la época no resultaba en ningún caso demasiado eficaz. A cien metros de distancia, una bala maciza de treinta y seis libras podía perforar más de un metro de espesor de roble, algo más de lo habitual en la amura de un navío de línea, que no solía sobrepasar los sesenta centímetros. Pero a distancias mayores la pérdida de eficacia de los disparos era casi exponencial. A algo menos de un kilómetro, resultaba muy difícil perforar el casco de un navío. Hundirlo a base de disparos, a no ser que una bala de fortuna fuera a dar directamente sobre la casi inaccesible santabárbara, resultaba casi imposible.

Por ello, los artilleros de la época disponían de municiones de muy distintas características, y también eran diversos los tipos de disparo que podían realizar, escogiendo, así, unas y otro en función de la distancia, la condición de la mar y, sobre todo, la táctica escogida por su comandante. La más habitual era la llamada *bala sólida*, una negra esfera de hierro macizo de peso correspondiente al calibre del cañón, entre cuatro y dieciocho kilogramos, que se disparaba sobre el casco para perforarlo y era tanto más eficaz cuanto más próximo se hallara el enemigo, pues las astillas que producía el impacto producían más daño que la propia bala. En ocasiones, estas balas se calentaban con el fin de provocar incendios en el barco enemigo, por lo que eran conocidas como *balas rojas*, pero el elevado riesgo de esta práctica la hacía poco frecuente. Existían, además, las *balas huecas*, esferas rellenas de pólvora con una mecha que las hacía explotar sobre el barco enemigo, de uso no muy habitual por su escasa eficacia real, o la *bala de cadena*, consistente en dos balas macizas unidas por una cadena, que se disparaba sobre el aparejo del enemigo con el fin de destruirlo e impedir así su movilidad. Similar a esta última era la *palanqueta*, en la que las dos balas macizas estaban unidas por una barra sólida en lugar de una cadena. Por último, cuando se deseaba barrer las cubiertas enemigas para provocar daños a la tripulación, los cañones podían cargarse también con *metralla*, por lo general un pequeño saco de material de rápida ignición que no dejara rescoldos, casi siempre tela, relleno con balas de mosquete que se dispersaban sobre su objetivo.

Los tipos de disparo que podían efectuarse también eran diferentes según el objetivo que se persiguiera. Como hemos adelantado más arriba, los artilleros podían apuntar al aparejo de los buques enemigos con el fin de desarbolarlos. Cuanto mayor fuera el número de velas, vergas y palos que perdieran, menor sería su maniobrabilidad en el combate, lo que les haría mucho más vulnerables, en especial si perdían el palo mayor, casi imprescindible para gobernar el barco. También podían, por supuesto, optar por disparar sobre el casco. Era el llamado *tiro contra batería*, pues su objetivo principal era destruir los cañones enemigos, disminuyendo así el peso de sus andanadas y colocándolo en una situación de creciente inferioridad, pero también provocar daños a los artilleros mismos, que podían sufrir graves heridas como resultado de las astillas que salían disparadas a gran velocidad tras los impactos en la madera del casco. Dentro de este disparo, poseía especial efectividad el temido *tiro de enfilada*, que consistía en descargar una andanada completa contra la popa del barco enemigo, donde el casco era mucho más fino y apenas se montaban cañones. Los disparos así efectuados, casi siempre con doble carga para incrementar su eficacia, barrían las cubiertas de las baterías de popa a proa, causando daños terribles y sin que el enemigo pudiera responder. En algunas ocasiones, un disparo de estas características podía bastar para dejar fuera de combate a un navío, por lo que no es extraño que muchos comandantes maniobraran para colocarse a popa del enemigo y disparar contra él desde esa posición. Por último, se practicaba también a veces, aunque pocas dada su escasa eficacia, el denominado «tiro a lumbre de agua», que se dirigía sobre la línea de flotación del barco enemigo con el fin de producir en su casco vías de agua que pudieran llegar a hundirle. Podía quizá ser eficaz si el objetivo era una fragata o un buque menor, cuyo casco era mucho más endeble, pero no lo era nunca contra un navío, y no sólo por el grosor mucho mayor de su casco, especialmente en la línea de flotación, sino por la rapidez y habilidad con que las brigadas volantes de carpinteros taponaban los orificios que se iban abriendo en las amuras del buque durante el combate. En contra de las escenas que, por su espectacularidad, pueden verse en las pantallas de cine, hundir un navío por medio de simples cañonazos era prácticamente imposible en esta época. El cabeceo continuo del buque, el humo de los disparos, los ángulos muertos que provocaba el reducido tamaño de las troneras y la excesiva holgura entre la bala y el ánima de la pieza se conjugaban para convertir en toda una hazaña acertar el blanco. Por ello, y por el botín que tal acción les reportaba, como es natural, los comandantes no trataban de hacerlo casi nunca, sino que preferían forzar su rendición y apresarlo. Pero incluso esto no fue demasiado frecuente hasta que las tácticas de combate empezaron a cambiar ya en la segunda mitad del siglo XVIII.

Las tácticas: de la línea a la columna

El navío de línea recibe, como sabemos, su nombre de la táctica de combate en la que constituye pieza indispensable y que fue no sólo la dominante desde mediados del siglo XVII al último cuarto del XVIII, sino la única. Estos grandes buques de guerra venían al mundo únicamente para servir a esa misión: formar con sus homólogos una línea de combate, uno tras otro, presentando al enemigo una de sus amuras y cañoneándolo sin cesar hasta que abandonara el escenario de la batalla. Por supuesto, en ocasiones los almirantes se valían también de su sola y amenazadora presencia en las cercanías de un puerto para someterlo a bloqueo. Y tampoco debemos olvidar que la guerra naval exigía también el cumplimiento de otras misiones, como la escolta de mercantes, la comunicación de mensajes y órdenes, la represión de la piratería o la búsqueda del enemigo en mar abierto. Pero estas misiones las desempeñaban otros barcos como las fragatas, las corbetas o los bergantines. Las batallas entre escuadras constituían un monopolio del navío de línea.

Veamos con mayor detalle en qué consistía esta táctica, pues sin conocerla bien nos resultará imposible comprender lo sucedido en Trafalgar. Su invención fue más bien el resultado de una práctica elevada a la categoría de costumbre y de esta a la de dogma en la segunda mitad del siglo XVII, tras las guerras anglo holandesas de aquel período. Pero no fue hasta 1697 cuando su descripción precisa fue recogida en un tratado, la obra del jesuita francés Paul Hoste, a la sazón no un marino, sino el limosnero del gran almirante Tourville, titulada *L'art des Armées Navales, ou Traité des Evolutions Navales*. Desde aquel instante, todos los almirantes de las potencias europeas la siguieron a rajatabla, como si de hacerlo así dependiera su misma vida, y cualquiera de ellos, o de los capitanes de los navíos bajo su mando, que se apartase de ella era sometido a consejo de guerra, separado del cargo y condenado de manera fulminante. Los principios sagrados que la constituían eran los siguientes[22]:

- Primero: la línea de combate debe mantenerse a toda costa en el transcurso de la batalla, sin que pueda romperse bajo ningún concepto.

[22] Rodríguez González, Agustín. *Trafalgar*... p. 45 y ss., y 239 y ss.

- Segundo: la escuadra ha de actuar teniendo siempre en cuenta que su objetivo no consiste en destruir a la enemiga, sino en culminar con éxito la misión concreta que se le haya encomendado.
- Tercero: la escuadra estará formada en tres cuerpos, la vanguardia, el centro y la retaguardia, cada uno al mando de un jefe. Pero todos ellos, al igual que los comandantes de cada uno de los navíos que los integran, deberán en todo momento cumplir en exclusiva las órdenes del almirante de la escuadra, quien mandará a su vez el centro –por lo general desde un navío de tres puentes para preservar su seguridad y asegurarse de que se reciben sus señales durante el combate– sin que quepa iniciativa individual alguna.
- Cuarto: tan pronto como el enemigo se sitúe a distancia de tiro, se abrirá fuego contra él, aunque los primeros disparos puedan resultar poco efectivos.
- Quinto: cada navío se empeñará en el combate lo mejor posible, apoyando en todo momento a sus matalotes de proa y popa, a los que no deberá abandonar nunca a su suerte.
- Sexto: el combate deberá proseguir hasta que la flota enemiga se retire o el almirante al mando dé orden de retirada de la propia, desenlace que dependería del número de barcos presente en cada escuadra y de la pericia de sus artilleros.

Estos principios se complementaban con algunas prácticas sancionadas por la costumbre. A la hora de afrontar la batalla, por ejemplo, los almirantes preferían situarse a barlovento, es decir, con el viento en la popa, si, por considerarse superiores, habían decidido atacar, y a sotavento, con el viento en la proa, si se veían forzados a defenderse. Las fragatas de cada escuadra, por su parte, solían colocarse formando una línea a sotavento de los navíos, preparadas para repetir las señales del almirante al resto de los buques. Se consideraba, asimismo, que la distancia más adecuada entre los navíos debía ser de unos cien metros, por lo que cada comandante tenía la obligación de conservarla durante el combate, sin perder su puesto en la línea, pues de lo contrario se le formaba consejo de guerra.

El resultado de semejante táctica era decepcionante, pero muy favorable para las armadas que, como les sucedió a la española y la francesa a lo largo del casi todo el siglo xviii, eran inferiores en número, pues no resultaba frecuente la pérdida de una cantidad significativa de navíos. De hecho, entre el combate naval de Tolón de 1744 y la célebre batalla de Los Santos de 1782, la *Royal Navy* sostuvo trece combates en los que respetó a ultranza la formación en línea y todos ellos acabaron más o menos en tablas. Sin embargo, se impuso con claridad en las seis ocasiones en las que sus almirantes tuvieron la osadía de abandonar la línea para adoptar tácticas más imaginativas.

No es extraño, pues, que con el tiempo fueran arreciando las críticas a la excesiva rigidez de la táctica basada en la conservación a ultranza de la línea de combate. Ya en la segunda mitad del siglo xvii había surgido en Gran Bretaña la escuela táctica melenista, que tomaba su nombre del francés *mêlée* ('revuelta'). Sus partidarios defendían la ruptura de la línea propia para lanzar un ataque masivo sin preocuparse por el orden en el que los comandantes de los buques dispondrían de libertad total. Pero tales postulados habían caído en el descrédito más absoluto después de la obra de Hoste y así se mantuvieron hasta finales del XVIII. Sin embargo, en 1776, unos años antes de la batalla de Los Santos, el competente marino español José de Mazarredo, entonces teniente de navío de la Real Armada, dio a la luz una obra titulada *Rudimentos de táctica naval para la instrucción de los oficiales subalternos de la Marina*, en la que defendía, entre otras muchas maniobras, la ruptura de la línea enemiga para desorganizarla, facilitando así su destrucción. Huelga decir que nadie en la Real Armada le hizo ningún caso, pero el mensaje iba calando. A finales de siglo, el mismo Mazarredo razonaba que si el forrado de cobre de los cascos incrementaba la velocidad de los navíos, debían extraerse de ello consecuencias sobre la táctica imperante, que no podía seguir ya siendo la misma. Y poco antes de Trafalgar, el almirante Domingo de Grandallana sostiene un punto de vista semejante. Poco a poco, como ha señalado algún autor, se desliza la crítica hacia unos reglamentos que establecen principios inviolables «[...] que impiden atacar al enemigo si no se está en situación de superioridad, si no existe una estrecha unión en la escuadra y si no se emplea determinada formación para el combate. Se procede a desmontar cada una de esas ideas, repetidas mil veces, y se ofrece la doctrina de la acción[23]».

[23] GARCÍA HURTADO, Manuel-Reyes. «El pensamiento naval español del siglo XVIII». En GARCÍA HURTADO, Manuel-Reyes (ed.). *La Armada española en el siglo XVIII. Ciencia, hombres y barcos*. Madrid: Sílex, 2012. p. 164.

El glorioso Primero de Junio de 1794, por Philip James Louthebourg.

Sin embargo, ni siquiera en Gran Bretaña tales ideas se convirtieron en hegemónicas antes de Trafalgar, en especial entre los muy conservadores miembros del Almirantazgo de la *Royal Navy*. Es cierto que el carácter revolucionario de la victoria de Rodney en Los Santos fue exagerado, pues lo que hizo el almirante inglés no fue mucho más que aprovechar para envolver y apresar a algunos navíos la oportunidad que le ofrecía un cambio de viento que colocó a los barcos de Grasse en facha y produjo huecos en su línea. Pero no se lanzó a perseguir a los demás buques, permitiendo que huyeran, lo que provocó la airada crítica de su segundo, el almirante Hood. El ejemplo de Rodney, empero, no cayó en saco roto y algunos otros almirantes se atrevieron a seguirlo. Lo hizo, por ejemplo, el francés Sufren, que logró por entonces algunas victorias en la India mediante la táctica de cortar la línea de las escuadras inglesas, pero serían estos quienes mejor la aprovecharían en los años posteriores. En la batalla del Glorioso Primero de Junio de 1794, el almirante Howe dejó el barlovento para cruzar la línea enemiga y atacarla desde sotavento, una heterodoxa maniobra que costó a los franceses siete buques. Lo mismo hizo Jervis en San Vicente en febrero de 1797, con el resultado que ya conocemos, y unos meses después, en octubre de ese mismo año, el almirante Duncan en la batalla de Camperdown. Y no parece necesario recordar que el mismo Horatio Nelson empleó una táctica similar contra los franceses en la batalla del Nilo el 1 de agosto de 1798.

Al objeto de comprender mejor dicha táctica, facilitando su comparación con la de combate en línea, podríamos afirmar que los principios sobre los que se apoya, nunca formulados como tales de forma intencionada, pero deducibles de su práctica por los comandantes ingleses, son los siguientes [24]:

- Primero: la línea de combate es tan sólo una formación de partida que el almirante debe abandonar cuando surja la oportunidad de hacerlo en el transcurso de la batalla.
- Segundo: el objetivo de la escuadra es destruir o apresar el mayor número posible de barcos enemigos, para lo cual tratará de cortar su línea y envolverla, al objeto de ganar la superioridad local.
- Tercero: el almirante habrá preparado el combate con sus capitanes y jefes de división antes de la batalla, pero una vez comenzada ésta, dará muy pocas señales, con lo que será la iniciativa de aquellos la que decida el resultado.
- Cuarto: no debe emplearse la artillería hasta que pueda asegurarse su efectividad, esto es, a corta distancia, lo que permitirá usar todas las piezas del barco, incluso las de corto alcance.
- Quinto: los comandantes deben apoyarse unos a otros con el fin de ganar la superioridad contra los barcos enemigos y, si es posible, derrotarlos uno a uno.
- Sexto: la batalla seguirá hasta que el enemigo quede aniquilado o hasta que el estado de los propios navíos haga imposible proseguirla.

Tales postulados fueron aplicados por Nelson en Trafalgar. No se trataba, pues, de una revolución táctica,

---

[24] Rodríguez González, José Agustín. *Trafalgar…*, p. 238-239.

sino de una forma de proceder que contaba ya con una cierta tradición, aunque el célebre almirante la adornaría con su inimitable estilo personal, como tendremos ocasión de ver más adelante. Nelson era un hábil marino, un líder nato y un hombre dotado de una gran audacia, pero sería mucho decir que se trataba de un genio que revolucionó la táctica naval de la era de la vela. Ni él era tan superior a los otros almirantes de su época, ni la batalla de Trafalgar fue tan decisiva, aunque, por supuesto, al vencedor siempre le interesa engrandecer sus triunfos y el pueblo se encuentra en todo momento dispuesto a encontrar héroes a los que adorar.

LAS ARMADAS: LA *ROYAL NAVY*

La orgullosa Armada inglesa llega a la batalla de Trafalgar como dueña indiscutible de los mares. Sin tener en cuenta los buques en reparación, retirados del servicio activo para servir como hospitales o prisiones, en liquidación o en construcción, posee hacia 1805 la impresionante cifra de ciento dieciocho navíos de línea, de los cuales nada menos que veintidós son grandes navíos de tres puentes que montan entre noventa y ocho y ciento veinte cañones. A ellos hay que sumar ciento trece fragatas –en su mayoría bastante más grandes y mucho mejor artilladas que las comunes en las otras marinas de guerra, pues poseen entre treinta y tres y cincuenta bocas de fuego– y varios centenares de barcos menores.

Pero la superioridad británica no residía únicamente en el apabullante número de sus unidades, sino en su calidad y en la de sus tripulaciones. El número de navíos de tres puentes en la Armada inglesa era mucho mayor que en las otras dos marinas importantes de la época. En 1789, Gran Bretaña poseía diecisiete navíos de tres puentes, España, doce y Francia, seis. Los desastres de San Vicente y Punta Carnero habían pasado factura a la Real Armada. Luego, la marina francesa abandonó la construcción de este tipo de naves, mientras la española, al mostrarse incapaz de reponer las graves pérdidas sufridas, apenas poseía ya media docena en los meses anteriores a Trafalgar, aunque uno de ellos fuera el colosal, pero muy poco marinero, *Santísima Trinidad.* Y estos poderosos navíos, con sus altas bordas y su formidable potencia de fuego, conferían una ventaja táctica en la batalla muy difícil de compensar, pues eran casi imposibles de atacar por buques de dos puentes.

Más relevante aun era la superioridad tecnológica de los navíos ingleses. Durante buena parte del siglo XVIII, los navíos construidos en Inglaterra habían sido inferiores a los franceses y los españoles. Muy artillados para su pequeño tamaño, eran lentos y pesados, y llevaban tripulaciones menos numerosas. Sin embargo, la inesperada derrota británica en la guerra de Independencia de las colonias norteamericanas disparó todas las alarmas en el Almirantazgo, que impulsó un verdadero programa de rearme naval cuyas consecuencias no se hicieron esperar. No sólo se incrementó el ritmo de las construcciones navales, con el resultado ya conocido, sino que la calidad de los navíos ingleses experimentó una impresionante mejora.

Dejando de lado la mejor calidad de la madera empelada por los constructores ingleses y el tratamiento químico al que se la sometía, que prolongaba en gran medida la vida útil del buque –algunos navíos de la *Royal Navy* permanecieron en servicio activo cerca de cien años– una de las innovaciones más relevantes consistió en el forrado de la obra viva del casco de los navíos con planchas de cobre. Los marinos sabían muy bien desde la Antigüedad que la parte sumergida de las naves se cubría enseguida de diminutos animales marinos adheridos que no sólo añadían gran peso a la nave, sino que aumentaban mucho su resistencia al agua, restándole con ello velocidad y ralentizando su respuesta al timón. Entre estos minúsculos animales destacaba por su peligrosidad un pequeño molusco, el *Teredo Navalis*, conocido vulgarmente como broma, muy prolífico en aguas cálidas, que horadaba con gran rapidez galerías en la madera de los cascos, incluso las más duras, poniendo en peligro su integridad y forzando a los buques a someterse a frecuentes reparaciones. El forrado de cobre, al proteger de la broma la madera del casco, no sólo hacía superflua su reparación constante, sino que también mejoraba sus cualidades hidrodinámicas. Aunque españoles y franceses no tardaron en forrar también de cobre sus buques, los ingleses fueron durante algún tiempo mucho más rápidos que los suyos, virtud que les confería una importante ventaja táctica.

La segunda innovación importante afectó a la artillería. La calidad de los cañones ingleses, beneficiados ya por el impulso que la incipiente revolución industrial estaba proporcionando la siderurgia, era muy superior a la de los de sus enemigos. El cañón Blomelfield, el común en la *Royal Navy* en 1805, era más resistente y permitía una mejor puntería, lo que, sumado a la mayor pericia de los artilleros ingleses, proporcionaba a sus comandantes una ventaja importante, que se incrementó con la introducción de la llamada «llave de fuego» o de chispa. Hasta entonces, los cañones se venían disparando de manera muy rudimentaria, mediante el sencillo expediente de arrimar al oído de la pieza, previamente cargado de pólvora, una mecha encendida. Como consecuencia de esta práctica, la cadencia de tiro era lenta y los riesgos de explosión muy elevados. La llave de fuego, que golpeaba un pedernal contra un trozo de acero, provocando así una chispa que encendía la pólvora colocada en una cazoleta junto al oído del cañón, no sólo mejoraba la frecuencia de los disparos, sino que los hacía más seguros, disminuyendo el riesgo de accidentes. Parece que su invención se debe a Charles Douglas, comandante del HMS *Duke*, de noventa y ocho cañones, hacia 1780.

Por si todo esto fuera poco, en 1774 había comenzado a fundirse en la fábrica escocesa de Carron un nuevo tipo de cañón de gran calibre y poco peso, al que pronto se conocería con el nombre de «carronada». La revolucionaria pieza resultaba ideal para montarse en la cubierta superior de los navíos, hasta entonces dotada con cañones pequeños y poco eficaces, pues el tremendo peso de los más grandes –un cañón de treinta y seis libras podía llegar a pesar cinco mil kilogramos– habría comprometido seriamente su estabilidad. La carronada poseía un tubo corto, de paredes más finas y requería menos cantidad de pólvora, por lo que su alcance era menor que el de los cañones, pero el gran calibre de su munición podía resultar decisivo a corta distancia, precisamente la que la táctica de cortar la línea había convertido en decisiva. Además, su cureña, más ligera, hacía más fácil apuntar el arma, incrementando también su eficacia.

Se trataba, por otra parte, de una pieza muy versátil. Cargada con balas macizas, podía fabricarse con calibres muy diversos, desde los diminutos de seis libras, muy útiles para los barcos menores, a los impresionantes de noventa y seis, que se montaban en los grandes navíos y podían provocar daños devastadores a corta distancia. Pero también podía cargarse con metralla, y barrer con ella las cubiertas enemigas con los terribles efectos sobre sus tripulaciones que cabe suponer. Por último, si eficaz fue su incorporación a los navíos, aun lo fue más en las fragatas, pues su poco peso las hacía idóneas para la menor resistencia estructural de estos buques y multiplicaba en gran medida su poder artillero, ya muy superior al de sus homólogas españolas y francesas.

Quizá no tan relevante resultó la introducción en los barcos de la bomba de achique de doble émbolo. Las bombas tradicionales, de un sólo émbolo, resultaban lentas y poco eficaces cuando el buque se inundaba a gran velocidad. La nueva bomba, mucho más eficaz y rápida, podía conferir cierta ventaja durante el combate, pues, unida a la acción de las brigadas de carpinteros que tapaban los boquetes del casco, aseguraba su flotabilidad en caso de grave daño bajo la línea de flotación del buque.

Pero todas estas innovaciones técnicas, de indiscutible relevancia, habrían tenido un impacto mucho menor sobre las victorias inglesas de las dos décadas anteriores a Trafalgar, y por ende, sobre el resultado mismo de esta batalla, de no ser por la superioridad de la *Royal Navy* en otra dimensión mucho más importante: la organización, pues la marina inglesa se revelaba más flexible y eficiente que la de sus enemigas en aspectos tan determinantes como la estructura de su

John Jervis, Lord Saint Vincent, primer lord del Almirantazgo entre 1801 y 1804.

cúpula dirigente, la carrera profesional de sus mandos, la formación de su oficialidad y el adiestramiento de sus tripulaciones. Merece, por tanto, la pena que nos detengamos un poco en cada uno de estos aspectos.

A la cabeza de la *Royal Navy* se encontraba el Consejo del Almirantazgo, un exclusivo círculo aristocrático integrado por unos sesenta miembros. Pero las decisiones no las tomaba este encanecido cónclave, sino la pequeña Junta del Almirantazgo, una comisión de siete lores presididos por un político, el primer lord, y dirigidos de hecho por un distinguido almirante, el primer lord profesional. En dependencia de aquella, existían también consejos con competencia sobre asuntos concretos, como el abastecimiento de víveres, la artillería, la construcción de buques, el reclutamiento de las tripulaciones o el cuidado de los enfermos y heridos, que configuraban en su conjunto una organización muy eficiente. Al Almirantazgo correspondía también el nombramiento de los mandos de la flota y de los comandantes de los navíos, lo que permite hacerse una idea del grado de poder que ostentaban sus miembros.

Sin embargo, los integrantes del Almirantazgo no eran advenedizos, sino profesionales de avanzada edad y dilatada experiencia tanto en los aspectos tácticos, aprendidos en los lejanos comienzos de su carrera, como en los estratégicos, que se habían acostumbrado a manejar en su ocaso. Porque la carrera militar en la Armada inglesa era una cuestión en la que se mezclaban la edad, la experiencia, los contactos sociales y personales, sin los cuales el capitán de un navío no podía llegar nunca a ascender por la exclusiva escala que le llevaría a ocupar, en este orden, los codiciados empleos de comodoro, contralmirante, vicealmirante y, por fin, almirante.

El capitán de navío, por lo general un hombre de entre treinta y cuarenta años, ejercía sobre su dotación una autoridad irrefutable. Pero el camino que culminaba con el mando de un navío de la Armada no era fácil. Resultaba más sencillo para los vástagos de la nobleza, que disfrutaban de la influencia necesaria para acceder a una de las escasas plazas anuales que convocaba la Academia Naval de Portsmouth, paso obligado de los futuros oficiales, y pagar después las quince libras mensuales que costaba la estancia en ella. También tenían su oportunidad los hijos de los capitanes, que podían optar a una de las quince plazas gratuitas a ellos reservadas. Pero quien no era ni una cosa ni otra debía enrolarse en un barco como grumete del capitán y pasar allí varios años hasta que éste tenía a bien recomendar a su pupilo para la admisión en la Academia. Los jóvenes iniciaban entonces una formación de seis años como guardiamarinas, por lo general entre los catorce y los veinte, que pasaban en su mayoría embarcados, de forma que a los contenidos teóricos y científicos añadían una sólida formación práctica que hacía de ellos oficiales mucho más completos y arrojados que sus colegas franceses y españoles.

La carrera posterior de un oficial tampoco era sencilla para quienes carecían de contactos. A la antigüedad, la valía y el trabajo, por extremos que fueran estos últimos, había que añadir siempre las recomendaciones, y era la combinación de esos tres factores, en proporción variable, la que determinaba su proyección profesional. Nadie duda de que Nelson fue un gran marino, pero el hecho de que llegara a teniente a los dieciocho años y a capitán con veintiuno se debió antes a las influencias de su tío, a la sazón, interventor de la Armada, que a su propia valía. Sin embargo, no por ello debemos pensar que este sistema promocionaba por defecto a los bien relacionados y a los nobles. Aunque el patronazgo podía en ocasiones encumbrar a un incompetente, lo cierto es que la formación basada en la experiencia hacía de los oficiales ingleses unos grandes conocedores de los barcos y los hombres, así como excelentes marinos y magníficos combatientes. Las aceptables retribuciones, sumadas a la práctica tradicional del reparto del botín de los buques enemigos apresados, que beneficiaba sobremanera al capitán, suponían una motivación añadida que no poseían sus colegas españoles y franceses. Por lo general, el almirante recibía un octavo del valor de las presas; el capitán del barco que la había apresado, un cuarto, y el cuarto restante se repartía entre la tripulación.

Por debajo de los oficiales de guerra, existían en la *Royal Navy*, al igual que en el resto de las marinas, oficiales de mar, esto es, especialistas encargados de las tareas relacionadas con el mantenimiento de los buques, desde carpinteros y veleros hasta cirujanos y contadores, civiles unos y militares otros, pero en su mayoría postergados en prestigio e ingresos a los oficiales de carrera. Su situación, empero, comenzó a mejorar en las últimas décadas del siglo xviii, cuando se les permitió usar uniforme e incluso alcanzar el grado de teniente y se mejoraron sus retribuciones a fin de atraer a estos puestos a las personas más capaces.

En cuanto a la marinería de los barcos de su majestad, sin duda su situación era comparativamente mejor que la de las otras marinas de guerra europeas. Gran Bretaña era un país de larga tradición comercial que a finales del siglo xviii empezaba ya a hacerse con el control de los mercados extraeuropeos. Disponía por ello de una enorme flota mercante, tripulada por cientos de miles de hombres de mar a los que podía recurrir en caso de necesidad para dotar los buques de la Armada. Su ventaja era, pues, tanto cuantitativa como cualitativa, ya que estos marineros conocían bien su oficio y apenas requerían adiestramiento. Pero lo cierto es que la Armada llegó a adquirir unas dimensiones tan grandes que incluso los ingleses tuvieron dificultades para reclutar los tripulantes necesarios, hasta el punto que la mitad de las tripulaciones de la *Royal Navy* en tiempo de guerra procedían del alistamiento voluntario y del reclutamiento forzoso, lo que introducía en los barcos una elevada proporción de pobres en busca de sustento, cuando no simples delincuentes. A ello se unía el derecho que asistía a los capitanes de completar su tripulación en alta mar o en los puertos reclutándola entre la de los barcos mercantes, ya fueran nacionales o extranjeros, de los que había una buena proporción en Trafalgar. En cualquier caso, el hecho de que los barcos ingleses se encontrasen casi siempre en activo, bien en navegación, protegiendo rutas comerciales, bien bloqueando los puertos enemigos, hacía que incluso los marineros que habían sido reclutados por la fuerza terminasen por poseer un entrenamiento considerable, algo que en modo alguno podía decirse de sus enemigos franceses y españoles, y que resultaba determinante en los combates, en especial en lo que se refiere a la frecuencia de disparo de los cañones y su puntería. Con razón ha podido escribir algún autor que «[...] la vida en el mar acabó cohesionando [...] a aquella masa humana que componía la estructura de la *Navy*, creando al final una manera de vivir bien adiestrada en el manejo de los buques y en la eficacia durante las acciones[25]».

Un asunto sobre el que se ha escrito mucho es el de la excesiva disciplina a la que se sometía a los marineros y las duras condiciones de vida que habían de soportar. Respecto a las segundas, no cabe duda de que lo eran, pero en modo alguno peores que las que los hombres de su extracción social habían de sufrir en tierra. Como explica Roy Adkins, un marino tenía al menos asegurados un lugar donde vivir, una provisión de alimentos diaria, un empleo fijo y un médico que trataba sus enfermedades sin coste alguno, mucho más de lo que cualquier inglés de su misma extracción social podía ni aun soñar. Sus ingresos, además, eran superiores. Un marinero sin experiencia alguna ganaba diez libras, once chelines y seis peniques al año, mientras un jornalero agrícola podía

[25] Cayuela, José y Pozuelo, Ángel. *Trafalgar*..., p. 352.

ganar entre tres y diez libras, una criada en torno a cinco y una maestra de escuela entre diez y doce. Si se trataba, además, de un marinero experimentado, sus ingresos eran mucho mayores que los de cualquiera de estos colectivos: catorce libras y seis chelines. Y siempre había que contar con la posibilidad de resultar beneficiado por el reparto del botín. El mayor problema lo constituían el hacinamiento, que tenía muy difícil solución en un espacio tan pequeño, y las dolencias provocadas por la falta de fruta y verduras frescas en la dieta de los marinos, en especial el escorbuto, que sólo comenzó a remitir en la flota inglesa cuando Nelson introdujo el zumo de limón como complemento de su alimentación.

Respecto a la disciplina, se ha argumentado que fue su extrema dureza lo que provocó los célebres motines de la flota del mar del Norte en 1797. Carece de sentido tratar de negarlo. Los castigos habituales en la marina inglesa de finales del siglo XVIII eran, en efecto, extremadamente duros. Algunos de ellos eran razonables, como la suspensión de las raciones de tabaco o grog[26], pero lo habitual eran los castigos físicos, como los bastonazos o azotes, y algunas penas como el colgamiento o el paso por la quilla eran tan brutales que muchos marineros perdían la vida durante su aplicación. Y lo peor de todo es que su imposición dependía por completo del arbitrio del capitán, cuyas decisiones eran inapelables. Pero no debemos olvidar que en tierra las penas no eran mucho más humanas. La horca era la condena prescrita por la ley para alrededor de un centenar de delitos, entre ellos la

---

[26] El grog era una bebida típica de la marina inglesa que se obtenía rebajando una medida de ron con cuatro de agua y añadiendo luego azúcar y zumo de limón. De ella proviene la conocida expresión «estar grogui».

traición, en la que curiosamente se incluía la falsificación de moneda, y el simple robo de una oveja. Si el culpable era una mujer, la pena aplicada era la hoguera. En cuanto al azotamiento público y la exposición en la picota, eran castigos comunes en 1805. Y no debemos olvidar que la condena a prisión suponía con mucha frecuencia lo mismo que una condena a muerte, pues las cárceles inglesas de la época eran tan insanas que lo habitual era contraer en ellas alguna enfermedad fatal.

Completaba la dotación de los buques la infantería de marina, a la que correspondía la misión de mantener el orden en ellos y disparar con sus armas cortas contra el enemigo durante el combate. Hacia 1805, los *Royal Marines* contaban con unos treinta mil hombres, pero como sucedía en la Real Armada y en la Marina francesa, su número era insuficiente y debía ser completado con tropas de tierra, con frecuencia tan poco habituadas a la navegación que ni siquiera lograban evitar los mareos. Su eficacia no era, pues, mucho mejor que la de sus homólogos, a pesar de lo que se ha dicho.

La Armada española

Meses antes de la batalla de Trafalgar, la Real Armada aún pasaba por ser la tercera del mundo en número de buques. No obstante, las graves pérdidas sufridas en la década anterior, que se habían cebado en las mejores unidades, y las crónicas restricciones presupuestarias, que habían hecho imposible su reposición, la colocaban en una situación comparativamente mucho peor que la que tenía en 1794, momento en el que había alcanzado su máximo esplendor. De los setenta y seis navíos y cincuenta y una fragatas con que contaba en esa fecha, sólo quedaban en 1805, cincuenta y cuatro y treinta y siete. Además, se habían perdido en esos diez años fatídicos algunas de las mejores unidades de la Armada, entre ellas casi media docena de los poderosos reales de tres puentes y ciento doce cañones que constituían la élite del poder naval español.

En cuanto a su construcción, los barcos españoles podían competir, incluso con ventaja, con los mejores del mundo. Es cierto que aún seguían en activo en 1805 algunos viejos navíos concebidos de acuerdo con los estándares franceses de la época de Francisco Gautier (1765-1782), como es el caso del célebre *San Juan Nepomuceno*, botado en 1766, e incluso de la etapa de Jorge Juan (1750-1765), como el enorme y no menos notorio *Santísima Trinidad*, botado en 1769, pero construido a la inglesa. Pero los patrones constructivos que se impusieron en las últimas décadas del xviii, ya bajo la inspiración de José Romero Fernández de Landa y su discípulo Julián Martín de Retamosa, incluso aventajaban a los ingleses en resistencia y maniobrabilidad, elegancia de líneas de su casco y calidad de sus materiales, entre los que destacaban las maderas de teca o caoba procedentes de Cuba, Honduras y Filipinas. La magnífica serie de ocho reales de ciento doce cañones construida por el primero, los llamados meregildos, de los que ofrecen buenos ejemplos el *Príncipe de Asturias* y el *Santa Ana*, y la de rápidos buques de setenta y cuatro cañones ideados por el segundo, como el *Montañés*, el *Neptuno* y el *Argonauta*, eran, con toda probabilidad, los mejores navíos de su época.

Sin embargo, muchos de los barcos de la Real Armada no habían incorporado todavía los avances técnicos que la flota inglesa poseía desde varios años atrás. Si bien se les había ya forrado el casco con planchas de cobre, no poseían aún en sus cañones llaves de fuego, que hubo que improvisar en Trafalgar usando pistolas acopladas a los cañones, ni tampoco bombas de achique de doble émbolo. En cuanto la artillería, hubo que esperar al Reglamento de 1803 para que quedara resuelto el problema tradicional del pequeño calibre de las piezas de la batería baja, veinticuatro libras en lugar de las treinta y dos o treinta y seis que montaban, respectivamente, los navíos británicos y franceses, que había restado capacidad de fuego a nuestros navíos durante todo el siglo. Unos pocos años antes, en 1797, se había dado también solución al pobre e ineficaz artillado de la cubierta superior. Aunque nuestros buques no montaron carronadas sino en muy contadas ocasiones y por decisión de sus propios comandantes, sí adoptaron con carácter reglamentario un nuevo tipo de obús –denominado *Obús Rovira* en honor a su creador, el comisario general de artillería Francisco Javier Rovira– que tenía poco o nada que envidiar en prestaciones a la carronada, e incluso la excedía por su capacidad para disparar tanto balas macizas como granadas y metralla. Sin embargo, la nueva arma no llegó a demostrar todo su potencial porque en Trafalgar se cargó tan sólo con metralla.

No eran, pues, los navíos ni su armamento el problema principal de la Real Armada unos meses antes de Trafalgar. Sí lo era, por el contrario, el terrible abandono en el que unos y otros habían quedado en los años anteriores. La guerra de los Pirineos no había sido sino la primera de una larga serie de conflictos, primero contra Francia, luego como su aliada, en la que el Estado español, ya muy endeudado tras su

El real de ciento doce cañones *Santa Ana*, uno de los mejores navíos de su época, en un grabado del siglo XIX.

participación en la guerra de independencia de los Estados Unidos, había llegado a encontrarse en una situación financiera muy delicada. Ante la penuria de recursos, sus gobiernos, preocupados por la posibilidad de una invasión francesa, habían dedicado la parte del león de los menguados presupuestos al Ejército, restando a la Armada muchos de los pertrechos que necesitaba e incluso imponiéndole sacrificios tan gravosos como el retraso en las pagas de los oficiales y los marineros o la entrega de buena parte de su armamento portátil para dotar a los regimientos en campaña.

Por ello, aunque sobre el papel los navíos españoles eran excelentes, muchos de ellos se vieron forzados a permanecer desmontados en los arsenales, y los que navegaban lo hacían poco, con los perniciosos efectos que puede suponerse sobre el adiestramiento de sus tripulaciones. Hacia 1805, la Armada española era un coloso vacilante; en 1815 no sería sino el cadáver de un gigante.

En cuanto a la organización, la Real Armada disponía de una sólida estructura de gobierno desde su creación por Patiño en las primeras décadas del siglo XVIII. Aunque no se instituyó un Consejo del Almirantazgo hasta 1803, y su operatividad fue en realidad muy escasa, existía desde mucho tiempo atrás una Secretaría de Estado específica, y bajo su dependencia directa, una Dirección General de Marina, instancia ejecutiva efectiva, que solía recaer en un almirante de prestigio. La organización territorial se instituyó también muy pronto, colocando al frente de cada uno de los tres departamentos –Cartagena, Cádiz y El Ferrol– un capitán general que era, a su vez, comandante de las fuerzas navales adscritas al mismo.

La formación de la oficialidad era superior a la británica en su dimensión técnica. Patiño se había inspirado en el modelo francés de Colbert para la creación en 1717 de la Compañía de Guardias Marinas, pero introdujo algunas modificaciones que mejoraron el original. De hecho, los aspirantes a oficial, en su mayoría jóvenes originarios de la baja nobleza vasca, cántabra o andaluza, limpios de sangre por los cuatro costados, recibían una sólida formación que incluía conocimientos de todas las disciplinas útiles para la navegación y el combate, desde las matemáticas y la cosmografía, a la náutica, pasando por la artillería, la fortificación e incluso la misma construcción de los buques. Sin embargo, los oficiales españoles no llegaban por lo general al grado de agresividad y competencia profesional de los ingleses. Ello se debía, en primer lugar, a que su formación era poco práctica, pues como guardiamarinas no era mucho el tiempo que pasaban navegando en los buques de la Armada, y no podía ser de otro modo si estos se mantenían atracados en puerto o varados en los arsenales durante largos períodos en lugar de ejercitarse en continuos cruceros de adiestramiento.

No menor importancia tuvieron otros factores como el retraso con que cobraban sus pagas, la falta de incentivos como la participación en el reparto del botín, la conciencia del escaso adiestramiento y la habitual insuficiencia de sus tripulaciones, y las leves penas con las que las autoridades de la Armada castigaron a lo largo de todo el siglo a quienes se mostraban negligentes o incluso timoratos en el combate. La *Royal Navy*, por el contrario, castigaba, de manera frecuente, con la pérdida del mando o incluso con la muerte a los jefes que no mostraban el espíritu adecuado en el combate. Incluso cuando la victoria había sonreído al comandante de la flota, los dos capitanes que menos se habían destacado en la batalla eran sometidos siempre a consejo de guerra. Con todo, la Real Armada contaba a fines del siglo XVIII con una generación de excelentes marinos y buenos comandantes, quizá no tan innovadores como Nelson, que, aunque a veces se olvida, constituía una excepción incluso en la *Royal Navy*, pero sí de una evidente competencia técnica. Hombres como Churruca, Gravina, Alcalá Galiano, Hidalgo de Cisneros, Álava, Mazarredo, Pérez de Grandallana y algunos otros tenían poco que envidiar a sus colegas ingleses, y eran, como se esperaba que lo fueran aquellos, «[…] almirantes de mente clara, sentido común y gran decisión, jefes de estado mayor inteligentes y preparados», pero en ningún caso fueron los «[…] comandantes bárbaros y agresivos»[27] que la experiencia en el mar y el ansia de botín hicieron de los oficiales al servicio de su graciosa majestad.

Y habrían podido demostrarlo así, como lo hicieron por lo general sus predecesores a lo largo del siglo XVIII, si hubieran contado con las tripulaciones adecuadas. En teoría, así debía haber sucedido, pues el sistema de reclutamiento vigente en la España del XVIII no era muy distinto del inglés. La llamada Matrícula de Mar, creada en 1607, obligaba a inscribirse en un registro a todos los marinos que prestaban sus servicios en embarcaciones civiles, desde los pesqueros a los mercantes, y los comprometía a servir en los barcos del rey cuando así se les reclamara. El sistema funcionó bien mientras las necesidades de marinería para los buques de guerra se mantuvieron por debajo de un cierto límite, pero el crecimiento exponencial del número de bajeles de la Real Armada a largo del siglo XVIII y las continuas guerras que jalonaron la centuria excedieron las posibilidades de reclutamiento que ofrecía la Matrícula. En 1804, cuando se preparaba la campaña de Trafalgar, el sistema sólo permitió reclutar una cuarta parte de las tripulaciones necesarias. Quedaban así expuestas las limitaciones de un país que trataba de sostener una marina de guerra muy superior a lo que le permitían su población, su riqueza y el grado de desarrollo de su comercio, aspectos todos ellos en los que la España de entonces iba muy por detrás de Gran Bretaña. Se recurrió entonces, como ya se venía haciendo antes, a la leva forzosa, con lo que los barcos se llenaron

[27] GONZÁLEZ-ALLER HIERRO, José Ignacio. «La vida a bordo en la época de Trafalgar». En: *Revista General de Marina*, 2005; vol. 249 (8-9): p. 93.

de vagos, maleantes y, en el mejor de los casos, gentes que carecían de la más mínima experiencia en el mar, con las consecuencias que cabe suponer sobre su eficacia durante el combate. Y por si esto fuera poco, ni aun así se logró completar las tripulaciones de los navíos. La flota de Gravina acudió a Trafalgar con una marinería escasa y mal adiestrada. Aunque sus navíos fueran excelentes y su artillería pudiera al fin compararse a la inglesa, habría sido un verdadero milagro que hubiera salido victorioso. La incompetencia del mando francés hizo el resto.

Completaba la dotación de los buques, como en el caso inglés, la infantería de marina, a la que se encomendaban las mismas misiones que en la *Navy*: vigilancia, combate y servicio en las dependencias de la Armada en tierra. Sumaban un total de doce mil hombres repartidos entre los tres departamentos, pero su número resultaba escaso, por lo que solía completarse con tropas del Ejército, tan poco adaptadas al mar como la improvisada marinería. A ellos se añadía el Cuerpo de Artillería, tres mil ochenta soldados en total, encargados de mandar las brigadas que servían los cañones, de apuntarlos y dispararlos, un número también exiguo que debía completarse con soldados o marineros con las consecuencias que cabe asimismo suponer sobre la eficacia de las baterías.

La Marina francesa

El gran creador de la Marina francesa moderna fue Jean-Baptiste Colbert, el favorito de Luis XIV, que había logrado hacer de la Armada del *Rey Sol* la más poderosa del mundo. Sin embargo, las continuas conflagraciones del último cuarto del siglo XVII y

El navío *Ville de Paris* se inauguró en 1764.

el calamitoso resultado para Francia de la guerra de Sucesión española la perjudicaron de tal modo que hacia 1720 no poseía el país galo sino veintisiete navíos y diez fragatas. Aunque las cifras mejoraron en las décadas posteriores, fue la humillante derrota sufrida por Francia en la guerra de los Siete Años la que decidió a sus gobernantes a dotarse otra vez de una marina capaz de medirse de igual a igual con la inglesa. En los últimos años del reinado de Luis XV, el duque de Choiseul se embarcó en un colosal esfuerzo constructor que habría de proseguir, ya en el reinado de Luis XVI, bajo el ministro De Castries.

Data de aquella época toda una serie de grandes navíos de línea caracterizados por su gran robustez, su velocidad y su poderoso artillado, con cañones de a treinta y seis en la batería baja, ya fueran de dos puentes y setenta y cuatro cañones, ya de tres puentes y cien cañones como el célebre *Ville de Paris*, insignia de De Grasse en Les Saints que causó la admiración inglesa tras su captura en la batalla. Estos últimos recibieron en aquellos años previos a la Revolución una atención que no volverían a disfrutar después. Hacia 1789, contaba ya la Armada francesa con seis grandes navíos de tres puentes de entre cien y ciento dieciocho cañones, nueve de ochenta cañones, sesenta y uno de setenta y cuatro cañones y cuatro de sesenta y cuatro. Pero, aunque numerosos y muy bien construidos, la tecnología de estos navíos empezaba a quedarse obsoleta. El forrado de cobre de los cascos no comenzó a introducirse hasta 1778, si bien todos lo tenían ya en Trafalgar; la artillería de la cubierta superior recibió muy poca atención, de manera que los barcos franceses llegaron a 1805 sin carronadas y no disponían tampoco de un avance comparable a los obuses Rovira, pues nunca pasaron de montar en cubierta sino sobre media docena de inseguros y defectuosos obuses de bronce; y en cuanto a las llaves de fuego y la bomba de achique de doble émbolo, su uso tampoco se había generalizado a la altura de 1805.

A esto hay que sumar el terrible impacto que las continuas guerras iniciadas en 1792 van a tener sobre la Armada francesa. En solo tres años, los transcurridos hasta 1795, las pérdidas ascienden ya a treinta y tres navíos y treinta y una fragatas, tragedia a la que habría que sumar la destrucción del principal arsenal de la flota, el de Tolón. La respuesta del nuevo gobierno revolucionario no fue, además, la más adecuada. Aunque se embarcó en un titánico esfuerzo constructor que le permitió enjugar las pérdidas e incluso superar las cifras anteriores a 1789, el éxito numérico se alcanzó a costa de renunciar a los navíos de tres puentes, cuya sola presencia en un combate era capaz, como vimos, de decidirlo a favor de la escuadra que los poseyera. Los barcos construidos fueron casi todos de setenta y cuatro y ochenta cañones, y sólo de ese modo consiguió Francia llegar a 1805 con sesenta y un navíos de línea, pero su renuncia a los tres puentes le pasaría crecida factura en Trafalgar.

Con todo, el mayor problema de la Armada francesa no eran sus buques, sino sus mandos. El impacto de la Revolución sobre la oficialidad naval fue demoledor, hasta el punto de desarticular del todo la organización preexistente sin lograr sustituirla hasta mucho tiempo después. La Marina borbónica había sido siempre un cuerpo muy aristocrático y eficiente, quizá el mejor de Europa. Con una cúpula y una organización semejantes a las españolas, los llamados oficiales de espada[28], de origen nobiliario, se formaban en el elitista Colegio Real de Marina, fundado por Colbert en 1669 y complementado más tarde con la creación de otros centros en Rochefort, Brest y Tolón, las cabezas respectivas de los departamentos marítimos. Allí aprendían los futuros oficiales las disciplinas necesarias para la navegación, que luego completaban con un largo período de aprendizaje en el mar, lo que hacía de ellos unos profesionales de formación integral, superiores incluso a los británicos. Pero junto a estos oficiales de extracción nobiliaria, los llamados *rouges* en alusión al color de su uniforme,

[28] Equivalentes a los oficiales de guerra de las otras marinas. Se complementaban con los oficiales de la pluma, que se limitaban a los asuntos administrativos.

únicos que podían acceder a los mandos de la flota, existían otros procedentes de la marina mercante, *les bleus*, de gran experiencia práctica pero escasa formación científica, a los que se vedaba el acceso al mando de navíos y, por supuesto, de escuadras, quedando, pues, relegados al de las fragatas y unidades menores.

Los recelos entre ambos cuerpos eran, como puede imaginarse, muy profundos, a pesar de los intentos de los ministros de Marina de Luis XVI por acabar con ellos, y con frecuencia estos recelos perjudicaron la operatividad de las flotas, provocando amargas quejas de sus almirantes. Pero todo empeoró después de 1789. El origen aristocrático de *les rouges* y el carácter elitista de sus centros de formación les hizo aparecer enseguida, no sin cierta razón, como los últimos defensores del Antiguo Régimen, lo que provocó el cierre de las academias y la emigración de muchos de los jefes y oficiales de la Armada. El Gobierno reaccionó, como era de esperar, eliminando las restricciones que pesaban sobre *les bleus* y haciendo de ellos la base de la nueva oficialidad de la Marina Republicana; sólo en los altos mandos, junto a algunos oficiales revolucionarios que se beneficiaron de fulgurantes ascensos (Ganteaume, por ejemplo, era teniente en 1791 y se había convertido en vicealmirante tres años después), se permitió permanecer a algunos antiguos oficiales de origen aristocrático como Brueys, Decrès o el mismo Villeneuve.

Pero fueran cuales fuesen sus orígenes, los altos mandos de la Marina francesa no se mostraron nunca en estos años a la altura de sus colegas ingleses y españoles. Con honrosas excepciones como la de Latouche-Tréville, ninguno de ellos puede compararse con los grandes almirantes de Luis XVI, como De Grasse o

Sufren, único almirante francés que pareció comprender la necesidad de dar por superado el viejo dogma táctico de la línea cerrada de combate, y usó con profusión las nuevas y agresivas tácticas que tantas victorias dieron a los ingleses en estos años.

Por lo que se refiere a las tripulaciones, los efectos sobre ellas de la Revolución no fueron tampoco demasiado positivos. Colbert había introducido en Francia un sistema semejante a la española Matrícula de Mar que se denominaba *Inscription Maritime*, en virtud del cual se clasificaba a las gentes de mar de los distritos costeros en clases que prestaban servicio en la Armada en turnos de un año cada cuatro, cinco o diez, en proporción al número de marineros de la demarcación. A esto se añadió la creación por Choiseul de los cuerpos de Artillería e Infantería de Marina, que suministraban las tropas que habían de embarcarse en los buques. Todo este sistema, bastante eficaz en comparación con los de otras potencias navales, saltó por los aires en 1789, cuando el igualitarismo dominante disolvió la disciplina de los barcos. La guerra, empero, volvió a poner las cosas en su sitio. Ahora bajo la bandera tricolor, que sustituyó a la blanca de los Borbones en los bajeles de la Armada en 1794, se militarizó a los marineros, volvieron a crearse los cuerpos y se implantó un sistema de reclutamiento similar al vigente antes de la Revolución. La nueva marinería napoleónica, disciplinada, no fue sin embargo tan eficaz como la inglesa, pues, como en la Armada española, la estrategia conservadora de los mandos de la Marina, que mantenía a los navíos más tiempo anclados en puerto o varados en los arsenales que navegando, privaba a los marineros galos de una experiencia insustituible que disminuía su habilidad durante el combate.

Concluido el análisis de los protagonistas de Trafalgar, parece llegado el momento del balance. La superioridad de la flota inglesa durante los meses anteriores al combate es más que evidente. No sólo cuenta con un número mucho mayor de navíos de línea, sino que se trata de buques más avanzados, mejor artillados, mejor conservados y, sobre todo, tripulados por hombres mejor adiestrados y motivados para el combate y mandados por oficiales más experimentados y de formación más práctica, y almirantes más arriesgados y flexibles en sus planteamientos sobre el combate. Como consecuencia de ello, sólo una táctica imaginativa por parte del mando de la flota combinada franco española habría podido ofrecerle alguna oportunidad, si no de victoria, sí al menos de una derrota digna. Por desgracia para los aliados, el almirante Villeneuve no era la persona indicada para concebir, y mucho menos ejecutar, esa táctica. Y así las cosas, habría sido muy difícil un desenlace distinto al que efectivamente se produjo.

6

Los olvidados de Trafalgar

Los propios tripulantes de la *Sophie*, desenfrenados por haber recibido un anticipo del dinero del botín, se habían comportado mal, muy mal, incluso juzgándolos según los patrones de comportamiento del puerto. Cuatro estaban en prisión por violación; otros cuatro se habían quedado en los burdeles, pues no los habían encontrado antes de que la *Sophie* zarpara; uno se había roto la clavícula y una muñeca. «Estúpidos borrachos», dijo Jack mirando furioso a los tripulantes que estaban en cubierta. Por otra parte, muchos de los marineros que llevaban los remos en el combés remaban con desgana y estaban todavía sucios, sin afeitarse y algo desconcertados; algunos vestían aún su mejor ropa, la que usaban para bajar a tierra, toda manchada y baboseada. Había olor a rancio, a tabaco de mascar, a sudor y a prostíbulo.

Patrick O'Brian: *Capitán de mar y guerra* (1970)

Antes de abordar por fin la narración de la campaña que conduciría a la batalla naval más famosa de todos los tiempos, hemos querido detenernos un instante para prestar un poco de atención al grupo más numeroso de personas que allí se encontraban aquel 21 de octubre de 1805, precisamente aquel que menos espacio recibe en los libros que se ocupan del tema. La marinería, los hombres –y también, aunque pocas, mujeres– de condición humilde, pobres de solemnidad muchos de ellos, delincuentes algunos, vagos otros, marginados todos, sin cuyo esfuerzo, sin cuya sangre y, en muchos casos, sin cuya muerte, nada de lo que allí ocurrió, la victoria de los unos, la humillación de los otros, habría sido posible, será, pues, el objeto del presente capítulo.

Una casa a flote

Los marineros que prestaban sus servicios en los barcos de guerra de todas las potencias navales de alguna importancia pasaban meses, con frecuencia incluso años, sin regresar a su hogar, tuvieran o no unos padres ancianos, una esposa o unos hijos pequeños que pudieran necesitar de su presencia. Incluso cuando tocaban puerto era muy frecuente que sus jefes les impidieran bajar a tierra, temerosos sin duda de las numerosas deserciones que se producían en las filas de la marinería. De este modo, el barco constituía para ellos una suerte de hogar y sus compañeros llegaban a menudo a ocupar en sus corazones el lugar de su verdadera familia.

Se trataba, empero, de un hogar bien poco acogedor. Un buque de guerra de comienzos del siglo XIX era un lugar muy desagradable, incluso para los resignados patrones de medida de las clases humildes de la época, acostumbradas a moradas pequeñas, lúgubres y malsanas. Se trataba, para empezar, de un espacio muy escaso. La dotación completa de un navío de línea de tres puentes –esto es, la suma de su tripulación o marinería y su guarnición, los soldados embarcados– podía oscilar entre los poco más de ochocientos hombres de un buque inglés, cuyas plantillas solían ser muy ajustadas, y los más de mil cien que podía requerir un bajel español de porte similar, aunque las dimensiones del inglés solían ser un poco más reducidas. Tan nutrida cantidad de hombres disponía, siendo muy generosos en las medidas y presumiendo unas formas regulares que el navío, afilado hacia la proa y más ancho en la línea de flotación, no poseía, tan sólo de tres cubiertas o puentes de unos setecientos metros cuadrados cada una, esto es, una media de dos metros cuadrados por individuo. Si de este espacio descontamos el que ocupaban las enormes cureñas y los largos tubos de los cañones, los gruesos mástiles y los abundantes bastimentos que se acumulaban por doquier, llegaremos a la conclusión de que cada tripulante disponía por término medio de poco más de un metro cuadrado, lo que daba lugar a una situación de auténtico hacinamiento.

Hoy en día resulta muy difícil imaginar el interior de uno de estos grandes colosos de madera. Las cubiertas de batería, en las que pasan los marineros buena parte de su tiempo, son lugares hediondos, tenebrosos e inhóspitos. La batería superior recibe algo de luz y de aire a través del pozo del combés; el resto, sólo a través de las angostas troneras de los cañones; cuando la mar se pica, las portas se cierran y el mundo de los marineros queda sumido en una oscuridad que sólo la tenue luz de las sucias lámparas de aceite permite distinguir de las tinieblas. La escasa altura del techo incrementa la sensación de asfixia; 1,65 metros obligan a los más altos a moverse casi encogidos.

Junto a la ominosa presencia de los cañones transcurre la vida de estos hombres cuando no están de guardia al aire libre, en la cubierta superior. Entre ellos, bien sujetos a dos baos, tienden sus *coys,* las prácticas pero incómodas hamacas en las que duermen, que envuelven como un salchichón, sin airearlas nunca, cuando no están en uso, y aprovechan también como débil protección contra las astillas que los disparos enemigos proyectan por doquier durante el combate. Como la batería superior ha de permanecer siempre despejada, incluso durante la noche, y dispuesta para un combate que puede iniciarse en cualquier momento, el hacinamiento que sufren los marineros mientras descansan se torna aun mayor. En tan ajustado espacio extienden también las mesas en las que comen, que cuelgan de sogas fijadas al techo y se retiran tan pronto como han cumplido su función. Si la necesidad aprieta y deben hacer aguas menores, tendrán que aliviarse por la borda, cuidándose mucho de comprobar la dirección del viento. Sin son aguas mayores las que su cuerpo les demanda, habrán de acudir a la proa del navío, donde de seguro se verán forzados a guardar una larga cola para acceder al uso de los beques, simples agujeros practicados en unas maderas junto al bauprés, peligrosamente cerca de las olas y sin protección alguna de las inclemencias meteorológicas.

Los marineros comen juntos su rancho, servido en grandes escudillas comunes de madera o barro de las que toman las viandas con las manos, valiéndose de cuando en cuando del cuchillo que todos llevan

La cubierta de batería, despejada y con los coys colgando entre los cañones.

siempre consigo para otras tareas. Raras veces poseen y usan tenedores y tazas de peltre. La dieta es francamente desequilibrada. La fruta y la verdura no existen a bordo, pues no hay manera alguna de conservarlas. La carne, que se guarda en salazón en grandes barriles, se vuelve con el tiempo tan dura que los marinos tallan figuras en ella, por lo que, aunque se come cocida, prefieren la cecina o el tocino. La galleta, que debe remojarse un buen rato en agua o vino antes de ingerirla para hacerla comestible, y los potajes o menestras de legumbres, constituyen la dieta más frecuente, junto con el bacalao y el queso. Terneras, gallinas y carneros se llevan vivos a bordo, pero se reservan a los oficiales y los enfermos. Sólo el alcohol, que se le suministra a diario en raciones medidas con mucho cuidado, ayuda al sufrido marino a engañar durante un rato a su estómago. El vino, entre los españoles y los franceses, y la cerveza y el grog, entre los ingleses, alegran también los espíritus sin conducirlos a la embriaguez y hacen más llevadera la vida a bordo. De ahí que su privación sea el castigo más frecuente y eficaz.

La proverbial falta de higiene de los marinos lo hace todo un poco más difícil. Las ordenanzas de las distintas armadas, cada vez más conscientes de la íntima relación que existe entre la suciedad corporal y la enfermedad, tratan de combatir la primera para prevenir la segunda. Se impone, así, a los hombres la obligación de peinarse a diario, y afeitarse, asearse los pies, cambiar su camisa y lavarla cada cierto tiempo. Pero el agua del mar, la sal y la humedad del aire enseguida vuelven las prendas rígidas e incómodas, hacen que no terminen nunca de secarse del todo e imprimen en ellas un olor nauseabundo. Si pueden evitarlo, los marineros no se bañan y, cubiertos por una roña impenitente, con el cabello sucio, recogido siempre en una coleta, en íntima convivencia con roedores e insectos diversos, se convierten en magníficos huéspedes de pulgas y piojos que propagan todo tipo de enfermedades. El escorbuto, hijo obligado de una dieta pobre en verduras y frutas frescas, sólo empieza a desaparecer a finales del XVIII, cuando se difunde la costumbre de embarcar limones. Pero el tifus y la disentería siguen haciendo estragos durante décadas. El uso de uniforme, que los marineros no poseen, habría ayudado a dar solución a este triste estado de cosas, y así lo hacen saber con frecuencia los capitanes a sus superiores, pero hay que esperar a bien entrado el siglo XIX para que sus sugerencias sean atendidas. Entretanto, no usarán los marinos españoles, en el mejor de los casos, sino un bonete rojo, mientras los ingleses prefieren distinguirse por el uso de alguna prenda de color azul.

Pero la vida a bordo posee aspectos aun más duros que el hacinamiento, la mala alimentación, que no era mejor en tierra y sí quizá menos segura, la pobre vestimenta, que no debía de resultar muy chocante para alguien habituado a ella, y la falta de higiene, común a las clases populares europeas, rurales o urbanas, de la época. Lo son la escasa protección contra las inclemencias meteorológicas, pues las tareas de a bordo son las mismas con frío intenso o calor extremo, a pleno sol o en medio de un vendaval, y deben desarrollarse casi siempre a la más absoluta intemperie, en la cubierta superior del navío o a gran altura sobre sus jarcias, vergas y obenques. Lo son también los frecuentes accidentes, que incluyen, dejando de lado las heridas producidas en combate, numerosas y terribles en su mayoría, caídas desde gran altura, aplastamiento de miembros por objetos de mucho peso, quemaduras durante los ejercicios de artillería y muchas otras que convierten en raros a los marinos que, tras unos años de servicios, conservan intactos sus miembros y su funcionalidad. Marcial, el hombre roto, el medio hombre, que hallamos en las primeras páginas del *Trafalgar* de Benito Pérez Galdós no era en absoluto un caso extraño, aunque, por una licencia literaria o una suerte de sutil homenaje al heroico Blas de Lezo, parezcan sus heridas un catálogo de todas las posibles en un navío de línea europeo de comienzos de siglo xix. Y no es, por último, baladí el efecto que sobre estos hombres provoca la crónica falta de sueño. Fruto de una organización de la vida a bordo que divide a los marinos en brigadas o trozos obligados a turnarse en sus tareas en cortas guardias de cuatro horas, sin que les sea posible dormir jamás una noche entera, el insomnio vuelve con frecuencia su carácter olvidadizo y apático, cuando no irritable o agresivo, con los consiguientes problemas de disciplina que pueden suponerse con facilidad.

Con todo ello, el aspecto externo de los tripulantes de un bajel de comienzos del siglo xix no debía de ser muy agradable. Imaginemos por un momento a aquellos hombres curtidos por el sol, con su piel roñosa prematuramente avejentada por la brisa salobre del mar, su vestimenta ajada y sucia, siempre mal recogidos los grasientos cabellos en una zafia coleta, fruncido a menudo el ceño en una expresión huraña y cubiertos del todo sus robustos brazos de profusos tatuajes hechos con tinta o pólvora. Para la alta sociedad de la época, no menos hipócrita que la actual, el marino encarnaba los bajos instintos, la lujuria, el alcoholismo y la depravación. Una imagen injusta, pero a la que con frecuencia parecían empeñados en hacer honor en los breves momentos que pasaban en tierra, en las tabernas y burdeles que tan comunes resultaban en los puertos, donde gastaban en poco tiempo las pagas de muchos meses, a veces se enfrascaban en altercados y casi siempre trataban de olvidar la dureza y la monotonía de sus vidas entregándose al olvido engañoso y efímero que proporcionaba el abuso del alcohol.

Una extraña familia

Pero aunque muchos de sus coetáneos así lo pensaran, aquellos hombres no eran salvajes. Lejos de ello, la continua convivencia en condiciones de extrema dureza hacía brotar entre ellos profundos vínculos que no sólo los humanizaban, sino que de algún modo los convertían en una suerte de original y numerosa familia unida por una intensa solidaridad grupal. No pocos de sus modos, actitudes y hábitos cotidianos lo revelan así. Es frecuente entre ellos el salomar o consonar, costumbre en virtud de la cual un marinero marca mediante sonidos o frases el ritmo de las tareas que muchos otros deben realizar a un tiempo, como izar las velas o remar, mientras contestan al salomador con frases o palabras establecidas. El remo suele acompañarse de canciones que ayudan también a mantener el ritmo de las paladas. Una de las salomas más comunes en la Armada inglesa era la célebre *Blow The Man Down,* algunos de cuyos versos decían:

> Salomador: *I'm a deep water sailor just in from Hong Kong*
>
> Coro: *To my way hay, blow the man down*
>
> Salomador: *If you'll give me some grog, I'll sing you a song*
>
> Coro: *Give me some time to blow the man down*

Otras costumbres que disfrutan de hondo arraigo entre los marinos refuerzan también la solidaridad grupal. Así sucede con la narración de anécdotas o historias, reales o inventadas, que favorece la reunión de los hombres en torno al locuaz narrador,

Un sábado por la noche en la cubierta de batería de un navío. Puede apreciarse la mesa que cuelga de los baos y los salchichones que forman los coys plegados sobre la amura.

casi siempre un veterano de viejas campañas. Y, por supuesto, con el juego, prohibido si es de azar en los navíos de guerra de todas las flotas, pero siempre más o menos tolerado por su gran poder de distracción para unas gentes que así entretenidas podían sin duda soportar mejor su ardua existencia. La música poseía también esa virtualidad, por lo que eran frecuentes entre las gentes de mar instrumentos ligeros como las flautas, los oboes o los pífanos, que tocaban como buenamente sabían algunos marineros más avezados. En los barcos ingleses era tal el amor por la música que no eran raros los capitanes que sufragaban una orquesta de su propio peculio y ordenaban que tocara para animar a los hombres y hacer más llevaderas sus duras y monótonas tareas.

Más costoso sin duda resultaba para ellos sobrellevar prolongados períodos de abstinencia sexual.

Hasta cuatro años pasaban muchos marinos sin que se les permitiera bajar a puerto, e incluso se conoce en la *Royal Navy* el caso de algún marinero que, tras veinticinco años de servicio navegando por todo el mundo, no había abandonado su buque sino seis horas en todo este tiempo. A pesar de ello, también en este asunto era práctica común en las Armadas la prohibición de subir mujeres a bordo, aunque se trataba una vez más de una norma que no se cumplía con excesiva severidad, pues hacerlo así podía acarrear tensiones difíciles de resolver. Cuando un barco de bandera inglesa atracaba en un puerto, se veía pronto invadido de prostitutas y vivanderas que no tardaban mucho en aligerar a los tripulantes de sus menguadas pagas, y algunas de ellas podían quedarse a bordo de incógnito cuando el barco zarpaba de nuevo. En el caso de los bajeles españoles de la carrera de Indias, era también muy usual que se embarcaran de forma clandestina prostitutas mulatas e incluso amantes blancas, cuya embarazosa presencia a veces costaba a sus audaces compañeros ser castigados por amancebamiento. Y cuando no resultaba posible embarcar mujeres o pagar sus servicios en los puertos, no faltaba quien trataba de saciar sus instintos con jóvenes grumetes e incluso entregándose a la zoofilia con los cerdos, las ovejas o las cabras embarcadas, aunque en estos casos, por ser consideradas estas prácticas pecados nefandos, las penas impuestas eran mucho más duras y casi siempre muy humillantes.

La religión actuaba también como poderoso vínculo entre muchas de las gentes de mar. No sucedía así en los buques británicos, donde los servicios religiosos no eran habituales ni siquiera en días festivos, aunque muchos marinos profesaran veneración real por símbolos religiosos por los que, como una suerte de talismanes, fiaban salir bien librados de los combates. En los barcos españoles, por el contrario, la religiosidad era un fenómeno público, teatral y solemne que funcionaba como eficaz engrudo que mantenía unido al grupo y ayudaba, en no poca medida, a suavizar las tensiones en su seno. Una cruz colgaba del aparejo en el centro del navío; a diario rezaban los marinos a coro por la mañana y por la tarde; los sábados cantaban la Salve, pues era seña propia de las gentes de mar su sentida devoción por la Virgen, y los domingos la marinería toda, lo mejor vestida y aseada que podía, formaba sobre cubierta y asistía en silencio a la misa seca, sin consagración ni comunión, que el capellán celebraba en cubierta. Quizá por ello no hubo jamás un motín en un buque de la Real Armada, aunque los marinos españoles estaban peor pagados que los ingleses, cobraban con crónico retraso sus pagas y ni siquiera se beneficiaban del reparto de los botines que tan pingües ingresos granjeaba a sus colegas británicos.

Las rutinas

Pero, dura o no, la vida a bordo de un navío de línea de comienzos del siglo xix era, sobre todo, rutinaria. Precisas ordenanzas regulaban en las tres flotas hasta los aspectos más nimios del trabajo, e incluso de la existencia, de la marinería, sin duda desde la convicción, común a las instituciones de carácter militar de todos los tiempos y lugares, de que un número tan elevado de gente tan ruda forzada día y noche a convivir en un

Un frasco de fuego. Se trataba de vasijas de vidrio llenas de pólvora o azufre que se arrojaban al navío enemigo durante un abordaje, habiendo encendido previamente la mecha de que iban provistas, impregnada de azufre. Fotografía del Museo Naval de Madrid.

espacio tan reducido podía ser presa fácil de la depresión y la agresividad, fértiles semillas del motín.

Cada marinero recibía un número y se integraba en un rancho, un grupo de hombres que compartían mesa y dormían en coys cercanos, y cada rancho, en un trozo o brigada dirigido por un oficial de guerra. En los navíos de línea solía haber cuatro brigadas, a veces dos en los pequeños, que se turnaban cada cuatro horas en el servicio de una de las bordas del buque: estribor para una, babor para la otra. El capitán debía tener bien previsto su plan de puestos, en el que se establecía con claridad el número del marinero que debía encargarse de cada tarea en cada momento. La tropa embarcada se organizaba de modo similar, repartiéndose la vigilancia de los lugares vitales del buque, como los pañoles de munición y las escotillas que comunicaban entre sí las cubiertas. Los cambios de guardia estaban perfectamente ritualizados y se anunciaban con un picado de la campana. Las brigadas entrantes y salientes formaban sobre la cubierta, que se barría y baldeaba a diario, y desfilaban a toque de tambor, las primeras, en dirección a sus puestos, la segunda, hacia sus coys.

La atribución de puestos no es en modo alguno aleatoria. Un buen comandante sabe que debe colocar a sus mejores hombres en los palos de bauprés y trinquete, pues desde allí se realizan las maniobras clave de zarpar o fondear, levando o soltando el ancla. No ignora tampoco que los marineros más menudos deben ocuparse de los juanetes y sobrejuanetes, que soportan un peso menor. Carpinteros y calafates se colocan junto a los palos, prestos a acudir donde se les necesite. En caso de necesidad, y una vez cubierta la vigilancia, la tropa ayuda también en ciertas maniobras sencillas, como el achique de agua o el braceo de las vergas. Bajo cubierta quedan los despenseros, el cirujano y el capellán. Desde el alcázar, el comandante o su segundo supervisan las operaciones, y los serviolas, encaramados a las cofas, otean el horizonte en busca de velas enemigas. Cada pieza encaja en el conjunto con la total precisión que sólo la práctica reiterada confiere al funcionamiento de las organizaciones humanas. Y los buenos comandantes, que lo saben muy bien, tratan de mejorar la pericia de sus hombres por medio de ejercicios constantes. Los de fusilería, de artillería, de abordaje y de zafarrancho son los más frecuentes. A la marinería se la enseña a cargar, apuntar y disparar armas cortas; a manejar el chuzo, el sable, los frascos de fuego, las granadas, las hachas y las hachuelas de abordaje; a abordar los navíos enemigos y defender el propio, a desembarcar incluso, por si faltara tropa. Se encargan de ello los sargentos de la Infantería de Marina, los cabos de artillería e incluso los oficiales de mar. Hay que estar preparados pues nunca se sabe cuándo llegará el momento de entrar en combate.

El combate

Porque no menos previstas estaban todas y cada una de las acciones que marinería, tropa y oficialidad debían realizar desde el mismo instante que se anticipaba la posibilidad de una batalla inminente, algo que podía suceder tanto cuando se navegaba en solitario como cuando se hacía en escuadra. Todo daba comienzo con el repique de campana que llamaba al zafarrancho de combate. Tan pronto como se oía su rebato, cada hombre del barco, desde el comandante a los grumetes, debía correr a ocupar su puesto como si ejecutaran con maestría una composición musical mil veces ensayada. El capitán, vestido con traje corto y todas sus condecoraciones, se situaba en el alcázar, en lugar bien visible y expuesto por completo al fuego enemigo, para inspirar coraje a sus hombres, junto a varios guardiamarinas para llevar mensajes, el oficial de señales, el contramaestre y su ayudante, el cronista con el cuaderno de bitácora y algunos soldados. Muy cerca, junto al timón, se situaba el piloto con los dos marineros que movían la pesada rueda. El segundo al mando o primer oficial carecía de puesto fijo durante el combate; se movía por todo el barco atendiendo a las necesidades que pudieran surgir. Los soldados se repartían por la cubierta o trepaban a las cofas para batir desde allí la cubierta enemiga. Decenas de sacos de arena se vertían por doquier para evitar caídas provocadas por la sangre derramada durante el combate. Los salchichones se colocaban en las amuras, cerca de las portas de los cañones, para proteger de las astillas a quienes los servían. Las vergas se aseguraban con cadenas a los mástiles. Y un poco por encima de las cabezas, pendiendo de las jarcias del palo mayor y el de mesana, se tendían las redes de combate para evitar que los pesados fragmentos de aparejo cayeran sobre la dotación.

Pero era bajo cubierta donde tenía lugar la actividad más intensa. Carpinteros, calafates y buzos, tras desmontar los mamparos para facilitar el tránsito, se aprestaban a tapar de inmediato los posibles orificios producidos por las balas. Todo objeto superfluo se llevaba a la bodega o se arrojaba por la borda. Se repartía arena por el suelo de la enfermería para evitar los resbalones producidos por la sangre, y el capellán, el cirujano y sus ayudantes se situaban en ella; se apagaba el fuego de las cocinas, y el cocinero se colocaba en el sollado con el puchero listo para alimentar a los heridos; el segundo piloto se colocaba junto a la caña del timón; en la santabárbara se colocaban el condestable, el velero encargado de los cartuchos, un farolero para asegurar la luz y un contador, se empapaban en agua los cortinones que protegían el acceso, se colocaba allí un soldado de guardia y se organizaban los cordones para asegurar el continuo suministro de cartuchos a las baterías. Pero era en estas donde la fiebre parecía haberse apoderado de todos. El teniente de navío que mandaba cada una de ellas ordenaba de inmediato abrir las portas y preparar los cañones para el disparo. El oficial al mando de cada sección se aseguraba de que así fuera, comprobando que cada pieza, según su calibre, contaba con los hombres necesarios y que disponían estos de los cajones repletos de munición, cubetas de fuego, atacador, cartuchos y botafuegos. En poco más de veinte minutos, todo en el navío estaba preparado para la acción.

Entonces, durante unos breves momentos, el silencio más absoluto se apodera del barco, quizá la ominosa quietud que anticipa la muerte. Luego, de súbito, sin previo aviso, el combate da comienzo y un infierno indescriptible se desata en torno a los hombres. Apagadas explosiones comienzan a oírse en la lejanía y silbidos cada vez más agudos anuncian las balas enemigas que se aproximan cortando el aire. En segundos, las atronadoras detonaciones de los cañones ensordecen a todos; cada andanada sacude las cuadernas y los baos del navío como un fugaz terremoto; el penetrante olor a pólvora quemada inunda las fosas nasales, y una espesa nube de humo se eleva desde las portas cubriéndolo todo y convirtiendo en misión casi imposible la tarea de ver otra cosa que las ominosas moles de los navíos que se ciernen sobre los acongojados marinos. El barco empieza a sufrir el castigo enemigo. Miles de astillas saltan por doquier provocando heridas terribles. Las balas perforan el casco, que los carpinteros corren a reparar para evitar que el buque zozobre. Las bombas de achique trabajan a pleno rendimiento. De tanto en tanto, una bala enemiga acierta a dar sobre un cañón y en torno a la pieza perdida vuelan miembros seccionados, tasajos de carne y pedazos de hueso; la sangre va empapando la arena mientras los grumetes corren entre los cañones y el pañol de pólvora en un incesante suministro de cartuchos. Si el buque es inglés, los cadáveres son arrojados al mar; si es español, colocados en espera de que se les pueda rendir honras fúnebres. La enfermería recibe los primeros heridos, que esperan gimiendo tendidos en el suelo mientras el cirujano y sus ayudantes seccionan miembros y cosen heridas tan rápido como pueden, sin anestesia ni antisépticos, limpiando de tanto en tanto la sierra, las tijeras o el hacha en su delantal empapado de sangre y arrojando la carne muerta a los cubos que rodean la mesa de operaciones, en torno a la que hasta hace un instante comían y bebían, en animada charla, los jóvenes guardiamarinas. A su lado, el capellán susurra plegarias en latín al oído de los moribundos. Pero el infierno, por fortuna, es breve. En unas pocas horas, el navío se habrá rendido o habrá salido triunfante. Todo habrá acabado entonces y la vida a bordo recuperará la monotonía perdida. Sólo que algunos compañeros, algunos hermanos, siempre demasiados, no estarán allí ya para contarlo.

Mujeres a bordo

Como hemos apuntado anteriormente, en las marinas militares europeas de comienzos del siglo XIX era común la prohibición de llevar mujeres a bordo de los navíos. En el caso español, se permitía, aunque sólo en tiempo de paz, el traslado de las familias de los oficiales y jefes destinados en las Indias; en el inglés, sólo en determinadas ocasiones. Pero ni entonces ni ahora han sido eficaces las prohibiciones frente a la resolución de las personas más audaces.

De hecho, se conocen varios casos de mujeres que no sólo lograron embarcar en un navío de línea, sino que llegaron a servir en él en distintos puestos, incluso en combate. En la Armada española se recuerda la historia de Marina Antonia María de Soto, quien, haciéndose pasar por hombre y con sólo dieciséis años, se alistó en la Infantería de Marina y llegó a participar en algunas de las acciones navales de la guerra contra la Convención e incluso en la célebre batalla de San Vicente. Aunque terminaron por descubrirla, parece que era tal su valor y tan favorables los informes que de ella evacuaron sus superiores, que el rey la recompensó con el derecho al uso del uniforme, el grado de sargento primero y una pensión vitalicia.

En la Armada francesa existe, asimismo, el recuerdo de una muchacha llamada Jeanette, esposa de un gaviero, que sirvió en el cordón de municionamiento del célebre navío francés *Achille* durante la batalla de Trafalgar, y fue salvada casi de milagro por los británicos cuando su barco voló tras resultar incendiado. Y debía de haber más, pues al menos otra fue rescatada también de entre los restos humantes del navío.

La *Royal Navy*, por el contrario, se mostraba mucho más tolerante con la presencia de mujeres a bordo. Se trataba, por lo general, de las esposas de los oficiales y suboficiales, pero también, en ocasiones, de los marineros y los soldados, aunque las más numerosas solían ser las mujeres de los contramaestres especialistas, como el carpintero y el artillero, cuyo contrato les vinculaba al barco de por vida, estuviera o no en servicio. Por fortuna, estos hombres solían disponer de diminutas habitaciones de unos tres metros cuadrados separadas por lonas verticales, lo que les granjeaba una intimidad que los simples marineros, hacinados en sus coys, no disfrutaban.

A estas mujeres se les permitía participar en ocasiones en algunas de las tareas del buque sin necesidad de ocultar su identidad sexual. Pero no pensemos que dichas tareas eran semejantes a las de los hombres; bien al contrario, resultaban acordes con lo que en la época se pensaba acerca de la posición natural de la mujer en el seno de la sociedad como individuo cuidador por excelencia de los ancianos, niños, enfermos e impedidos, –no menos que de los mismos hombres en plena posesión de sus facultades físicas, que se pensaba debían dedicar a tareas más importantes– ya fuera como esposas, ya en calidad de madres o hermanas. Así, las numerosas mujeres que se hallaban presentes en los buques de la *Royal Navy* en las campañas de las guerras contra Francia, España, Holanda y Dinamarca trabajaron en ellos como enfermeras, lavando y cosiendo ropa, o desarrollando tareas semejantes.

Pero llegado el momento del combate, no era tan fácil que las mujeres audaces permanecieran acongojadas y ocultas en un rincón sin intervenir en nada, como la mayoría de los hombres pensaba que harían. Aunque no debemos esperar encontrarnos a una suerte de Agustina de Aragón disparando ella

Ann Perriam en la foto publicada por *The Times*, en 1863.

sola un cañón, sí tenemos constancia de la gran ayuda que muchas de estas mujeres prestaban a los artilleros trayendo los cartuchos de pólvora desde los pañoles. La más célebre de todas fue sin duda la inglesa Ann Perriam, esposa del segundo de un artillero del navío HMS *Orion* que, si bien no participó en Trafalgar, sí lo hizo en otras batallas de la época como la de San Vicente y la del Nilo. Entrevistada por *The Times* en fecha tan tardía como 1863, cuando contaba ya noventa y tres años, narró con detalle su vida a bordo y explicó que su tarea principal durante los combates era la de rellenar con pólvora los cartuchos de franela que usaban los artilleros, aunque, de forma elocuente, su trabajo oficial consistía en arreglar y confeccionar ropa para su comandante, *sir* James Saumarez.

Cosa bien distinta eran las prostitutas, a las que ya nos hemos referido. En este aspecto, la tolerancia de la *Royal Navy* era total. Mientras en los barcos franceses y españoles ninguna mujer podía subir a bordo mientras permanecieran atracados, los ingleses, quizá para quitar a los marineros las ganas de salir, estaban abiertos a todas las mujeres que se presentasen a bordo. A estas vivanderas, que se presentaban como hermanas, primas o sobrinas de sus clientes, se las conocía como *Queen's Caroline Daughters,* y era tal la tolerancia que se tenía hacia sus actividades que en ocasiones se quedaban a bordo hasta una semana, tras la cual raro sería el marinero que conservara un penique de su paga. No cabe duda de que durante unas semanas el ambiente a bordo se hacía más relajado. Los oficiales, que lo sabían, no tenían mucho interés en hacer cumplir las normas.

Los oficiales

Pero semejante comprensión de las necesidades de sus hombres no era habitual en los oficiales. No sólo eran, o creían ser, un tipo diferente de persona; provenían de un mundo del todo distinto, un cosmos separado física, mental, espiritual y emocionalmente del que habitaba la gente de mar, con ropas, objetos, ambientes, valores, normas, relaciones y costumbres incompatibles que las ordenanzas trataban de mantener todo lo alejados entre sí que fuera posible.

Fotografía del espejo del *Victory*. Como puede apreciarse, esta zona del navío era la más adornada, y en ella se concentraban los materiales de mejor calidad. Era el mundo de los oficiales y eso era algo que cualquiera debía poder apreciar a simple vista.

Por supuesto, la extracción social de los oficiales era distinta. Aunque la Revolución francesa, como vimos, expulsó en la práctica a la mayoría de la vieja oficialidad borbónica, de origen nobiliario, y abrió las puertas a los oficiales procedentes de la marina mercante, que se incorporaron en tromba a los navíos de guerra, se trataba de una rara excepción que el régimen de Napoleón comenzó a devolver a su estado original. En las otras marinas no fue necesario; la oficialidad provenía de la baja nobleza, e incluso militaban en ella segundones de la aristocracia, cuyo espíritu de casta,

Escenas de la vida en un navío.

anterior a su incorporación a los navíos, sólo resultaba necesario reforzar.

Y se hacía a conciencia. Mientras los marineros carecían de uniforme, los oficiales utilizaban ropas distintivas que las ordenanzas regulaban con precisión milimétrica; si el hombre de mar llevaba su cabello atado en una informal coleta, los oficiales podían dedicar horas, como describe Pérez Galdós, a arreglarse la suya; si el marino había de hacer aguas menores y mayores sin intimidad alguna y aun a riesgo de su vida, y limpiarse con lo que pudiera, los oficiales disponían de sirvientes que retiraban sus bacines o de discretos retretes, y, en el caso del comandante, incluso de un cuarto de baño privado, y podían después asearse con suave papel; si el marinero comía con las manos en torno a una tabla que colgaba del techo, los oficiales lo hacían en su propia mesa, en platos de porcelana, usando vasos de vidrio y cubiertos de plata; si los alimentos de los primeros eran escasos, monótonos y de ínfima calidad, los de los oficiales eran excelentes, e incluían carne, leche y huevos frescos, pues antes de embarcarse acostumbraban a poner una cantidad de dinero para la compra de licores o viandas exquisitas, para su disfrute personal en las reuniones de sobremesa tras la comida o la cena, en las que jugaban a las cartas, leían o tocaban algún instrumento. Y esos mundos tan distintos no podían mezclarse. El alcázar era coto cerrado al que la tripulación tenía vedado el paso; la cabina del comandante, un sanctasanctórum misterioso al que sólo unos pocos elegidos, incluso entre los oficiales, tenían acceso, y sólo mediante invitación de aquel.

La distancia entre ambos mundos no sólo era física. La oficialidad debía distinguirse por su código de conducta, propio de caballeros, incluso entre oficiales enemigos, que se trataban entre sí mucho mejor que a sus propios hombres. Ciertas normas de protocolo debían cumplirse sin excepción, por caprichosas que algunas puedan parecernos hoy. Por ejemplo, estaba prohibido tomar asiento en el alcázar. Cuando un oficial se incorporaba a su puesto en la toldilla debía descubrirse ante la bandera como muestra de respeto. Cuando el comandante subía a cubierta, había de ser rodeado de inmediato por los oficiales de guardia, que debían aguardar sus órdenes. Los guardiamarinas siempre tenían que estar de uniforme sobre el alcázar y descubrirse cuando se dirigieran al comandante o al oficial de guardia. Así se lanzaba un mensaje de diáfana claridad a la tripulación: «Somos distintos, pertenecemos a un mundo que os está vedado, así que no intentéis cambiar las cosas y acatad las órdenes sin rechistar».

7

Hacia el combate

Tenían una vaga esperanza de gloria y una inequívoca esperanza de botín, y deseaban apasionadamente una victoria que les conduciría a la paz. Pero la paz, para la mayor parte de ellos, ya no significaba nada tan grande como la libertad de Inglaterra o la seguridad de sus familias. Significaba principalmente el final de un aburrido deber. Los oficiales superiores tenían aún presente el verdadero objetivo, pero incuso ellos estaban hartos de navegar.[29]

David Howarth: *Trafalgar. The Nelson Touch* (1969)

[29] Traducción del autor.

Una breve guerra fría

La Paz de Amiens, firmada el 25 de marzo de 1802 entre la República francesa, Gran Bretaña y la Corona de España, no fue una verdadera paz, y todos los firmantes eran conscientes de ello. Se trataba, simplemente, de una tregua. Sobre el papel, los principales contenciosos quedaban resueltos. Gran Bretaña se comprometía a devolver a Francia, España y Holanda las conquistas de la última guerra, con excepción de Ceilán y Trinidad. Los franceses devolverían Egipto al Imperio otomano y abandonarían los puertos italianos de Brindisi, Otranto y Tarento, a cambio de lo cual los británicos evacuarían Malta y la devolverían a los caballeros de la Orden del mismo nombre.

Pero se trataba de una simple apariencia. Los británicos habían firmado porque se habían quedado solos contra Francia y su economía empezaba a resentirse del prolongado esfuerzo bélico; Napoleón, porque deseaba apuntarse el tanto de la paz y obtener de ella réditos políticos. Un senadoconsulto, emitido en nombre del agradecido pueblo francés, lo convertía en cónsul vitalicio y le otorgaba poderes propios de un dictador. Después de Amiens, el audaz corso era ya el dueño indiscutible de Francia. Pero ambos gobiernos sabían que la paz entre ambas potencias no podía ser duradera porque el conflicto entre ellas iba mucho más allá de unos cuantos territorios; lo que estaba en juego era la hegemonía económica y política mundial.

Esto era así porque la Francia nacida de la Revolución había logrado precisamente lo que la política exterior británica había tratado de impedir, siempre con éxito, desde Westfalia: el dominio sobre el continente. Napoleón podía ahora, y ya había empezado a hacerlo, organizar Europa en beneficio de los intereses de Francia y convertirla en un gran mercado para su emergente sector manufacturero, a costa, por supuesto, de expulsar de ella a los productores británicos, cuya industria, en especial la textil, pero también la siderúrgica y la naval, se encontraba en plena expansión. La incorporación del Piamonte, incluida su importante producción sedera; la creación sucesiva de las llamadas Repúblicas hermanas –en realidad estados satélite–, Helvética, Bátava, Cisalpina y Partenopea; la supresión del Sacro Imperio; la firma, uno tras otro, con los principales estados europeos de tratados comerciales muy favorables a Francia y en exceso proteccionistas respecto a Gran Bretaña, y el control de la desembocadura del Rhin y, en consecuencia, del canal de La Mancha, amenazaban de manera determinante los intereses económicos británicos.

Además, Napoleón no parecía dispuesto a conformarse con Europa; sabía que la industria moderna necesitaba fuentes seguras de materias primas y que estas sólo se encontraban al otro lado del océano, de modo que impulsó un vertiginoso programa de rearme naval destinado a reponer y aun superar lo perdido en la batalla del Nilo, y financió nuevas expediciones hacia la India, precisamente el lugar del que la industria textil inglesa extraía cada vez más el algodón que necesitaba. Francia estaba resuelta a disputar también a los británicos el control de los océanos.

La vuelta al poder, en mayo de 1804, del político inglés más contrario a la paz con Francia, William Pitt, no fue sino el resultado de la convicción de la burguesía industrial británica de que había que parar a Napoleón a toda costa y de que, así las cosas, a Gran Bretaña le convenía más la guerra que la paz. El pretexto para ello era fácil de encontrar y ambos bandos lo aceptaron:

ni Gran Bretaña había evacuado Malta ni Francia los puertos italianos; lo acordado no se había cumplido, de modo que la guerra estaba justificada y Gran Bretaña la declaró el 16 de mayo de 1803.

Como en ocasiones anteriores, William Pitt no tardaría en encontrar compañeros de viaje. El Imperio ruso, Austria, Suecia y Nápoles, por distintas razones, se sentían molestos con Napoleón o directamente amenazados por Francia. Sobre ese caldo de cultivo, el generoso dinero inglés y los buenos oficios de Pitt harían el resto. Unos meses después nacería la Tercera Coalición. Pero ¿qué haría España? Para los británicos, no era una cuestión baladí. España todavía era la dueña del mayor imperio colonial del mundo, un mercado potencial inmenso para la nación que lograra apropiarse de él, y poseía también una respetable flota que aún superaba los cincuenta navíos de línea y las trescientas unidades de combate. Unida a la francesa, podía llegar a ser bastante molesta para la *Royal Navy*, aunque no derrotarla, y, sobre todo, si se utilizaba bien, podía ganar para Francia una superioridad en el canal de La Mancha lo bastante duradera para que Napoleón invadiera las islas. La actitud que tomara el Gobierno español, al frente del cual volvía a sentarse Godoy, resultaba, pues, determinante.

También lo era para el propio Napoleón, que contemplaba el problema desde una perspectiva muy semejante. La flota francesa por sí sola, a pesar de su rápida recuperación, no podía hacer nada contra la inglesa, y entre los países que no se habían unido a Gran Bretaña, sólo España poseía una flota considerable, capaz si no de equilibrar a la francesa con la *Royal Navy*, sí de reducir de forma significativa la distancia. Tenerla como aliada, además, podía mejorar las oportunidades de los comerciantes galos en las Indias, de buen grado o por medio del contrabando, un mercado que Francia precisaba cada vez más para su industria en auge. Por otra parte, Manuel Godoy necesitaba a Napoleón para mantenerse en el poder; las clases dirigentes españolas lo consideraban un advenedizo y lo detestaban, y sólo el favor de los reyes lo sostenía. El joven privado lo sabía, pero tampoco ignoraba que la neutralidad interesaba a España más que una guerra, incluso aunque su resultado fuera favorable a las armas españolas. Las cajas del Estado estaban exhaustas y la economía, después de un largo ciclo secular de expansión, daba síntomas de agotamiento, que una inoportuna epidemia de peste amarilla no hacía sino agudizar. Sin embargo, no estaba en sus manos aguantar la presión de Napoleón, de modo que no llevó a España a la guerra con los británicos, pero sí aceptó firmar con Francia un ignominioso tratado de subsidios que en modo alguno podía considerarse neutral; de hecho, suponía una descomunal y directa ayuda económica española a Francia, lo cual, en cierto modo, era peor que una declaración de guerra, pues, como escribiera el mismo William Pitt: «[…] la seguridad de Inglaterra peligra si España suministra a Francia sumas exorbitantes, lo que en cierto modo es peor que suministrar navíos, porque estos los podemos atacar, mientras que siendo secretos los subsidios, no podemos ni cortarlos ni disminuirlos[30]».

Como corolario lógico de tales reflexiones, Gran Bretaña inició enseguida una escalada de actos hostiles contra España, a la que, a pesar de las vehementes protestas de su Gobierno, no consideraba neutral. Así, una escuadra inglesa se permitió bloquear a otra francesa

[30] Cayuela, José y Pozuelo, Ángel. *Trafalgar…*, p. 137.

nada menos que en El Ferrol y, para más provocación, el Gobierno de Pitt prohibió al español que sacara tropas de Galicia por mar para reprimir la revuelta vasca de la Zamacolada, en agosto de 1804. Algo más tarde, el 30 de septiembre de ese mismo año, el buque científico español *La Extremeña* fue cañoneado por sorpresa por un navío inglés frente a las costas de la Capitanía General de Chile. Pero la provocación decisiva habría de producirse en octubre. El día 5 de ese mes, las fragatas españolas *Medea, Mercedes, Fama* y *Clara*, del porte de cuarenta cañones las dos primeras y de treinta y cuatro las demás, que habían salido de Montevideo el 9 de agosto al mando del jefe de escuadra José de Bustamante, con cerca de ocho millones de pesos en sus bodegas, avistaron, a la altura del cabo de Santa María, una pequeña división inglesa. Se trataba de un navío rebajado y tres fragatas de gran porte, todos los buques bien artillados (cuarenta y seis piezas el navío y cincuenta, cuarenta y seis y cuarenta y dos las fragatas) que enseguida se situaron en posición de ataque en línea con las fragatas españolas. Estas, que no estaban en absoluto preparadas para el combate, e incluso habían desmontado parte de sus cañones con el fin de ampliar el espacio disponible para carga, pues no se esperaban un ataque sin mediar declaración de guerra, protestaron de la agresión, pero de nada les sirvió. El inglés hundió una de ellas, la *Mercedes*, que voló por los aires, y apresó las demás. Se trató de un verdadero acto de piratería, del todo contrario a las costumbres y las leyes de la época, y así fue visto incluso en la propia Inglaterra, donde llegaron a tirarse quince mil ejemplares de un panfleto que comenzaba diciendo: «El gran delito que acaba de cometerse; la ley de las naciones ha padecido la violación más atroz [...]». Como esperaba Pitt, a Godoy no le quedó otra salida digna que declararle la guerra, cosa que hizo oficialmente el 14 de diciembre de 1804. Doce días antes, el ambicioso Napoleón se había coronado a sí mismo en Nôtre Dame de París emperador de los franceses.

Un plan ambicioso

Las provocaciones inglesas habían conseguido lo que la terrible presión que Napoleón venía ejerciendo sobre Godoy no había logrado. De nuevo, España era aliada de Francia y, una vez más, el Gobierno francés trataría de usar su flota y sus recursos en beneficio propio, con escasa consideración a los intereses del que, en el fondo, consideraba antes un lacayo que un amigo.

Así, y mientras los buenos oficios de Pitt levantaban contra Francia la Tercera Coalición, Napoleón pudo por fin poner en marcha el plan que venía acariciando desde muchos años atrás: la invasión de Gran Bretaña. Cruzar el canal de La Mancha con un cuerpo expedicionario a bordo de varios centenares de buques de transporte y barcazas de fondo plano no era una operación en exceso complicada. Vencer a las tropas inglesas y llegar hasta Londres, tampoco, dada la calidad manifiesta del Ejército y los mandos franceses, para los cuales los británicos no eran enemigo de consideración. El problema determinante residía en la aplastante superioridad de la *Royal Navy* sobre la Armada gala, que convertía en una quimera cualquier plan que exigiera cruzar el canal. La Real Armada española, con sus más de cincuenta navíos de línea y varias decenas de fragatas, cambiaba las cosas. Ahora la superioridad local aliada durante unas horas, las suficientes para permitir el paso de las tropas embarcadas, ya no era una mera fantasía, si se hacía de la manera adecuada. Y la manera adecuada, en la mente del audaz emperador de los franceses, no era otra que una grandiosa e inesperada maniobra de distracción, similar a las que su genio militar sabía efectuar con impar maestría en tierra. Pero había que hacerlo ya, justo antes de que la nueva Coalición que se estaba gestando cobrara forma definitiva y los poderosos ejércitos de las potencias continentales llamaran de nuevo a las puertas de Francia.

A lo largo de los primeros meses de 1805, Napoleón concentra en torno a Boulogne, frente a las costas británicas, tan cerca que sus febriles preparativos pueden verse desde los acantilados de Dover con tiempo despejado, un colosal ejército de invasión de más de cien mil soldados y en torno a dos mil barcazas de fondo plano. Un terrible pánico se extiende entre los ingleses, cuya imaginación se desborda hasta el punto de dar por reales invenciones que no son sino frutos de mentes calenturientas, desde gigantescos globos aerostáticos capaces de transportar cientos de soldados, hasta las más extrañas y variopintas embarcaciones, pasando por futuristas túneles bajo el canal de La Mancha. Pero el mismo Gobierno británico considera la invasión como una posibilidad muy real, y se prepara para ello. Las costas del sur de Inglaterra se cubren de estaciones semáforo capaces de transmitir mediante señales la noticia de la invasión; las defensas costeras se refuerzan; las playas se llenan de obstáculos para dificultar el desembarco y, de tanto en tanto, se erigen en la costa torres de piedra, las llamadas Torres Martello, que contienen en su interior una pieza de artillería y un pequeño destacamento. Y por si todo

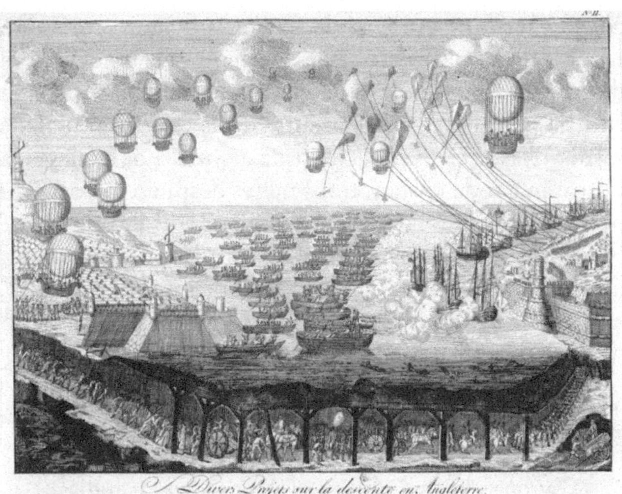

Grabado de comienzos del siglo XIX en el que se representan algunos de los fantásticos ingenios que la desbocada imaginación popular atribuía al cuerpo expedicionario francés dispuesto a invadir Inglaterra.

eso falla y Napoleón logra llegar a Londres, una nueva capital administrativa comienza a erigirse de la nada en la localidad de Weedon Bec, Northamptonshire, lo bastante lejos de la costa para protegerla de los franceses, con el fin de ofrecer al Gobierno un lugar seguro desde el que dirigir la resistencia.

La muralla más poderosa, por supuesto, seguía siendo de madera: la flota que en aquel instante bloqueaba a los barcos españoles y franceses en Brest, Tolón, Rochefort, El Ferrol, Cartagena y Cádiz. Pero si un número significativo de esos buques lograba burlar el bloqueo, salir de sus puertos, reunirse en el canal y vencer a la flota inglesa, la invasión tendría lugar. Incluso si fracasaban, podían intentarlo una vez más mientras conservaran un número de navíos suficiente para ello. La única forma de conjurar para siempre la amenaza era derrotar a las armadas coaligadas de Francia y España en una gran batalla, lo bastante decisiva para minar de forma relevante su capacidad de ataque. Los ingleses la buscarán a toda costa y, unos meses después, lograrán su objetivo. Esa batalla será, por supuesto, Trafalgar.

¿En qué consistía el plan ideado por Napoleón para hacer posible la invasión? Uno de los protagonistas, el inefable valido español Manuel Godoy, lo ha dejado muy bien explicado en sus memorias:

> [...] la primera medida debía ser distraer a la Inglaterra con expediciones verdaderas o aparentes sobre los diversos puntos que debía guardar en la Europa, en América, en el África y en las Indias orientales. Nuestra unión con Francia dio una gran extensión a esta medida. De Rochefort debía salir la escuadra surgida en aquel puerto y dirigirse a las Antillas, tomando tal rodeo que no pudiese el enemigo adivinar su destino verdadero. La escuadra de Tolón debía salir al propio tiempo con las mismas precauciones, dirigirse al Estrecho, desbloquear Cádiz, reunirse allí con una escuadra nuestra, seguir a las Antillas y juntarse con la de Rochefort, destruir las fuerzas enemigas en aquellos puntos, atacar sus colonias y reconquistar la Trinidad de Barlovento, todo lo cual cumplido, deberían volverse juntas para el mes de junio, desbloquear El Ferrol, unirse con otra escuadra nuestra, seguir después a Brest, levantar su bloqueo, reforzarse todavía más con la grande escuadra aparejada en aquel puerto, dominar el canal, amparar la flotilla y proteger el desembarco.[31]

[31] Godoy, Manuel. *Memorias*..., II. p. 42.

Semejante plan requería, como condición imprescindible para su adecuada ejecución, una nutrida y rápida movilización de buena parte de la Armada española, sin cuyo concurso el dominio del canal era del todo imposible. Por ello, Napoléon presionó a Godoy, que no pudo sino ceder a las pretensiones del emperador. El 4 de enero de 1805 se firmaba al fin en París el convenio entre Federico Gravina, entonces embajador en Francia, y el ministro de Marina francés, Decrès. España se comprometía a armar ocho navíos y cuatro fragatas en El Ferrol, doce navíos en Cádiz y seis navíos en Cartagena, que debían estar alistados antes del 30 de marzo, todos ellos con víveres para seis meses y agua para cuatro. El 16 de enero, el valido daba orden de armamento a los tres departamentos.

Sobre el papel, no se trataba en absoluto de una exigencia disparatada. En 1804, la Armada española contaba con un total de 247 buques, de los cuales cincuenta y cuatro eran navíos; treinta y siete, fragatas; veinte, corbetas; quince, urcas; cincuenta, bergantines, y el resto, naves menores. Pero la gran mayoría de ellos yacían olvidados en los arsenales; no eran sino cascos muertos, sin armamento ni aparejo, que había que equipar del todo en unas pocas semanas. Es cierto que los trabajos comenzaron enseguida, pero los problemas no tardaron tampoco en aparecer. En El Ferrol, la pólvora que se guardaba en los almacenes resultó insuficiente para equipar a los navíos con las cantidades que estipulaban los reglamentos, por lo que hubo que pedir más al Ejército; buena parte de ella resultará de mala calidad y la artillería española se resentirá de ello en Trafalgar. En Cádiz, las dotaciones de los barcos no pueden completarse; falta marinería y artilleros.

Los segundos se suplen con infantes de Marina, cuya pericia en el disparo de cañones navales es nula; los primeros, con levas de gentes del interior que nunca han pisado un barco. Los navíos españoles son excelentes; sus cascos se han forrado con cobre, montan ya obuses en sus cubiertas superiores y, aunque carecen de llaves de fuego en número suficiente, se ha resuelto el problema acoplando a los cañones llaves de fusil. El problema son los hombres. Sin ellos, aquellas formidables máquinas de guerra no podían rendir en batalla todo lo que les permitía su potencial.

Sin embargo, de un modo u otro, Napoléon tuvo lo que pedía. Cosa distinta es si su plan era viable. Sobre el papel, no sólo lo era, sino que no cabía ningún otro: o los buques ingleses despejaban el canal, o la invasión no era posible, de modo que había que conseguir que lo hicieran. Pero tampoco cabe negar que se tratara de un plan de una complejidad extrema, sobre todo para la tecnología naval de comienzos del siglo xix. De hecho, Napoléon razonaba como un general, no como un almirante. En tierra, sus instrucciones llegaban a su destino con seguridad y podían ser cumplidas de inmediato; podía saberse asimismo cuánto tiempo tardaba en desplazarse un ejército y predecirse con cierta precisión en qué momento llegaría a un lugar concreto. En el mar, nada de eso era posible. Las órdenes podían o no alcanzar su destino a tiempo, o no hacerlo nunca; las fragatas que transmitían las órdenes podían ser capturadas, y lo peor de todo es que no había manera de saberlo; los desplazamientos de los barcos, además, no eran tan predecibles; las tormentas, los vientos y las calmas podían detener o acelerar la marcha de los navíos, haciendo que los encuentros previstos entre flotas amigas no se produjeran y trastocando, así, el plan mejor concebido. Además, las órdenes de Napoléon nunca se habían caracterizado por su claridad; eran, más bien, notas tomadas a vuelapluma, ideas apenas esbozadas, escritas a veces en una jerga extraña, a medio camino entre el francés y el corso. Pero el emperador tenía a su lado, a la cabeza de su estado mayor, a alguien capaz de convertir aquel galimatías en un plan coherente y estructurado, el general Berthier. En el mar no existía en Francia ningún militar comparable. Decrès, el ministro de Marina, era un organizador, no un estratega; el resto de los almirantes eran más bien mediocres; quizá sólo uno, Latouche-Treville, habría estado a la altura, pero estaba muerto. Así las cosas, el éxito del plan de Napoléon dependía en exceso del azar.

Por otra parte, incluso en el caso de que la flota aliada hubiera logrado distraer a la inglesa, alejándola del canal el tiempo necesario, el desembarco no tenía por qué haber sido un éxito. Primero, porque el desgaste, humano y material, que se obligaba a soportar a la flota combinada era excesivo. La maniobra de diversión preveía, en muy corto espacio de tiempo, una larga travesía por el Atlántico, combates en el Caribe y una nueva travesía de regreso, tras la cual, y sin descanso alguno, se produciría con toda probabilidad algún tipo de enfrentamiento con la Armada inglesa. Un almirante con un mínimo conocimiento de su oficio habría apuntado de inmediato, en el caso de que se hubiera atrevido a hacerlo, que los barcos y sus tripulaciones llegarían al canal de La Mancha en muy mal estado para combatir.

En segundo lugar, aunque el grueso de la *Royal Navy* picase el anzuelo, aún le quedarían varias decenas de unidades de regular tamaño en la zona, entre ellas cuarenta fragatas bien artilladas, quizá no lo suficiente

Pintura anónima de comienzos del siglo XIX que representa a Napoleón inspeccionando sus tropas en Boulogne, el 15 de agosto de 1804.

para vencer a la escuadra aliada, pero sí para hundir muchas barcazas de fondo plano y, quizá, debilitar de tal modo el cuerpo expedicionario que se viera obligado a combatir en desventaja tras el desembarco. Segundo, porque el ejército británico no era tan débil como suele decirse. De sus casi cien mil hombres, cerca de sesenta mil se encontraban en Gran Bretaña, y contaban con la ventaja de tener cerca de sí sus fuentes de aprovisionamiento, mientras que Napoléon tenía las suyas al otro lado del canal, que previsiblemente caería de nuevo en manos británicas a las pocas horas de completado el desembarco. Por último, Napoleón parecía olvidar que las potencias continentales aliadas de los británicos no tenían por qué renunciar a la lucha; un ataque combinado sobre la frontera francesa en el Rin, con lo mejor del ejército galo atrapado en Inglaterra, podía perfectamente llegar hasta París en pocas semanas y forzar la rendición.

¿Qué podía haber hecho entonces el emperador? Sin duda, lo más sensato habría sido lo que al final hizo: renunciar de momento al plan de invasión y volver las nutridas divisiones acampadas en Boulogne contra los ejércitos enemigos que se cernían sobre él. Pero antes de eso, su flota, y con ella la española, hubo de sufrir una humillante derrota y miles de hombres dieron su vida, ofreciéndola en forzado sacrificio a las veleidades de un megalómano.

Comienza la campaña

Veamos, pues, lo que sucedió. Técnicamente, la campaña que concluiría con la batalla de trafalgar se inicia nueve meses antes, el 11 de enero de 1805, cuando el contralmirante francés Missiessy se da a la mar en Rochefort con cinco navíos y cinco fragatas. ¿Su objetivo?: alcanzar la Martinica y esperar allí al vicealmirante Villeneuve, que debía reunirse con él poco después. El 20 de febrero, Missiessy alcanza su objetivo y se dispone a esperar a su superior, que sale de Tolón unos días después, el 16 de enero, pero debe regresar a puerto forzado por una imprevista tempestad en el Mediterráneo. Mientras, en Brest, Ganteaume, que cuenta con 21 navíos, ha tratado de forzar el bloqueo inglés de Cornwallis, que dispone de tan sólo quince, pero apenas ha dejado el puerto, mientras navega por la zona conocida como Bertheaume, el emperador le obliga a regresar. Nada está saliendo según lo previsto y también en Francia las chanzas populares se ceban en los fracasos de los marinos:

> Vaisseaux lestés, tête sans lest,
> Ainsi part l'amiral Ganteaume;
> Il s'en va de Brest à Bertheaume,
> Et revient de Bertheaume à Brest.[32]

Por fin, el 30 de marzo, Villeneuve zarpa de nuevo desde Tolón. Lleva consigo once navíos, seis fragatas y dos bergantines. Pero tampoco está vez logrará el francés su objetivo, pues cuando sabe que Nelson merodea en las proximidades de la isla de Cerdeña, no se siente con fuerza para enfrentarse a él y pone rumbo a Cartagena con intención de reforzarse con los navíos españoles allí fondeados. Cuando llega, el 7 de abril, el vicealmirante Salcedo se niega a salir, alegando que carece de órdenes al respecto, de modo que no le queda al francés sino seguir rumbo hacia el estrecho. Dos días después, sus barcos fondean en Cádiz.

Allí se le une un navío francés, el *Aigle*, y la escuadra del almirante Gravina, fuerte en seis navíos y una fragata, que zarpan hacia las Antillas en la madrugada del 10 de abril. El 16 de mayo, aunque en varios grupos, la flota combinada ha llegado a su destino. Pero ¿qué debe hacer ahora? Terribles dudas asaltan al almirante francés. Missiessy, cansado de esperarle, ya no se encuentra allí; la reunión prevista no se ha materializado, pero debe esperar a Ganteaume, al que, como sabemos, erróneamente, presume de camino. Gravina le pide que recupere Trinidad; los jefes franceses de la zona, que retome

32 Navío con lastre, cabeza sin lastre, así sale el almirante Ganteaume; se va de Brest a Bertheaume, y regresa de Bertheaume a Brest.

algunas posesiones galas. Indeciso, permanece en su fondeadero de La Martinica hasta el día 28. Entonces, lanza un ataque sobre el islote del Diamante. Parece que su objetivo será tomar cuantas plazas inglesas pueda y hacer daño a sus buques y su comercio. Pero en aquel instante llega junto a los aliados la fragata francesa *Didon*, que trae nuevas órdenes de Napoléon: asegurar las posiciones, atacar cuanto se pueda a los ingleses y esperar a la escuadra de Brest. Si Ganteaume no llegaba pasados treinta y cinco días, debía poner rumbo a El Ferrol, unirse en ese puerto a la escuadra de Grandallana y a los barcos franceses allí fondeados, zarpar de inmediato hacia Brest, romper su bloqueo, incorporar la división de Ganteaume y hacerse con el control del canal para hacer así posible que lo cruzase en unas horas el ejército de Boulogne.

Así lo hizo Villeneuve. Fortalecido el 4 de junio con los navíos *Algesiras* y *Achille*, y dueño ya de veinte navíos, siete fragatas y dos bergantines, apresó un convoy inglés procedente de Antigua y se disponía ya a lanzar un ataque sobre Barbuda cuando supo que Nelson, informado al fin del paradero de la flota aliada, se encontraba ya buscándola en las Antillas. Presa del pánico, quizá porque se sabía incapaz de derrotar a Nelson y deseaba conservar incólumes sus navíos, olvidó las órdenes y se dirigió a toda prisa hacia El Ferrol. ¿Tenía miedo de Nelson? ¿Era un cobarde el marino francés? ¿O simplemente consciente de la debilidad de su flota frente a la británica?

Se ha escrito mucho sobre ello y casi siempre en contra del malhadado vicealmirante francés. Pero lo cierto es que las órdenes que entonces tenía Villeneuve no preveían que se enzarzara en una gran batalla naval en las Antillas, sino que hiciera creer a los ingleses que permanecía allí cuando lo que hacía en realidad era regresar a toda prisa al canal de La Mancha y, en unión con las escuadras bloqueadas en los puertos amigos, asegurarse la superioridad temporal que haría posible la invasión de Inglaterra. Es cierto que regresó antes de lo ordenado, pero Napoléon no podía prever cuándo llegaría Nelson y no había cursado órdenes sobre qué hacer al respecto. Su decisión, en consecuencia, fue la más coherente dadas las circunstancias y el mismo Gravina se mostró de acuerdo con ella.

Y lo fue aun más porque Nelson, que por fin había salido en persecución de la flota combinada el 11 de mayo, iba de error en error en sus apreciaciones sobre el destino de la misma. Cuando por fin llegó al Caribe, pensó que la flota se había dividido, con los españoles en pos de La Habana y los franceses de regreso hacia Tolón, así que decidió poner rumbo hacia San Vicente con la esperanza de interceptar a Villeneuve en el estrecho y derrotarle, pero, como sabemos, ni la flota combinada se había disuelto ni era su destino el Mediterráneo, sino El Ferrol.

Finisterre

Pero la mala suerte parecía perseguir al francés. En el Atlántico, los vientos contrarios le forzaron a dar continuas bordadas que lo retrasaron mucho, así que cuando por fin llegó cerca de El Ferrol, el 22 de julio de 1805, sus buques y los hombres que los tripulaban se encontraban en un estado lamentable. Y en ese estado se vio obligado a enfrentarse de improviso a la flota inglesa del vicealmirante Robert Calder que bloqueaba el puerto gallego: 15 navíos de línea en perfectas condiciones, de los cuales nada menos que cuatro eran de tres puentes, mientras Villeneuve, aunque disponía de veinte navíos de línea, no poseía ninguno de ese porte. No obstante, el francés pudo haber hecho mucho más de lo que hizo, incluso resultar claro vencedor en el combate. Pero su comportamiento en el transcurso del mismo mostró una absoluta falta de resolución rayana en la incompetencia, un manifiesto conservadurismo táctico y una miserable deslealtad hacia sus aliados españoles.

Tan pronto como avistó los navíos de Calder, Villeneuve, cuyos navíos navegaban en tres columnas, ordenó formar línea de combate con mura a babor, quedando en vanguardia los seis buques españoles, al mando, como sabemos, de Federico Gravina. El inglés, lejos de amilanarse ante la incuestionable superioridad numérica del enemigo, y a pesar de encontrarse a sotavento, ordenó formar de inmediato la línea y atacarlo. El HMS *Hero*, que encabezaba la línea, dio enseguida muestras de que los navíos ingleses buscaban doblar a los aliados para envolverlos. Pero Gravina, que se percató enseguida de ello, ordenó de inmediato virar por redondo en contramarcha. Al quedar así bloqueada la maniobra inglesa, pronto se formaron dos líneas paralelas entre las que se entabló un duelo artillero. Los españoles, dotados ya de obuses Rovira y algunas llaves de fuego, respondieron bien al cañoneo inglés, manteniendo un ritmo de disparo constante y eficaz que les permitió dañar de consideración a algunos navíos enemigos.

Pero el problema no fue este. Al estar en vanguardia, los españoles cargaban sobre sus hombros con todo el peso del combate, lo que de hecho les colocaba en inferioridad, pues la retaguardia se encontraba demasiado lejos para entrar en batalla. Así lo advirtió el contralmirante francés Magon, que lo comunicó por señales a

Óleo de William Anderson que representa el combate de Finisterre del 23 de julio de 1805. Museo Marítimo Nacional, Londres.

Villeneuve, pero este, lejos de ordenar a su retaguardia maniobra alguna, permaneció impasible. Los aliados perdieron con ello la oportunidad de alcanzar una gran victoria, pues los barcos franceses podían haber virado para rodear la retaguardia inglesa, cogiendo así a su flota entre dos fuegos. Como esto no sucedió, la superioridad local inglesa fue haciéndose valer y después de unas horas de cañoneo, dos navíos españoles, prácticamente desarbolados y sin gobierno, el *San Rafael* y el *Firme*, cayeron sobre la línea inglesa y fueron apresados.

Todavía podía haber hecho algo Villeneuve para impedirlo –Gravina, por su posición y debido a la espesa niebla no se había apercibido de la situación– ordenando a algunos de sus barcos acudir en ayuda de los dos aliados. Incluso el general Lauriston, comandante de las tropas francesas embarcadas, que se hallaba a su lado contemplando la batalla desde el alcázar del

Bucentaure, así se lo indicó al vicealmirante, pero no sirvió de nada, pues, del todo insensible a la grave pérdida de los españoles, se negó a cursar orden alguna en ese sentido. Calder, sintiéndose bien pagado con sus dos presas, y próxima ya la caída de la noche, decidió retirarse, con lo que la batalla se dio por concluida.

Podía no haber sucedido de ese modo. A lo largo de los dos días siguientes, el 23 y el 24 de julio, la flota de Calder se mantuvo a la vista, y Villeneuve pudo haber ordenado que se le persiguiera, aprovechando de ese modo su superioridad y la menor maniobrabilidad de los buques ingleses, limitados por los daños sufridos y por la necesidad de proteger a sus presas. Pero, pretextando de repente la necesidad de reparar sus barcos, dar cuidados a sus enfermos y reponer el agua y los víveres consumidos, no hizo nada. El día 25 las velas inglesas habían desaparecido de la vista y el 27 entraban los aliados en Vigo, un puerto civil, sin arsenales ni apostaderos, en el que no podía encontrar nada de lo que en teoría iba a buscar para sus barcos[33].

Con toda razón montó en cólera Napoléon cuando le informaron del triste resultado del combate y del vergonzoso comportamiento que en él había tenido su almirante. Algunos de los testigos de la batalla se aseguraron de que lo sucedido llegara sin censura a los oídos del emperador. «Permitid, señor, a un ayudante de V.M. –le escribía poco después el general Lauriston– que le haga presente que esta escuadra se halla muy

[33] Resulta cuando menos curioso que los barcos franceses se encontrasen en situación tan desesperada cuando los españoles no lo estaban en absoluto. Según testimonio de Gravina, tenían aún agua para veinte días y víveres para cuatro, y sólo doscientos enfermos frente a los mil trescientos que decía tener Villeneuve.

necesitada de un hombre, y sobre todo de un almirante, que posea su confianza y su afecto. Esta campaña, Señor, me disgusta, estoy pronto a comenzar otras más penosas, pero que sea con un hombre y que yo no sea testigo de la vergüenza de nuestra marina [...]». No debe, pues, sorprendernos que el irascible corso, aunque al principio se había creído el rosario de falsedades que el infame Villeneuve había reflejado en su informe, culpando de todo a los españoles, dijera luego: «Ese condenado Gravina es todo un genio en batalla. Si Villeneuve tuviera esas cualidades... ¿Cómo tiene el valor de quejarse de los españoles? ¡Ellos han luchado como leones!».

Sin embargo, faltaba aún por consumar al incompetente vicealmirante la mayor de sus tropelías, que terminaría por hacer imposible la realización del desembarco francés en Gran Bretaña y, bien que de manera indirecta, sería la causa de la batalla de Trafalgar. En Vigo, los franceses dejaron a uno de sus navíos, el *Atlas*, por no hallarse en condiciones de navegar, y Gravina hizo lo propio con otros dos suyos, el *América* y el *España*, y zarparon de inmediato para El Ferrol, aunque allí sólo llegarían los españoles, pues el vicealmirante recibió antes nuevas órdenes de Napoleón que le mandaba dirigirse a La Coruña. En El Ferrol, Gravina reparó a gran velocidad dos de sus navíos, el *Argonauta* y el *Terrible*, y les unió los allí alistados, que eran nueve, a los que había que sumar la división francesa de cinco mandada por el contralmirante Dumanoir. Zarparon todos, al igual que Villeneuve, y se encontraron el 13 de agosto en la ría de Ares. La flota combinada sumaba ahora nada menos que veintinueve navíos, pero no eran muchos si se tiene en cuenta que con tantas idas y venidas y vacilaciones, Nelson había tenido tiempo de corregir sus errores, regresar de las Antillas, llegar a Gibraltar, donde supo al fin cuál era el rumbo real que había tomado Villeneuve, y navegar hacia el norte hasta unirse con Cornwallis, que tenía ahora a su disposición treinta y nueve navíos.

Las órdenes de Villeneuve seguían siendo reunirse con los barcos franceses que pudiera conseguir, navegar hacia el norte, liberar Brest de su bloqueo y con la flota reunida, cerca de sesenta navíos, presentarse ante Boulogne. Pero ni lo hizo ni parece que en el fondo tuviera la sincera intención de hacerlo. Su primer objetivo, encontrarse con la flota de Allemand, que había partido en su busca de Rochefort, no lo llevó a cabo porque puso poco empeño en lograrlo; el segundo, dirigirse a Brest, apenas lo persiguió durante unas horas, y es de suponer que más para disimular que porque lo pretendiera realmente. Temeroso hasta lo patológico de verse forzado a librar una nueva batalla con los ingleses, consciente de la debilidad de sus barcos y sus hombres, y, en fin, agarrándose como a un clavo ardiendo a una carta de su amigo, el ministro Decrès, que le autorizaba a ir a Cádiz si se encontraba cerca del canal con fuerzas superiores, fue esa la dirección que tomó en cuanto le pareció que contaba con la excusa para ello. El 15 de agosto ordenó variar el rumbo y poner proa hacia el puerto andaluz, donde arribó el 20. Frente a él no estaban sino los tres navíos y una fragata que Nelson había dejado allí al mando de su amigo el vicealmirante Collingwood. Pero Villeneuve ni se molestó en intentar apresarlos; tal era su apremio por acogerse a la total seguridad de un puerto amigo. Con razón podía el, una vez más, encrespado Napoleón escribir a su ministro de Marina el 3 de septiembre que Villeneuve no era sino un miserable a quien era necesario destituir de inmediato.

Cádiz

Todavía pensó el orgulloso emperador de los franceses durante unos días que su plan era viable, pues Villeneuve podía unir a su escuadra los poderosos navíos españoles alistados en Cádiz, marchar hacia Brest para liberar la flota de Ganteaume y presentarse ante Boulogne para proteger el desembarco. Pero pronto cambiaría de opinión. En Europa, la situación diplomática se había vuelto muy difícil para él. Las intensas gestiones de Pitt entre abril y julio habían tenido éxito; una nueva coalición, la tercera, se alzaba contra Francia. Rusia, Austria, Nápoles y Suecia se habían sumado ya a la alianza inspirada, y financiada, por Gran Bretaña, y cuatro formidables ejércitos austro-rusos avanzaban en dirección a las fronteras francesas. El 25 de agosto, Napoleón, advirtiendo al fin que no podía perder más tiempo contemplando con embeleso los cercanos pero inalcanzables acantilados de Dover, ordenó levantar el campamento de Boulogne y marchó a la cabeza de sus tropas en dirección al este. El 20 de octubre los austriacos eran derrotados en Ulm; el 5 de diciembre, la gran victoria de Austerlitz aseguraba la hegemonía francesa en Europa.

¿Qué papel correspondía ahora, en la mente de Napoleón, a la flota combinada anclada junto a Cádiz? En las órdenes cursadas los días 3 y 16 de septiembre de 1805, se aprecia con toda claridad que se trata de un papel del todo secundario. En la nueva estrategia diseñada por el emperador, el avance hacia el centro de Europa de la *Grande Armèe* sería cubierto en su flanco derecho por la flota combinada, que debía llevar a cabo en el Mediterráneo acciones encaminadas a protegerlo.

En los primeros días de septiembre, cuando parece que la *Royal Navy,* concentrada en la defensa del canal de La Mancha, cuenta en aquel mar con pocas unidades, dichas acciones habían de consistir en ejercer «[...] sobre el Estrecho y costas de Andalucía todo el imperio de su superioridad; que concurriesen a la reunión de la del general Salcedo [la escuadra española con base en Cartagena] y que no se dejasen bloquear por fuerzas inferiores». Pero después, ya mediado dicho mes, se prevé para ellas que «[...] a la mayor brevedad posible saliesen las escuadras para el Mediterráneo repostadas con tres meses de víveres, reuniesen a su paso la de Cartagena, dejasen en Liorna a la reina de Etruria, las tropas expedicionarias que llevasen y cruzase la Armada combinada en aquellos mares donde recibirían nuevas instrucciones»[34].

Pero las cosas estaban cambiando a un ritmo mucho mayor de lo que el emperador podía prever. Los británicos, fieles a su consideración estratégica fundamental, seguían buscando la ocasión de atestar a la flota combinada un golpe decisivo que anulara su capacidad combativa y asegurase de ese modo la imposibilidad futura de una invasión de las islas. Con los

[34] Archivo del Museo Naval. Informe *Historia de los principales acontecimientos marítimos de la guerra contra Gran Bretaña declarada el 12 de diciembre de 1804*, Sección de manuscritos, 472, folio 176. En concreto, se trataba de atacar, siempre que se pudiera, a los barcos ingleses en la zona, pero también a los rusos, cosa que los españoles no podían hacer, pues el Imperio ruso no estaba en guerra con España. Si para Gravina, que era napolitano, ya era un problema atacar Nápoles, resulta fácil imaginar lo que habría supuesto para él acatar semejante orden, que podía suponer la guerra con otra potencia. Napoleón había ofrecido garantías a Godoy de que ese ataque no iba a producirse, pero era de sobra conocido el valor de la palabra del emperador cuando cumplirla contravenía sus intereses.

barcos de Villeneuve anclados en Cádiz, se les presentaba una ocasión inigualable, siempre que, primero, lograran efectuar sobre ellos un bloqueo eficaz que les inmovilizara en la rada gaditana, y que, segundo, llegado el momento, pudieran forzar su salida a mar abierto y su enfrentamiento con la *Royal Navy,* cuya victoria daban por segura. El primer paso se dio con el envío inmediato a las costas de Cádiz de veinte navíos de línea al mando de Calder, que llegaron allí a finales de agosto, con lo que a mediados de septiembre el vicealmirante contaba ya con una flota compuesta de veintitrés navíos y cinco fragatas; el segundo, con la llegada, el día 28 de ese mismo mes, de Horatio Nelson, que se hizo enseguida cargo del mando de la flota incrementada ahora en otros cuatro navíos, mientras Robert Calder partía hacia Londres a afrontar el consejo de guerra, que él mismo había solicitado, sobre su actitud en el combate de Finisterre. En unos pocos días todo había cambiado.

Nelson no había llegado a Cádiz para bloquear allí a la combinada, sino para destruirla. Y él mismo se preocupó de dejar muy claro a sus comandantes que esa era su intención cuando, al día siguiente de su llegada, el 29 de septiembre, los reunió en la cámara de su buque insignia, el HMS *Victory*, con motivo de su aniversario, pues en esa fecha cumplía el audaz vicealmirante cuarenta y siete años. Así lo explica él mismo en la carta que escribió a su amante, Emma Hamilton, el 1 de octubre: «[...] cuando llegué a la explicación de lo que era el Toque Nelson fue como una sacudida eléctrica: algunos derramaron lágrimas, todos dieron su aprobación; era algo nuevo, excepcional, un plan simple, y desde el rango más alto al más bajo se repetía que con toda certeza tendría éxito sólo que pudiéramos llegar hasta ellos. Milord, está rodeado de amigos con su confianza puesta en usted [...]»[35].

¿En qué consistía ese Toque Nelson que tan célebre habría de hacerse después gracias, sobre todo, a los incontables hagiógrafos del héroe nacional inglés? En realidad, no se trataba de ninguna maniobra original, sino del mismo o similar planteamiento táctico que el propio Nelson había ejecutado en la batalla del Nilo y que, como sabemos, se inspiraba en la maniobra puesta en práctica por primera vez por Rodney en la batalla de Los Santos y ya concebida, bien que a nivel teórico, por marinos españoles como José de Mazarredo. Como el mismo Nelson explica con mayor detalle en el memorando de fecha 9 de octubre de 1805, se trataba de lo siguiente:

- Primero: la flota inglesa debía aproximarse a la combinada con un orden de marcha idéntico al que adoptaría en la batalla: dos columnas de dieciséis navíos cada una y una división de vanguardia de ocho navíos de dos puentes, con la mejor marinería, dispuesta a reforzar, en caso de necesidad, a cualquiera de las otras dos.

- Segundo: con toda probabilidad, la flota combinada se dispondrá a recibir el ataque formando la tradicional línea de combate. Pero como se trata de una flota muy numerosa, la cabeza de la línea será incapaz de acudir en auxilio del resto durante un buen rato. Por ello, el segundo comandante (Collingwood) deberá cortar con su columna la

35 Muñoz Bolaños, Roberto. *Trafalgar...*, p. 127.

línea enemiga, aproximadamente, en torno al navío que ocupe la posición duodécima desde la cola de la formación enemiga, mientras el comandante principal (Nelson) lo hará por el centro y la división de vanguardia deberá hacerlo tres o cuatro navíos más arriba de la cabeza del centro.

- Tercero: en consecuencia, en torno a veinte navíos de la flota enemiga no habrán sido atacados, pero dado que habrá de pasar mucho tiempo antes de que puedan acudir en apoyo de los atacados, la flota inglesa se asegurará una clara superioridad durante horas, las suficientes para derrotar y rendir a una buena parte de los navíos atacados y prepararse para atacar a su vez al resto cuando por fin logre alcanzar la zona de combate: «[…] tengo confianza –dice Nelson– en que consigamos la victoria antes de que la vanguardia del enemigo pueda acudir en socorro de la retaguardia, y en tal situación la Armada británica se encontrará en situación de recibir a los veinte buques intactos que acudan de refuerzo o de perseguirlos si intentan escaparse[36]».

Pero para que el plan tuviera éxito resultaba de todo punto imprescindible que el bloqueo se efectuara de manera que los navíos aliados resultaran atraídos fuera de la bahía gaditana; es decir, debía tratarse de una vigilancia más que de un bloqueo. En la práctica, ello quería decir que el grueso de la flota inglesa había de permanecer alejada de la costa, mientras unas pocas

[36] Cayuela, José y Pozuelo, Ángel. *Trafalgar…*, p. 307. La versión completa del memorando, en inglés, puede consultarse en las páginas 305 y 306.

fragatas en tareas de vigilancia, enlazadas con el resto por medio de navíos muy veleros que pudieran repetir sus señales, se ocupaban de transmitir al comandante de la flota inglesa el momento exacto en el que los navíos aliados comenzaban a abandonar la seguridad del puerto. Entonces, la flota comenzaría la persecución, los alcanzaría y los forzaría a una batalla de la que no podía salir sino la derrota total de la flota combinada. Como el mismo Nelson se aseguró de escribir, lo que el primer ministro Pitt deseaba era «[...] la aniquilación del enemigo y no sólo una espléndida victoria de veinte a tres o treinta a seis, honrosa para las partes implicadas, sino desastrosa en todos los sentidos para dejar a Bonaparte totalmente derrocado[37]».

Pero ¿se trataba de verdad de un plan tan radicalmente innovador y tan genial? ¿Acaso era posible sorprender a los mandos de la flota combinada con un planteamiento táctico semejante por parte de un comandante que lo había usado ya con anterioridad? ¿Por qué planteó Villeneuve el combate tal como Nelson esperaba que lo haría? ¿Acaso el vicealmirante francés era un completo incompetente y Gravina un apocado incapaz de hacérselo ver así? Desde luego, resulta necesario dar cumplida respuesta a estas preguntas para aquilatar lo que había de genialidad en un bando y de incompetencia en el otro, si lo había, y, sobre todo, urge asentar esas respuestas en datos cabales sobre ambas flotas, sin cuyo concurso no pueden comprenderse bien las decisiones de unos y otros ni valorar su acierto o su error.

---

[37] Carta de Horatio Nelson a su amigo George Rose, 6 de octubre de 1805. En: Muñoz Bolaños, Roberto. *Trafalgar*..., p. 130.

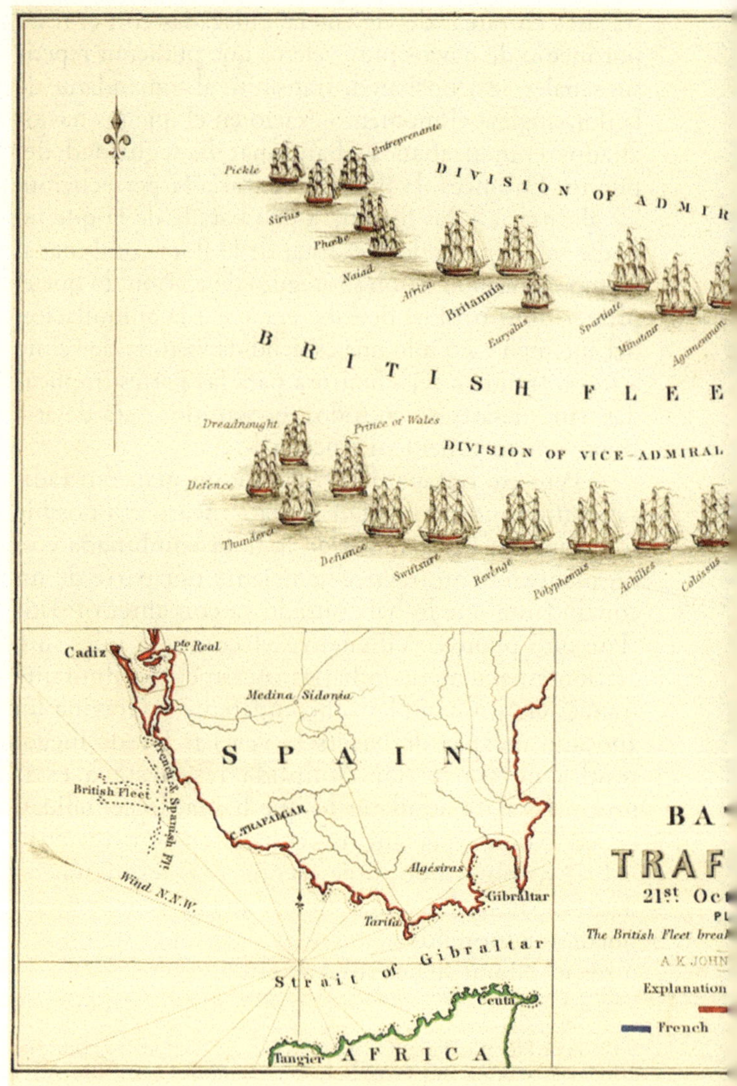
Pickle
Sirius
Entreprenante
Phœbe
Naiad
DIVISION OF ADMIR
Africa
Britannia
Euryalus
Spartiate
Minotaur
Agamemnon
BRITISH FLEE
Dreadnought
Prince of Wales
DIVISION OF VICE-ADMIRAL
Defence
Thunderer
Defiance
Swiftsure
Revenge
Polyphemus
Achilles
Colossus
Cadiz
Pto Real
Medina Sidonia
SPAIN
British Fleet
French & Spanish Flt
C. TRAFALGAR
Wind N.N.W.
Algesiras
Gibraltar
Tarifa
Strait of Gibraltar
Ceuta
Tangier
AFRICA
BA
TRAF
21st Oc
The British Fleet brea
A. K. JOHN
Explanation
French

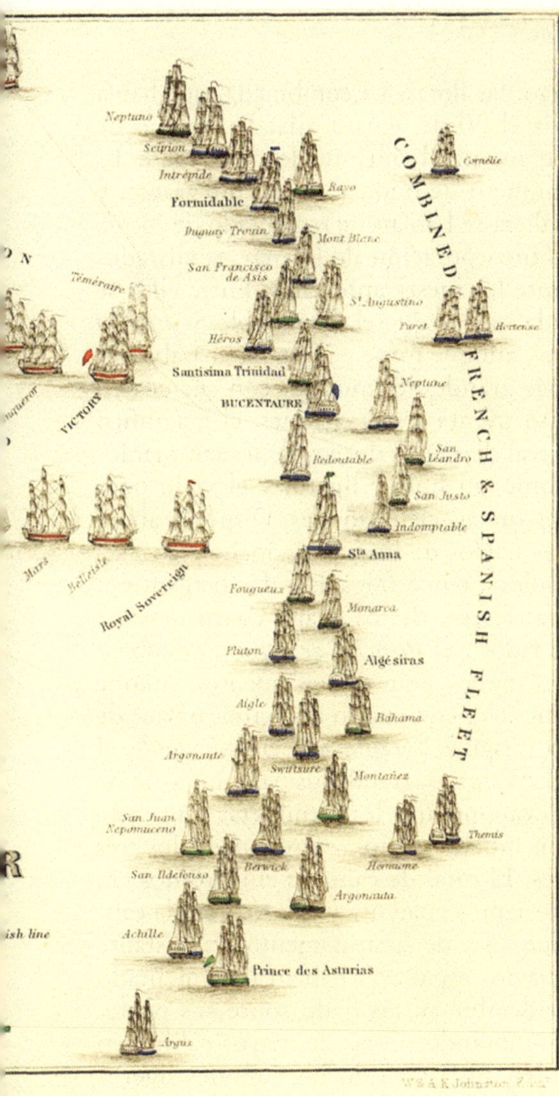

El toque Nelson en la práctica. Ataque inglés en Trafalgar.

Esperando el combate

Veamos, primero, las flotas. La combinada, que había llegado a Cádiz el 20 de agosto, distaba mucho de encontrarse en un nivel óptimo de capacidad. Es cierto que el número de buques que la integraban y su potencia artillera se habían incrementado de forma notable con la incorporación de los navíos alistados en Cádiz durante los meses anteriores. Entre ellos se encontraba nada menos que el formidable *Santísima Trinidad*, el cual, aunque torpe e inestable, pasaba por ser el navío más grande del mundo, con sus cuatro puentes y ciento treinta y seis cañones; el magnífico *Santa Ana*, un real de ciento doce cañones tan maniobrero y ágil como un buque ligero, y el viejo pero poderoso *Rayo,* con sus cien cañones. Disponía ahora de treinta y tres navíos de línea –dieciocho franceses y quince españoles–, cinco fragatas y dos bergantines –todos ellos franceses–, de los cuales cuatro navíos, los tres mencionados y el *Príncipe de Asturias*, también de ciento doce cañones, eran de tres puentes, aunque los franceses contaban con cuatro modernos navíos de dos puentes, el insignia *Bucentarure*, el *Indoptable*, el *Formidable* y el *Neptune*, agrandados para un porte de más de ochenta cañones que les permitiera, a un coste de construcción mucho menor, enfrentarse a los tres puentes ingleses. El total de cañones embarcados era de dos mil novecientos cuarenta y cuatro. Pero la calidad de estos buques y de su armamento era bastante desigual. Los navíos españoles habían incrementado de forma considerable su artillado sobre sus portes teóricos, bien montando piezas de mayor calibre en sus baterías, bien sustituyendo los cañones ligeros de a ocho libras de sus cubiertas por obuses Rovira y carronadas de mucho mayor calibre, por lo general de cuarenta y ocho, treinta y veinticuatro libras. Por ello, aun siendo quince los navíos españoles, poseían más potencia de fuego que los dieciocho franceses, en especial a corta distancia, pues al hecho de que ninguno de ellos era de tres puentes se sumaba el escaso número de piezas en sus cubiertas, que no iban más allá de unos pocos obuses de bronce bastante defectuosos.

También es cierto que los dos meses transcurridos desde la llegada a Cádiz de la Combinada fueron aprovechados por sus mandos para reparar los daños sufridos en el combate de Finisterre y completar en lo posible las maltrechas dotaciones de los navíos, aunque esto último sólo en el caso español. Y no lo es menos que se trató de adiestrar a estas últimas en cortas travesías por la bahía gaditana y las aguas cercanas a la costa. Pero el resultado de todo ello no permitía albergar grandes esperanzas sobre el rendimiento que las tripulaciones pondrían de manifiesto en un combate con fuego real, primero porque aunque las francesas contaban al menos con cierta experiencia ganada en las dos travesías por el Atlántico y el combate de Finisterre, habían sido muy diezmadas por las enfermedades, lo que había obligado a Villeneuve a completarlas con tropa embarcada, de la que no contaba con efectivos suficientes para reponer todas las pérdidas. Y en cuanto a las españolas, en Cádiz no se hallaron marineros suficientes, de modo que hubo también que recurrir a los soldados, aunque en este caso las dotaciones de los navíos sí pudieron completarse.

Muy distinto es el panorama que ofrece la escuadra del vicealmirante Nelson. La integraban veintisiete navíos de línea, cuatro fragatas, una goleta y una balandra, pero no debe obviarse el detalle que de ellos nada menos que siete, frente a sólo cuatro de la Combinada, eran de tres puentes, con la ventaja que ello suponía en un combate. El total de cañones embarcados era, no obstante, inferior: dos mil quinientos treinta frente a dos mil novecientos cuarenta y cuatro, pero se trataba en todos los casos, como ya vimos, de cañones más avanzados desde el punto de vista técnico, que podían dispararse más veces, se calentaban menos y estaban mejor sujetos a la obra muerta del barco que los franceses. Además, todos los navíos ingleses montaban en cubierta un mínimo de diez poderosas carronadas de entre dieciocho y sesenta y ocho libras que resultaban letales a corta distancia. No cabe duda, pues, que la artillería británica era superior, sobre todo a la francesa, aunque no tanto a la española.

Pero la cuestión determinante no fueron los barcos, sino sus tripulaciones. Las inglesas eran menos numerosas, lo que dejaba mucho espacio libre para el movimiento durante los combates, pero mucho mejor adiestradas. Todos los marineros ingleses en Trafalgar llevaban meses o incluso años en el mar y conocían muy bien su trabajo, que eran capaces de realizar con eficacia y rapidez. Esto resultaba bastante importante en lo que se refiere a la artillería. Los artilleros ingleses disparaban con mayor frecuencia y precisión que los de la Combinada, aunque no tanto como se ha dicho, y dicha habilidad sin duda no era del todo determinante en un combate a corta distancia como el que se produjo en Trafalgar. Mucho más lo era, sin embargo, la rapidez con la que se ejecutaban las maniobras, que permitía a los comandantes ingleses tener sus barcos situados donde y como deseaban en un tiempo mucho más corto que sus homólogos españoles y franceses, con la ventaja táctica que ello suponía en la era de la navegación a vela. Y no menos importante, por último, era la habilidad y rapidez con la que las brigadas de carpinteros y calafates reparaban durante el combate los daños provocados en el casco o arrojaban al mar los palos y jarcias que caían sobre cubierta, manteniendo el barco operativo mucho más tiempo que sus enemigos en circunstancias comparables.

Sin embargo, aunque todas estas ventajas eran evidentes, cabe preguntarse hasta qué punto resultaron determinantes en relación con otras dos variables fundamentales para la resolución de cualquier batalla, ya sea en el mar ya en la tierra: la calidad del mando y lo acertado de la táctica. Veamos, pues, estos aspectos con algún detalle.

Los almirantes y comandantes españoles presentes en Trafalgar se encontraban entre los mejores que disponía la Real Armada a la altura de 1805, aunque se echara en falta alguno como Grandallana, vetado por Napoleón, o Mazarredo, quizá el mejor almirante español de la época y, sin duda, uno de los más completos de Europa. Los navíos estaban mandados por comandantes competentes, algunos de ellos, como Cosme Damián Churruca, Cayetano Valdés o Dionisio Alcalá Galiano, a la vanguardia del continente en cuanto a preparación técnica y científica, y no por ello poco curtidos en el combate, como a veces se ha dicho, o desleales a unas élites rectoras cuyos planteamientos políticos no siempre compartían. Como bien ha descrito Víctor San Juan:

> [...] avezados en travesías oceánicas de exploración a bordo de pequeños buques, veteranos de los mares australes y protagonistas de la última hornada descubridora hispánica. Colectivo que conocerá, sin embargo, fortuna adversa en el campo de batalla, pero siempre manteniendo un espíritu admirable: «Clavad la bandera», «Este barco no se rinde», «Si oyes que mi barco ha sido capturado, di que he muerto», frases pronunciadas al calor del próximo combate y que, a la vuelta de los siglos, resultan hermosos destellos del valor, la honestidad y el sentido del deber que les animaba [...].[38]

No era menor la calidad de los altos mandos. El teniente general de la Armada Federico Carlos Gravina y Napoli, jefe de los navíos españoles de la Combinada, no podía, quizá, ser considerado el mejor almirante con que contaba la Armada española, pero sin duda era un marino competente y un jefe resuelto y decidido. Con cuarenta y nueve años de edad, un poco mayor que Nelson, y, al contrario que el héroe inglés, nacido en la alta aristocracia, en este caso napolitana, ingresó como guardiamarina a los diecinueve años y a la altura de 1805 contaba a sus espaldas con un larguísimo historial en acciones de combate, que incluía las más destacadas de la Real Armada durante las anteriores guerras. Otro tanto podría decirse de los jefes de escuadra Ignacio María de Álava, Antonio de Escaño y Baltasar Hidalgo de Cisneros y los brigadieres Cosme Damián Churruca, Cayetano

---

[38] San Juan, Víctor. *Trafalgar...*, p. 156.

Valdés, Francisco Javier de Uriarte, Enrique McDonnell, Rafael Hore y Dionisio Alcalá-Galiano, entre otros, muchos de los cuales formaban parte de esa élite ilustrada de la Armada española del último cuarto del siglo XVIII, tantas veces mencionada, que se había embarcado con igual ardor en interminables expediciones cartográficas y arriesgados viajes de exploración que en sangrientas acciones de combate o incluso en la redacción de sesudos tratados sobre los más diversos temas, desde las ciencias naturales a la artillería o la táctica naval[39].

Muy distinto es el panorama que ofrecen los mandos franceses. Los comandantes de sus navíos eran, por lo general, jóvenes oficiales que no se habían beneficiado ya de la elevada formación de los marinos galos que había sido la envidia de Europa antes de 1789, del todo desarticulada, como vimos, por los gobiernos revolucionarios. Y algo similar puede decirse de sus altos mandos. Charles de Villeneuve, el vicealmirante que ejercía por designación directa de Napoléon, a pesar de su menor rango, el mando de la Combinada, era un aristócrata superviviente de la vieja marina borbónica francesa que ni se había destacado por su arrojo ni por su competencia. Su mayor mérito reconocido, la salvación de dos buques franceses en la batalla del Nilo, fue más bien fruto de la traición de no acudir en auxilio de su jefe –¡pretextando no tener órdenes para ello!– que de otra cosa. Y en cuanto a su comportamiento en el combate de Finisterre, más traicionero aún, ha quedado de sobra retratado en páginas anteriores. Mas si su actitud en combate dejaba mucho

[39] En la actual jerarquía de mandos de la Armada, el teniente general de 1805 equivaldría al almirante; el jefe de escuadra, al vicealmirante, y el brigadier, al contralmirante. En el texto se han usado una u otra denominación indistintamente.

que desear, su formación táctica era aún más deficiente, pues él mismo se sabía incapaz de apostar por planteamientos distintos de la tradicional línea de combate que había sido el dogma de las marinas europeas desde el siglo XVII pero había probado su total ineficacia frente a un enemigo lo bastante audaz en encuentros como Les Saints, Abukir y Camperdown, que hemos tenido ocasión de analizar también a lo largo de los capítulos anteriores. Respecto a los otros dos mandos presentes en Trafalgar, los contralmirantes Pierre de Dumanoir y Charles-René Magon, no mucho puede decirse. El primero es el más joven de los catorce contralmirantes con que cuenta Napoleón y debe buena parte de su meteórica carrera a ser sobrino del ministro Pléville Le Pelley, a pesar de que el emperador, que lo conocía muy bien desde la expedición a Egipto, había escrito de él a su ministro Decrès en 1804, cuando mandaba en Tolón que no era capaz «[...] ni de mantener la disciplina en tan grande escuadra, ni hacerla reaccionar». Su ejecutoria en Trafalgar, que tendremos cumplida ocasión de analizar, hará honor a su fama. Y en cuanto a Magon, ha de reconocerse en él su gran pundonor y arrojo, muchas veces probado en acciones de combate, que le llevó a arrojar al mar su peluca y su catalejo al pasar frente a Villeneuve tras el combate de Finisterre, indignado por el inicuo proceder de su jefe al abandonar a su suerte a los navíos españoles. Pero, condenado a obedecer las órdenes de un comandante inepto, poco podrá hacer.

Bien distinta es la imagen que ofrecen los mandos ingleses. Sus capitanes, expertos marinos y arrojados militares, espoleados por el ansia de botín y la elevada exigencia de sus jefes, y con el grado de autonomía

Retrato del vicealmirante Cuthbert Collingwood, por Henry Howard. National Portrait Gallery, Londres.

suficiente para dar lo mejor de sí mismos en la batalla, no rehuirán nunca un combate para el que se saben mejor preparados que sus oponentes. Y no es muy distinto lo que puede decirse de los altos mandos. El vicealmirante Cuthbert Collingwood podía ser, como ha escrito de él David Howarth, un hombre que poseía aspecto de obispo antes que de almirante, pero también era, sin duda, un marino veterano que conocía muy bien su oficio y un jefe competente, aunque como veremos, su incumplimiento de la última orden de Nelson de anclar la flota al concluir la batalla costó bastantes disgustos a la escuadra inglesa.

En cuanto a Horatio Nelson, lo mejor que se puede decir de él es, desde luego, que poseía una de esas mentes de extraordinaria lucidez que se encontraban muy por delante de su tiempo, lo que le hacía capaz de llegar a conclusiones y adoptar decisiones que iban mucho más allá de la mera imitación, con mayor o menor fortuna, de lo que en su época se consideraba acertado, tanto en lo profesional como en lo moral, rasgo que ha distinguido siempre al genio de la persona simplemente brillante. Aunque como estratega no resultaba en exceso capaz, como prueba su desorientada navegación por el Mediterráneo y el Atlántico en pos de una Combinada que no encontraba nunca en el lugar en que él creía que iba a hallarla, resultó ser un magnífico táctico, capaz de conocer las debilidades del enemigo y aprovecharlas en beneficio propio, y un gran conductor de hombres, que despertaba en sus oficiales e incluso en sus tripulaciones una devoción tan intensa y sincera que impulsaba a cada uno de ellos a dar lo mejor de sí mismos.

Pero ¿de verdad fue tan genial el plan táctico empelado por Nelson en Trafalgar? ¿O su rotundo éxito se debió más bien a la ineptitud de Villeneuve, que se comportó tal como esperaba el inglés, que a su propio mérito? Para responder a esta cuestión en pocas palabras, lo cierto es que se trató del mejor plan posible para aquella flota y aquellas tripulaciones. Si

Nelson hubiera tenido enfrente aquel 21 de octubre de 1805 a una escuadra digna de tal nombre, y no una mera reunión de navíos heterogéneos cuyos comandantes no se conocían, con tripulantes mejor entrenados y un mando capaz, su ataque en dos columnas no habría funcionado jamás, pues los artilleros de la Combinada habrían desmantelado sus navíos antes de que pudieran colocarse en situación de atacar. Como dejó escrito uno de los testigos más cualificados de la batalla, el jefe de escuadra español Antonio de Escaño:

> Nada es más marinero y militar que el que una escuadra que está muy de barlovento de otra, para caer sobre ella forme columnas que desplieguen al tiro de los enemigos formando una línea que entre en el fuego haciendo tanto o más daño como pueden causarle aquellos; pero el almirante Nelson no desplegó sus columnas al tiro de la línea; cayó sobre ella para batir a tiro de pistola y atravesando, para reducir la batalla a combates particulares. Esta maniobra creo que no tendrá muchos imitadores. En dos escuadras igualmente marineras, la que ataque en esta forma debe ser derrotada. Para que no haya sucedido así el día 21 de octubre, ha sido preciso que la combinada estuviese mal formada y en facha, como queda dicho, y que en ella hubiese, además de lo referido otras faltas esenciales relativas a la maniobra y marinería.[40]

¿No fue, entonces, el plan de Nelson tan genial como se suele afirmar? No se trata de eso. La genialidad de Nelson no reside en el plan en sí, que no era, como

[40] Informe del Mayor General de la Armada, Antonio de Escaño, sobre la batalla.

sabemos, nuevo en absoluto, sino en su conocimiento del enemigo. Nelson sabía que la Combinada no era ni de lejos tan eficaz en su artillería como la escuadra bajo su mando, lo que le permitía asumir el riesgo de acercarse a ella ofreciendo la proa de sus navíos expuesta a las balas enemigas y sin poder responder a lo largo de cientos de metros. Y sabía también que Villeneuve era un clásico, incapaz de responder a su ataque de un modo distinto a la tradicional línea de combate, y que, con toda probabilidad, dicha línea no se formaría bien a tiempo, pues las tripulaciones españolas y francesas carecían de la habilidad suficiente para ejecutar las órdenes con rapidez. En esas circunstancias, y sólo en esas, su planteamiento táctico resultó ser el mejor posible. Pero su éxito no fue sólo su mérito, sino el de sus buques, sus capitanes y sus dotaciones.

8

En Lepanto la victoria y la muerte en Trafalgar

Hay que morir o triunfar,
que nos enseña la Historia
en Lepanto la Victoria
y la muerte en Trafalgar.

Himno de la Armada española

La salida

Pero de nada habría servido toda la genialidad de Nelson si la Combinada hubiera hecho lo que debió hacer: quedarse en puerto y dejar pasar el invierno, condenando a los navíos ingleses al inútil deterioro provocado por las inclemencias del tiempo sin gastar a cambio ni una bala de cañón. Así opinaban sus mandos, tanto españoles como franceses, y así pensaba también el propio Villeneuve, que adoptó la decisión contraria motivado no por razones tácticas, sino como resultado de las esclavitudes que le imponía su propio carácter y una errónea y trasnochada concepción del honor que, a la hora de la verdad, antepuso, de manera del todo mezquina y egoísta, a cualquier otra consideración, por importante que fuera.

Las órdenes de Napoléon habían sido tan tajantes como era costumbre en él: la Combinada debía abandonar Cádiz y tomar rumbo hacia Italia, donde había de desembarcar tropas y acosar cuanto pudiera a los buques de los enemigos de Francia. Dichas órdenes, que Godoy hace saber a Gravina, no pueden por menos que provocar en este una justificada desazón que, como sabemos, el valido trata de apaciguar apelando a las garantías que le ha ofrecido el emperador de que no entrarán los barcos españoles en combate con otros enemigos que los británicos, pues a estos se limita la alianza sellada entre ambos estados. Pero, aun suponiendo zanjada esta cuestión, queda pendiente la más importante: ¿deben salir los navíos de la Combinada?

Villeneuve conoce perfectamente cuál es el estado de sus buques y sus dotaciones. No ignora que sus tripulaciones están incompletas y que las españolas apenas han sido adiestradas. Sabe que los mismos buques no se encuentran en perfecto estado y que faltan pertrechos para repararlos. No se le escapa que la pólvora con la que cuentan sus cañones no es de la mejor calidad. Desconfía, en fin, de sus propios capitanes, de quienes piensa que no sirven para otra cosa que para formar la línea clásica. «Tenemos –le escribe a Decrès el 19 de agosto– una táctica naval anticuada, y sólo sabemos formarnos en línea, que es naturalmente lo que desea el enemigo. No tengo medios ni tiempo ni posibilidad para adoptar otra con los comandantes a quienes están confiados los navíos de ambas escuadras». Pero sabe también que las órdenes de Napoléon han sido terminantes y que no puede permitirse ignorarlas una vez más. Ante el dilema, hace lo que haría cualquier alma pusilánime y carente de resolución: cargar la responsabilidad de la decisión sobre las espaldas de otros. En este caso, los altos mandos de la Combinada, a los que reúne en su buque insignia, el *Bucentaure*, el 8 de octubre de 1805.

Mucho se ha escrito sobre lo sucedido en aquel consejo de mandos, y en su mayor parte basado en los testimonios, muy subjetivos y no poco contradictorios, de algunos de los presentes, despreciando la que debería servir como fuente fundamental, la propia acta de la reunión. De acuerdo con ella, no sólo no se produjeron discusiones subidas de tono, y menos aún un conato de duelo entre al contralmirante francés Magon y el brigadier Alcalá-Galiano, sino que la unanimidad entre los presentes fue total. Estos eran, amén de Villeneuve y Gravina, los jefes de escuadra Álava, Escaño y Cisneros, los brigadieres McDonnell, Hore y Alcalá Galiano, los contralmirantes Magon y Dumanoir, y los capitanes de navío Lavillegris, Cosmao y Maistral. Todos reconocieron que los navíos disponibles se encontraban en su mayoría mal armados, con tripulaciones poco aptas para el combate, por lo que la escuadra inglesa, aunque inferior en número, era muy superior en fuerza a la propia, superioridad que se acrecentaría por verse obligada esta a combatir en el momento de abandonar el puerto. Por ello parecía oportuno permanecer en Cádiz hasta que se diera una ocasión favorable, bien

El vicealmirante Pierre Charles Silvestre de Villeneuve (1763-1806), litografía de autor desconocido conservada en el Museo de la Marina, París.

porque el mal tiempo alejara a los enemigos, bien porque su flota se viera forzada a dividirse para proteger su comercio en el Mediterráneo.

Villeneuve ya tenía lo que quería. Si el emperador le afeaba su conducta y le acusaba de insubordinación o cobardía, siempre podía argüir que los otros mandos de la escuadra no habían sancionado sus decisiones. Pero poco después ocurrió algo que cambió radicalmente las cosas. Napoleón, que había perdido por completo la confianza en él, ya había decidido sustituirle al mando de la Combinada, y así lo hizo saber al ministro Decrès poco después de dictar las órdenes del 14 de septiembre, sabiéndolo su sustituto, el vicealmirante Rosily, el mismo 17. Decrès, empero, le ocultó la noticia a su amigo, que la ignoraba por completo el día 8 de octubre, en el momento de celebrar el consejo con los mandos de la escuadra. Cuando a mediados de mes era ya pública la noticia de la presencia del vicealmirante francés en Madrid, Villeneuve la recibió como un auténtico mazazo que cambió del todo su estado de ánimo y la decisión que había adoptado diez días antes. Lo que estaba en cuestión no era ya la integridad de la flota o sus posibilidades de victoria, aspectos que dejaron de preocuparle de repente, sino su carrera militar y su propio honor, y eso era algo que no estaba dispuesto a permitir. El día 18, indignado, escribía a su amigo Decrès: «[…] cualesquiera sean las circunstancias, si el viento es favorable para la salida, daré la vela desde mañana». La suerte de la Combinada estaba echada. El simple orgullo de un sólo hombre la había decidido.

Y lo peor es que Gravina, el único hombre que quizá habría podido detenerle, tenía órdenes tajantes de no hacerlo, pues Godoy, el valido cuya endeble posición política dependía por completo del respaldo de Napoleón, le había insistido en que debía acatar las instrucciones procedentes de París. Así que cuando Villeneuve acudió la misma tarde del 18 al *Príncipe de Asturias*, buque insignia del almirante español, a informarle de su decisión, Gravina no pudo sino responderle que los buques españoles estarían listos para zarpar cuando se les ordenara.

Cosa distinta eran las condiciones en que se produciría la salida. Los españoles no estaban dispuestos a que se repitiera la ignominiosa pasividad de los franceses en el combate de Finisterre, así que los navíos de ambas nacionalidades habrían de formar en esta ocasión intercalados, con lo que la escuadra sería, por primera vez, verdaderamente combinada y no sólo aliada. Por lo demás, como ya había anticipado Nelson, la formación que habrían de adoptar los buques no era otra que la línea clásica, con la única salvedad, sin duda introducida por Gravina, de que este mandaría una división de observación al objeto de, según había escrito él mismo a Godoy el 7 de agosto, «[…] sortear con la parte de línea que pueda ser atacada más ventajosamente o acudir donde las circunstancias exigiesen […]». Por lo demás, el vicealmirante francés, a diferencia del inglés, no traza un plan de combate preciso para el caso de que sea necesario entrar en batalla con el enemigo. Su Orden general a los capitanes y comandantes del 28 de septiembre, que se limita a los barcos franceses, se conforma con indicar que los navíos han de formar la clásica línea de batalla, ya sea para atacar, caso de que el enemigo se hallase a sotavento, ya para defenderse, aunque en esta última circunstancia resulta obvio para Villeneuve que la escuadra inglesa «[…] tratará de envolver nuestra retaguardia, atravesando nuestra línea, y de luchar contra los navíos que haya desunido hasta rendirlos, envolviéndolos con pelotones de los suyos», lo que, al parecer, resultaba para el irresoluto comandante de la Combinada tan inexorable como la misma muerte, por lo que, convencido de su ineficacia, no tenía previsto hacer nada para evitarlo.

Y no era porque no hubiera opciones, que sí las había, incluso con tripulaciones tan inexpertas como las aliadas y con buques que no se hallaban, desde luego, en su mejor estado posible. La Combinada podía, por ejemplo, virar antes de que los navíos británicos se acercaran para convertir en vanguardia la retaguardia de la línea, lo cual permitiría que, al incidir las columnas británicas sobre el frente, los barcos de vanguardia, con el viento a favor, pudieran ir en auxilio de los demás con mayor rapidez que a la inversa. Los navíos de la Combinada podían también, cuando estuviesen lo bastante cerca, lanzar masivas andanadas de proyectiles sobre los británicos, incluso con doble o triple bala, y luego virar a sotavento para evitar que aquellos les atacasen en perpendicular, cortando sus popas, cuando estos se acercaran aun más a la línea. Sin embargo, Villeneuve, que iba a la batalla del todo convencido de que la perdería, ni siquiera intentó poner en práctica alguna de estas opciones, y con el alma de su mezquino comandante dominada por el resentimiento y el orgullo herido, ominosa profecía de un desastre inminente y total, comenzó a salir la Combinada del puerto de Cádiz en la mañana del día 19 de octubre.

La formaban treinta y tres navíos, cinco fragatas y dos bergantines, organizados en dos cuerpos, el cuerpo fuerte o principal, en el que figuraban veintiún navíos, tres fragatas y un bergantín, que mandaba el propio Villeneuve, y el cuerpo de reserva o de observación, que mandaba Gravina y estaba formado por doce navíos, dos fragatas y un bergantín. La estructura interna de cada uno de los cuerpos era la siguiente[41]:

[41] En negrita se han remarcado los buques insignia de cada división. Gravina se encontraba a bordo del *Príncipe de Asturias* y Villeneuve dirigía la flota desde el *Bucentaure*.

Orden de batalla de la combinada al salir del puerto de Cádiz (19 de octubre de 1805)

	Nombre	Nación	Porte	Comandante
Escuadra de Observación (Federico Gravina)				
1ª división (Gravina)				
Navíos	*San Juan*	Español	74	Brigadier Cosme Damián Churruca
	Berwick	Francés	74	Capitán de N. Jean-Gilles Filhol-Camas
	Príncipe de Asturias	Español	112	Brigadier Rafael de Hore
	L'Achilles	Francés	74	Capitán de N. Gabriel Denieport
	San Ildefonso	Español	74	Brigadier José de Vargas
	L'Argonaute	Francés	74	Capitán de N. Jacques Epron
Fragata	*La Themis*	Francés	40	Capitán de N. Jurgan
Bergatín	*L'Argus*	Francés	16	Capitán de F. Taillard
2.ª División (Villeneuve)				
Navíos	*Swift-Sure*	Francés	74	Capitán de N. L'Hospitalier-Villemadrin
	Argonauta	Español	80	Capitán de N. Antonio Pareja.
	L'Algesiras	Francés	74	Capitán de N. Gabriel-Auguste Brouard
	Montañés	Español	74	Capitán de N. Francisco Alcedo
	L'Aigle	Francés	74	Capitán de N. Pierre-Paul Gourràge
	Bahama	Español	74	Brigadier Dionisio Alcalá Galiano
Fragata	*L'Hermione*	Francés	40	Capitán de F. Mabé
Cuerpo principal (Villeneuve)				
Navíos	*Le Pluton*	Francés	74	Capitán de N. Julian-Marie Cosmao-Kerjulien
	Monarca	Español	74	Capitán de N. Teodoro Argumosa
	Le Fogueaux	Francés	74	Capitán de N. Louis-Alexis Beaudouin
	Santa Ana	Español	112	Capitán de N. José de Gardioqui
	L'Indomptable	Francés	80	Capitán de N. Jean-Joseph Hubert
	San Justo	Español	74	Capitán de N. Miguel Gastón
	L'Intrepide	Francés	74	Capitán de N. Louis-Antoine-Cyprien Infernet
Fragata	*La Rhin*	Francés	40	Capitán de F. Henaux
División de centro (Villeneuve)				
Navíos	*Le Redoutable*	Francés	74	Capitán de N. Jean-Jacques-Etienne Lucas
	San Leandro	Español	64	Capitán de N. José de Quevedo
	Le Neptune	Francés	80	Capitán de N. Esprit-Tranquille Maistral
	Le Bucentaure	Francés	80	Capitán de N. Jean-Jacques Magendie
	Santísima Trinidad	Español	136	Brigadier Francisco Uriarte
	L'Heros	Francés	74	Capitán de N. Jean-Bap.-Jos.-Remi Poulain
	San Agustín	Español	74	Brigadier Felipe Cagigal, Brigadier
Fragata	*L'Hortense*	Francés	40	Capitán de F. La Meillerie
Bergatín	*Le Furet*	Frencés	18	Capitán de F. Dumay
División de Retaguardia (Dumanoir)				
Navíos	*Le Mont-Blanc*	Francés	74	Capitán de N. Le Villegris
	San Francisco de Asís	Español	74	Capitán de N. Luis de Flores
	Le Duguay-Trouin	Francés	74	Capitán de N. Touffet
	Le Formidable	Francés	80	Capitán de N. Letellier
	Rayo	Español	100	Brigadier Enrique Macdonell
	Le Scipion	Francés	74	Capitán de N. Berenger
	Neptuno	Español	80	Brigadier Cayetano Valdés
Fragata	*La Cornelie*	Francés	40	Capitán de F. Mr. Martinenq

Con semejante volumen de navíos y un viento que era poco más que una leve brisa, la salida de la flota había de ser una operación lenta y compleja, lo bastante para que los ingleses tuvieran tiempo de sobra para descubrirla y prepararse para el ataque. Tan sólo una hora más tarde, el sistema de vigilancia de Nelson se ponía en marcha. La fragata *Sirius* comunicaba mediante telégrafo óptico al HMS *Defence* la salida. Este navío transmitía de inmediato la noticia al HMS *Colossus*, y este al HMS *Mars*, que la comunicaba después al vicealmirante Nelson, a bordo del HMS *Victory*, su buque insignia. El vicealmirante da entonces a toda la flota la orden de persecución con rumbo Sudeste. Pero llega el mediodía y sólo siete navíos de la Combinada han logrado salir del puerto. El viento es tan escaso que algunos buques se ven obligados a lanzar al agua sus lanchas para que los remolquen a fuerza de remo. Resignado, Villeneuve ordena echar de nuevo el ancla y fondear en la bahía. El primer intento de salida queda abortado. Es necesario esperar vientos más favorables.

Al día siguiente, 20 de octubre, la Combinada abandona por fin el puerto y navega por mar abierto, formada en cinco columnas, una por cada una de las divisiones que la forman. Ha tomado rumbo Noroeste con un cuarto al Norte; se dirige hacia el estrecho de Gibraltar con la intención de penetrar en el Mediterráneo, tal como se le ha ordenado. Cerca del mediodía, Villeneuve ordena a Gravina que coloque su escuadra de observación a la izquierda del cuerpo fuerte de la flota formando dos líneas: la Primera División, a la derecha y la Segunda, a la izquierda. Mientras, los buques ingleses navegan con todo el velamen desplegado, tratando de aprovechar el escaso viento para acercarse a la mayor velocidad posible a la Combinada. Horatio Nelson busca el combate;

Villeneuve, que cree imposible la victoria, lo rehúye. A la una y media de la tarde, el francés iza la señal que ordena a los buques de sotavento forzar velas. A las dos y cuarto de la tarde, manda al fin virar por redondo a toda la flota[42]. Al mismo tiempo, ordena a la escuadra de observación arribar sobre el cuerpo principal para estrechar distancias. La batalla se acerca.

Alrededor de las seis de la tarde, el navío francés *Achille*, de la escuadra de observación, descubre en dirección Sudoeste dieciocho velas enemigas en lenta aproximación a la Combinada. Otros barcos confirman su juicio. Menos de dos horas después, a las siete menos cuarto de la tarde, algunos fogonazos indican que los ingleses están cerca y se preparan mediante avisos para el combate. Gravina envía al bergantín *Argos* para que se lo comunique así a Villeneuve que, advertido ya por Magon, ordena formar línea de batalla. El español hace lo propio con sus buques, colocando en cabeza al *Príncipe de Asturias*, que cuelga un farol en su palo de mesana para hacerlo saber así al resto. Pero la inseguridad del francés es tal que, olvidando las instrucciones acordadas, ordena también a la escuadra de observación que se una al cuerpo principal. Con ello se pierde la ventaja que supone contar con un cuerpo volante dispuesto a acudir allí donde se le requiera, e incluso de envolver a los buques enemigos al objeto de rendirlos

[42] En náutica, *virar* significa cambiar de rumbo de modo que el viento que venía por una amura o costado del buque venga después por el otro. Esta maniobra puede realizarse de dos formas: *por avante* o *por redondo.* En el primer caso, se fuerza al navío para que aproe al viento, para caer posteriormente sobre la otra amura; en el segundo, más sencillo porque el buque no tiene en ningún momento el viento de frente, se arriba hacia sotavento, es decir, se va cayendo hasta tener el viento en popa y orzar sobre el costado opuesto.

con mayor facilidad. La línea resultante, además, es demasiado larga y bastante irregular, con navíos apelotonados en algunas zonas y grandes huecos en otras. Y la flota inglesa se encuentra ya a sólo seis millas.

Orden de batalla de la flota inglesa

Nombre	Porte	Comandante*
Columna del vicealmirante Nelson		
Victory	100	Capitán de N. Thomas Hardy
Temeraire	98	Capitán de N. Eliab Harvey
Neptune	98	Capitán de N.Thomas Freemantle
Conqueror	74	Capitán de N. Israel Pellew
Leviathan	74	Capitán de N. Henry Baytun
Ajax	74	Teniente de N. John Pilford
Orion	74	Capitán de N. Edward Codrington
Agamemnon	64	Capitán de N. Sir Edward Berry
Minotaur	74	Capitán de N. Charles Mansfield
Spartiate	74	Capitán de N. Sir Charles LaForey
Britannia	100	Capitán de N. Capt. Charles Bullen
Africa	64	Capitán de N. Henry Digby
Columna del vicealmirante Collingwood		
Royal Sovereign	100	Capitán de N. Edward Rotherham
Belleisle	74	Capitán de N. William Hargood
Tonnant	80	Capitán de N. Charles Tyler
Mars	74	Capitán de N. George Duff
Bellerophon	74	Capitán de N. John Cooke
Colossus	74	Capitán de N. James Morris
Achille	74	Capitán de N. Richard King
Polyphemus	64	Capitán de N. Richard Redmill
Revenge	74	Capitán de N. Robert Moorsom
Swiftsure	74	Capitán de N. William Rutherford
Defence	74	Capitán de N. George Hope
Thunderer	74	Teniente de N. John Stockham
Defiance	74	Capitán de N. Philip Durham
Prince	98	Capitán de N. Richard Grindall
Dreadnought	98	Capitán de N. John Conn
Buques menores		
Euralyus	36	Capitán de N. Henry Blackwood
Naiad	38	Capitán de N. Thomas Dundas
Phoebe	36	Capitán de N. Thomas Capel
Sirius	36	Capitán de N. William Prowse
Pickle	10	Teniente John Lapenotiere
Entreprenante	8	Teniente Robert Young

* Los capitanes de navío William Brown, del Ajax, y William Lechmere, del Thunderer, se encontraban ausentes por haber sido llamados a Londres a testificar en el juicio del vicealmirante Calder.

El vicealmirante Horatio Nelson (1758-1805), por Lemuel Francis Abbott. Museo Marítimo Nacional, Londres.

Hasta ese instante, todo estaba resultando como había previsto el vicealmirante Nelson. La tensa persecución que había emprendido su flota estaba a punto de rendir el fruto deseado: una larga línea irregular en la que los navíos de los extremos tardarían mucho en acudir en ayuda de los del centro si estos eran atacados. Tan pronto como tuvo la certeza de la cercanía de la escuadra enemiga, ordenó rumbo Noroeste y dispuso la formación en dos columnas. Con ello trataba de evitar que el enemigo huyera hacia Cádiz a la vez que se preparaba para atacarle. Pero era necesario que Villeneuve no huyera durante la noche, de modo que dispuso un sistema de vigilancia: Henry Blackwood, capitán de la fragata *Euryalus*, con ayuda de otras dos fragatas, debía permanecer a la vista de la Combinada, transmitiendo la información que estimase como relevante a otras dos fragatas, que lo harían a su vez con el HMS *Defence*. Este buque lo comunicaría al HMS *Colossus,* que debía hacer lo propio con el HMS *Mars*, cuyo comandante, el capitán de navío George Duff, transmitiría de inmediato lo recibido al propio Nelson.

Cuando amanece el 21 de octubre, el sol encuentra a los navíos de la Combinada formados en una larga línea irregular muy cerca del cabo Trafalgar, unas pocas leguas al sur de Cádiz. Apenas han recorrido veintisiete millas, menos de dos millas por hora desde que partieron. La flota de Nelson se encuentra ya entre cuatro y cinco millas al Nornoroeste, por barlovento, con el viento, por tanto, a favor, lo que va a facilitar su ataque. El tiempo parece apacible. A las seis y media, Villeneuve ordena a las fragatas acercarse al enemigo e informar, mientras trata de que la línea se forme con mayor regularidad con una distancia entre navíos de un cable (ciento ochenta y tres metros). Nunca lo lograron, pero esta orden venía a confirmar, una vez más, lo que pensaba Nelson, pues de haberse ejecutado con precisión, habría dado como resultado una línea de más de siete kilómetros de longitud, algo del todo inmanejable. Al no conseguirlo así, la línea que formaba la Combinada era aun mayor, de cerca de seis millas, lo que venía a facilitar aun más los planes de Nelson: un extremo de la línea tardaría horas en llegar para ayudar al resto, lo que en la práctica equivalía a dejarlo fuera de la batalla, garantizando a los ingleses un largo lapso de tiempo de total superioridad, lo suficiente para aniquilar a los navíos atacados.

Un poco más tarde de las ocho de la mañana, las dos columnas inglesas son ya del todo visibles aproximándose desde barlovento. Cayetano Valdés, en el *Neptuno*, anota que han adoptado una formación en cuña: cada navío ha elegido su objetivo. Entonces, Villeneuve ordena virar por redondo a un tiempo «[...] ciñendo viento por babor el primer navío y siguiendo los demás orzando en sus aguas sucesivamente». Comprende que va a ser alcanzado y desea tener a sotavento el puerto de Cádiz para refugiarse allí. Al recibir la orden, Cosme Churruca, comandante del *San Juan Nepomuceno*, dice irritado: «El almirante francés no conoce su oficio. La flota está perdida». ¿Es cierto? Para la mayoría de los expertos, se trata, en efecto, de una decisión desafortunada, quizá coherente desde el punto de vista estratégico, pues facilita la futura huida de los barcos supervivientes en caso de una derrota, pero disparatada desde una perspectiva táctica, ya que los capitanes desconocían aún el estado de sus navíos, que no habían sido equilibrados, y no podían por ello ajustar el velamen a su andar respectivo. Además, el oleaje es fuerte y las tripulaciones no están bien adiestradas. La maniobra, en consecuencia, se desarrolla con lentitud y deja a la flota en un total desorden, a pesar de casi dos horas de agotadores esfuerzos que colocarán a los marineros de la Combinada en desventaja respecto a los ingleses, que se aproximan a todo trapo con el viento a favor, muchos de ellos tumbados sobre las cubiertas para evitar las balas aliadas. Numerosos navíos quedan a sotavento, otros se retrasan, algunos más quedan adelantados y los que tratan de alcanzar su posición anterior se encuentran el hueco ocupado por otro que no ha podido llegar más lejos o que ha llegado antes. Algunos buques llegan a chocar. Gravina anota a las diez y media de la mañana: «En facha para permitir alinearse algunos buques, el *Achille* vira en redondo y aborda al *Príncipe de Asturias* por babor, pero se separan sin averías de consideración». La Combinada queda, en

El *HMS Victory*, protagonista de la batalla de Trafalgar, por Geoff Hunt.

suma, en pésimas condiciones para abordar el inminente combate. La línea se ha roto, quedando combada hacia el Este en su centro y dividida en dos grupos, con nada menos que quince navíos fuera de ella y a sotavento, con lo que no podrían combatir en un primer momento. La teórica superioridad de los aliados se ha roto: contaban con treinta y tres navíos frente a veintisiete; ahora cuentan con dieciocho. Pero, de un modo u otro, minutos antes del mediodía, la Combinada rompe el fuego. La batalla ha dado comienzo.

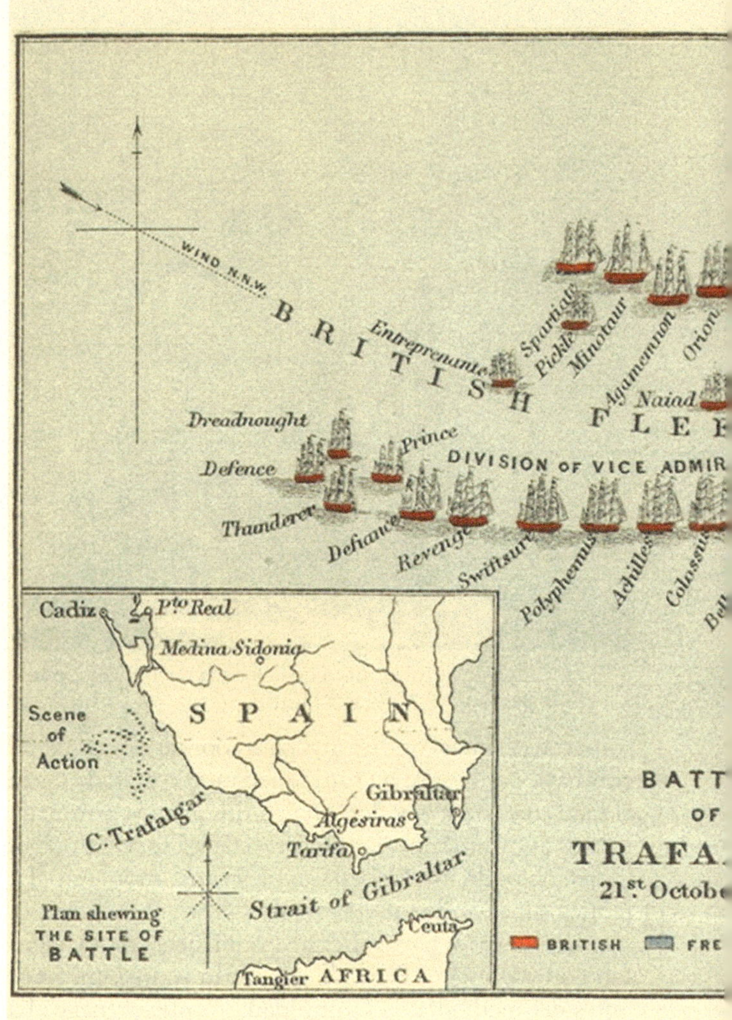
WIND N.N.W.
BRITISH
Entreprenante
Spartiate
Pickle
Minotaur
Agamemnon
Orion
Naiad
Dreadnought
Prince
Defence
DIVISION OF VICE
Thunderer
Defiance
Revenge
Swiftsure
Polyphemus
Achilles
Cadiz
Pto Real
Medina Sidonia
SPAIN
Scene of Action
Gibraltar
Algesiras
C. Trafalgar
Tarifa
Strait of Gibraltar
Plan shewing THE SITE OF BATTLE
Ceuta
Tangier AFRICA
OF
BRITISH

Situación de las flotas al inicio de la batalla según un grabado inglés contemporáneo.

La batalla

Pero narrar con algún detalle y veracidad histórica lo que acaeció desde aquel instante se nos antoja tarea imposible. Los datos de que disponemos son muy incompletos y, con mucha frecuencia, incluso contradictorios. Por supuesto, no existió un solo espectador de la batalla que pudiera contemplarla en su conjunto, a vista de pájaro, de modo que con los testimonios de los presentes viene a suceder lo mismo que con la fábula de los ciegos y el elefante: donde uno ve una serpiente el otro ve un árbol. Y cuando existe acuerdo sobre los hechos, no lo hay sobre las horas, pues los relojes de los capitanes distaban mucho de ser fiables, no estaban sincronizados entre sí y, por otra parte, nadie los consultaba en el fragor de la batalla. Un suceso tan notable como la voladura del navío francés *Achille*, que por su gran aparatosidad no podía pasar inadvertido a ningún testigo, aparece recogido en los distintos partes de los buques con una diferencia que llega a alcanzar las dos horas, entre las cinco y diez y las siete. Por otro lado, la complejidad de la batalla, en la que se superpusieron multitud de combates simultáneos entre navíos, haría muy difícil lograr una narración a un tiempo precisa y comprensible de la misma aun en el caso de que dispusiéramos de los suficientes datos contrastados para hacerlo posible. Trataremos, pues, de explicar lo que pasó sin excesivo detalle, sacrificando los árboles en beneficio del bosque, y la narración en aras de la explicación.

En ambos bandos, todos se han preparado para la batalla. Las banderas y gallardetes flamean ya en el tope de los palos. Los españoles, siguiendo su costumbre, han colgado cruces del aparejo del palo mayor y elevado una plegaria al Altísimo. En el *Bucentaure*, el buque insignia francés, Villeneuve y su estado mayor han seguido al águila imperial llevada por dos cadetes en procesión por las cubiertas del navío, y el grito ¡Viva el emperador! es coreado por las dotaciones de todas las naves galas. En la flota de Nelson, la gente de mar, tumbada sobre sus cubiertas para minimizar los daños, y los oficiales, a pie firme, imperturbables, sobre el alcázar, recuerdan las palabras que su idolatrado comandante acaba de transmitir desde el *Victory*: «England expects that every man will do his duty[43]». Los sencillos marineros de torso desnudo y cabellos grasientos, y los atildados oficiales de zapatos adornados con hebillas de plata, por lo común moradores de mundos distintos, se unen hoy en sus sueños de botín y de gloria, y ambos sienten cómo su imaginación se excita al recordar el hogar al que se saben a punto de retornar, pues ninguno de ellos duda que la victoria será suya. Poco antes, cuando los oficiales han completado su ronda de inspección por cubiertas y baterías, comprobando que todo está listo y animando a los hombres con chanzas y frases patrióticas, los prácticos marinos han cerrado sus tratos, decidiendo quién ha de quedarse sus exiguas posesiones si la muerte les visita en la batalla. Al otro lado, inclinados junto a los cañones, en sus puestos de cubierta o en el aparejo, los marinos españoles y franceses contienen la respiración; quizá se encuentran demasiado alterados para decidir nada útil. Sus encogidos corazones se debaten entre la incertidumbre y el puro miedo; para muchos de ellos,

[43] Inglaterra espera que cada hombre cumpla con su deber.

reclutados unos días antes, es su primer combate. No sueñan con el botín, ni con la gloria, sino con la mera supervivencia, que la arena esparcida por doquier para evitar las caídas provocadas por la sangre no parece augurar sencilla. «Una recompensa en el cielo, la ejecución sumaria o la miseria en la tierra: esto es todo lo que se les ofrece [...][44]».

Los buques ingleses se aproximan despacio, empujados por el suave viento, que tratan de aprovechar con todas sus velas desplegadas; ya están casi a tiro, tan cerca que pueden verse con claridad los amenazadores cañones asomando por las portas abiertas de sus troneras. Por encima de las cabezas de los hombres, un silencio ominoso envuelve la superficie del mar y las abigarradas cubiertas de los navíos; no es sino la engañosa quietud que precede a una terrible tempestad. Son las doce menos cuarto y el enemigo se halla por fin a distancia de fuego. Los navíos de la Combinada, todos a una, izan sus banderas e insignias. El *San Agustín*, de setenta y cuatro cañones, dispara; enseguida le sigue otro dos puentes español, el *Monarca*. En contra de los deseos de Nelson, su amigo Collingwood se le ha adelantado. La poderosa columna de sotavento, quince navíos encabezados por el HMS *Royal Sovereign*, es la primera en tomar contacto con la Combinada.

El gran tres puentes inglés ha descubierto una abertura entre el *Santa Ana* y el *Fougueux* y trata de introducirse por ella. Varios navíos próximos

[44] «A reward in heaven, summary execution or misery on earth; this was all that was offered to Spanish sailors». En: Howarth, David: *Trafalgar*..., p. 147.

descargan sobre él sus andanadas, pero Collingwood, que confía en la ineficacia de los artilleros aliados en el tiro a larga distancia, no se desvía de su objetivo, que no es otro que el poderoso navío español de ciento doce cañones, insignia del vicealmirante Álava. Un terrible combate singular se entabla entre ambos colosos. El español, de costado, dispara una andanada completa de sus baterías de estribor que impacta en el inglés con tanta fuerza que deja ver al escorarse varias tracas de su obra viva. Pero Collingwood, que sabe muy bien lo que quiere, no se arredra. Gracias a la habilidad de su tripulación, logra colocar su buque a la popa del *Santa Ana* y una descarga de sus cincuenta piezas de babor, cargadas con doble bala, barre el navío de enfilada hasta la proa arruinándolo todo a su paso. El efecto ha sido devastador: catorce cañones han volado y en los entrepuentes yace un centenar de muertos y heridos. «Destrozó todo», dijo después uno de los oficiales del navío al describir los efectos de la andanada inglesa. Pero es sólo el principio. Con los navíos abarloados, se inicia un sangriento combate a distancia de tiro de pistola en el que las armas cortas, los obuses y las carronadas arrasan una y otra vez las cubiertas provocando incontables heridos. El general Álava, Gardoqui, comandante del *Santa Ana*, y otros cuatro oficiales resultan heridos de gravedad, y el propio Collingwood, ante el lamentable estado de su buque, debe abandonarlo para proseguir dirigiendo la batalla desde un lugar más seguro. A la una y media de la tarde, el magnífico navío español arría la bandera. El *Royal Sovereign* se encuentra también casi desarbolado, pero su sacrificio no ha sido vano: por el hueco abierto en la línea aliada han penetrado, uno tras otro,

Pintura de Richard Grenville que representa el momento en que el *Royal Sovereign* atraviesa la línea. A la izquierda puede verse el *Santa Ana*.

todos los navíos de su columna, enzarzándose con los españoles y los franceses en una colosal *mêlèe* de combates particulares en los que los ingleses, gracias a la mayor destreza de sus tripulaciones, siempre llevan las de ganar.

Se enfrentan así en abigarrados grupos el inglés *Belleisle*, que seguía al *Royal Sovereign*, con el español de setenta y cuatro *San Juan Nepomuceno*, comandado por el brigadier Cosme Churruca, y los franceses *Indomptable* y *Fougueux* que, dando por ganado el combate al ver desarbolado al inglés, lo abandona enseguida para acudir en ayuda del *Bucentaure*. Mientras, el *Bellerophon* corre la línea en dirección al francés *Aigle*, con el que inicia un duro combate enseguida complicado por la presencia en ayuda del navío galo de los españoles *Monarca*, *Bahama* y *Montañés*, y el francés *Swift-Sure,* y del *Colossus* que seguía al *Bellerophon* en la columna de Collingwood. De la refriega salen malparados todos los participantes, retirándose algunos para reparar sus daños antes de reincorporarse.

Pero mucho más relevante es el combate que, algo más al Sur, tiene como protagonista al buque insignia de Gravina, el tres puentes *Príncipe de Asturias*, de ciento doce cañones. Lo atacan primero los navíos *Defiance* y *Revenge*. El *San Ildefonso*, que se encuentra delante, vira en redondo para equilibrar la pelea y se coloca al otro costado del *Defiance*, cañoneándolo a placer. Pero al observar la maniobra, los navíos ingleses *Polyphemus* y *Thunderer* acuden en auxilio de sus compañeros. El demoledor ataque fuerza al *San Ildefonso*, tras una defensa desesperada, a arriar la bandera. El *Príncipe de Asturias* se queda solo, pero soportará aún varias horas el embate enemigo. El *Defiance* se retira, pero otros navíos ingleses de setenta y cuatro cañones, el *Swiftsure*[45] y el *Defence*, acuden enseguida a sustituirle. Todavía soporta el buque español sus andanadas cuando se suma a la lucha un enemigo terrible, el *Dreadnought,* un gran tres puentes de noventa y ocho cañones, cuya sola presencia pone fin al combate[46]. Gravina y el brigadier Rafael de Hore están heridos; el palo de mesana y el trinquete se han venido abajo, y las bajas son cuantiosas. Pero el *San Justo* y el *Neptune* consiguen llegar hasta el buque insignia español y lo salvan, mientras los ingleses van en busca de otras piezas.

Pronto las encuentran. Combates encarnizados se libran a escasa distancia de allí entre el infatigable *Belleisle*, pronto auxiliado por el *Polyphemus* y el *Argonauta*, un moderno navío español de ochenta cañones que se verá forzado a rendirse ante la acometida simultánea de sus dos enemigos. Mientras, el *Mars* lucha contra el *Pluton* y el *Algesiras* del irascible contralmirante Magon, ayudado por el *Monarca y el San Juan Nepomuceno*, salvándose del desastre gracias a la intervención del *Tonnant*, también de ochenta cañones, y el *Bellerophon*, recuperado de su combate anterior, de lo que resulta la rendición del *Algesiras* y la muerte de Magon. También rendiría el incansable navío al *Aigle* y al *Monarca,* completamente agotados por la lucha. Poco después, pasadas ya las tres de la tarde, caerá el *Bahama* de Alcalá Galiano, que perecerá también en combate, así como el *Berwick* y el *Argonaute*. Igual suerte habrá de correr el *San Juan*

[45] No debe confundirse con el francés de nombre similar.

[46] Según otras versiones se trata del HMS *Prince*, de igual porte que el *Dreadnought*, que lo seguía en la columna de Collingwood.

Nepomuceno, que termina barrido simultáneamente por varios navíos, pero sólo se rinde al gigantesco *Dreadnought*, y ello tras haber perecido al fin su indómito comandante, el brigadier Cosme Damián Churruca, que ha dirigido los últimos estertores del combate con el muñón de su pierna derecha en un barril de arena. La victoria inglesa, así las cosas, parece cada vez más cerca. La doctrina de la superioridad local, rompiendo la línea para colocar a cada navío enemigo bajo el fuego de dos o más ingleses, había funcionado a la perfección. Los barcos de Nelson han corrido la línea, derrotando uno tras otro a sus enemigos sin que, en la mayoría de los casos, hayan podido estos responder con la misma moneda. La superioridad de los planteamientos tácticos ingleses se muestra así con prístina claridad. Hacia las cuatro de la tarde, nada menos que nueve navíos aliados, de los dieciséis que formaban la retaguardia, han arriado su bandera. Y aún habrán de añadirse algunos más. El *San Ildefonso* lo hace al *Defence* sobre las cuatro y media. Peor suerte corre el *Achille*, que, atacado a un tiempo por tres navíos enemigos, termina por volar en pedazos sobre las seis de la tarde.

Mientras tanto, en el centro de la línea aliada, el *Victory* había tratado de pasar entre el grandioso *Santísima Trinidad* y el *Bucentaure*, el buque insignia de Villeneuve. Pero el resuelto jefe de escuadra Hidalgo de Cisneros, que se encuentra junto al brigadier Uriarte en el puente del coloso, logra pegar su barco al del francés, cerrando con ello el hueco. Nelson no duda. Si es necesario, usará su proa como ariete. Cuando el capitán de su navío, Thomas Hardy, le pregunta a qué barco debe embestir, el vicealmirante le responde: «No

El *Bucentaure,* por Geoff Hunt. El navío insignia de Villeneuve en Trafalgar era un moderno dos puentes de ochenta cañones, el tipo de barco por el que había apostado la Marina francesa en lugar de los costosos navíos de tres puentes.

importa contra qué barco arremetamos; haz el favor de abordar el que más te guste, elige tú». Hardy se lanza entonces contra el *Bucentaure* y su matalote de popa, el *Redoutable*, del menudo pero intrépido capitán Jean-Jacques Lucas, así, por mero azar, llamado a jugar un papel determinante unas pocas horas después en el destino de Nelson, pues de sus cofas partirá la bala que lo conducirá a la muerte.

Villeneuve, que teme lo peor, manda en aquel momento hacer señales al contralmirante Dumanoir, jefe de la división de retaguardia, ahora en vanguardia, para que acuda a reforzar el centro de la línea de batalla, pero Dumanoir, para sorpresa de los presentes, no parece percatarse en absoluto y prosigue rumbo norte, alejándose de la acción. Quizá la batalla se encuentra entonces en su punto crítico. «La estrategia de Nelson –escribe Roy Adkins en su detallada descripción del combate– dependía de que los buques de la vanguardia francesa tuviesen dificultades para virar y no lograsen por tanto auxiliar al resto de la línea de batalla hasta que fuese ya demasiado tarde, de modo que cuanto más se alejase Dumanoir del resto de la flota, más posibilidades tenían los británicos de obtener la victoria. Con la falta de entendimiento entre Dumanoir y Villeneuve, desde el punto de vista estratégico, la Flota Combinada ya había perdido la batalla, aunque aún no habían pasado treinta minutos desde que se disparó el primer cañonazo[47]».

Por fortuna, un importante grupo de navíos, los españoles *San Agustín, San Francisco* y *Rayo*, y el francés *Heros*, deciden dar la vuelta y dirigirse en ayuda del centro de la línea. Quizá sea demasiado tarde. El *Bucentaure*, un hermoso dos puentes de ochenta cañones, está sufriendo un castigo terrible. Una mortal andanada en enfilada ha atravesado su popa, desmontándole veinte cañones y arrasando sus cubiertas inferiores. Lucas, que ha entrenado a su tripulación para el abordaje, intenta ayudar a su comandante lanzando los garfios, pero el *Victory*, de tres cubiertas, es mucho más alto que un navío ordinario de setenta y cuatro cañones como el *Redoutable*. Incluso el aguerrido Lucas ha de reconocer que el abordaje resulta imposible, de modo que son los tiradores apostados en las cofas del navío francés los que cobran protagonismo barriendo con sus descargas la cubierta del inglés. En el fragor del

[47] Adkins, Roy. *Trafalgar*..., p. 157.

combate, uno de ellos ve sobre la toldilla una delgada figura en uniforme de gala en cuyo pecho brillan numerosas condecoraciones. Sin pensárselo dos veces, apunta y dispara sobre ella. El vicealmirante Nelson, que dirigía el combate sin protección alguna desde el alcázar del *Victory*, cae al suelo mortalmente herido. «Han acabado conmigo, Hardy» –dice a su amigo, el capitán del *Victory*, que acude de inmediato a socorrerlo–. Y no se equivoca. La bala le ha atravesado la espalda y le ha roto la columna vertebral. Son las 13 horas y 25 minutos de la tarde. Aún sobrevivirá unas pocas horas, las suficientes para saber que su flota ha conseguido una victoria aplastante y encomendar a su compañera del alma, Emma Hamilton, y a la hija de ambos, la pequeña Horatia, de sólo cuatro años, al pueblo de Inglaterra. El héroe se ha convertido en mártir, sumándose así los dos ingredientes necesarios para construir el desmedido mito histórico en que se convertirán tanto el almirante como la misma batalla en la que pereció, cuya importancia histórica se magnificará muy por encima de la verdadera dimensión de sus consecuencias.

La batalla se encuentra ahora en su punto álgido. En las cubiertas, la arena se ha empapado en sangre, que resbala por los costados de los buques, muchos de ellos convertidos en desvencijadas montañas de madera sin mástiles ni aparejos que cabecean envueltos en una densa nube de polvo y humo sobre un oscuro mar escarlata de tanto en tanto alumbrado por los fogonazos de los disparos. Mientras, en las entrañas de aquellos leviatanes sin alma, el olor acre de la pólvora, el sudor y la sangre se mezcla con el insoportable hedor del vómito, que envuelve a los hombres semidesnudos y ennegrecidos por el humo como un repugnante

La muerte de Nelson, por Denis Dighton.

manto del que no pueden zafarse y que tratan de olvidar mientras se mueven como autómatas, cargando los cañones y disparándolos una y otra vez en una película interminable, en cuya banda sonora, insensibles ya los oídos al estruendo incesante de los disparos, no hay ya lugar para otros sonidos que los que se escuchan en el interior de las cabezas.

A pesar de ello, la batalla continúa. El buque insignia inglés está a punto de ser tomado, pero en su ayuda viene el *Temeraire*, un poderoso tres puentes de cien cañones, por el costado desprotegido del *Redoutable*, y lanza una terrible andanada que produce una carnicería en el barco francés. Entonces, el *Fougueux*, dañado tras su combate con el *Royal Sovereign* y el *Belleisle*, llegan para socorrer al *Redoutable*, y los cuatro barcos quedan enganchados por sus costados. El *Redoutable* pierde el palo mayor y el de mesana, su castillo de popa resulta arrasado y cinco sextas partes de su tripulación queda fuera de combate, por lo que no le queda sino rendirse. El *Bucentaure* continúa, pues, junto al *Santísima Trinidad* rodeado de barcos enemigos. Más de la mitad de su tripulación y oficiales están heridos o muertos, y un enajenado Villeneuve recorre la cubierta diciendo «Entre la carnicería que me rodea, ¿no hay una bala destinada a mí?». Poco después, tras haber arriado también su bandera, el vicealmirante es apresado y trasladado a un barco inglés.

El *Santísima Trinidad* se queda entonces solo. Lo rodean siete navíos ingleses, pero todavía sostiene el fuego. El capitán del *África* envía un oficial a aceptar la rendición del navío, pero es cortésmente escoltado de vuelta a su bote y se reanudan los disparos por más

El *Santísima Trinidad*, por Geoff Hunt. El navío español, único en el mundo con cuatro puentes, no iba pintado a listones amarillos y negros, como era reglamentario en la Real Armada en 1805, sino con franjas rojas y blancas.

de una hora, hasta que no quedan hombres bastantes ni para manejar las bombas de achique, y menos aún los cañones. Sólo entonces se rinde el mítico coloso que los ingleses llevaban años soñando con apresar. Ya no es más que una gigantesca carcasa sin vida que se mantiene a flote por la sola y tenaz flotabilidad de sus magníficas maderas tropicales, mientras los tripulantes de los barcos británicos *Ajax* y *Revenge* tiran a los muertos por la borda y bajan todos los heridos que pueden a los botes. No es la única víctima de aquel combate épico. El *San Agustín*, que se había dirigido en ayuda del coloso moribundo, es interceptado por el *Leviatán*. No hay ventaja por ninguna de las partes, pero al poco llegan, como es habitual, el

Orion y el *Ajax* en ayuda del navío inglés y juntos, al cabo de una hora, rinden al *San Agustín.*

Son las dos y cuarto. Dumanoir, al ver la situación del centro decide por fin dirigirse en su ayuda, pero al acercarse observa, según explicará luego, que todo está perdido y que la victoria inglesa es inevitable. Entonces recorre la fragmentada línea disparando algunos cañonazos, algunos de ellos dirigidos sobre los navíos aliados que acaban de rendirse a los ingleses, y toma de nuevo rumbo oeste para huir de la batalla. Trata, dice, de salvar lo que puede de la masacre. Van con él el *Mont-Blanc*, el *Duguay-Trouin*, el *Scipion*, el *Formidable*, el *Intrepide* y el *Neptuno*, un hermoso dos puentes español de ochenta cañones mandado por el brigadier Cayetano Valdés. Los dos últimos, sin duda indignados por la incalificable conducta de su superior, no desean abandonar la batalla sin participar en ella, de modo que ignoran las órdenes y cambian de rumbo para combatir. Pero su tardía intervención no mejora ya la situación de la escuadra aliada, que sabe firmada su sentencia de muerte. No llegarían muy lejos los navíos de Dumanoir. El 2 de noviembre, su división fue descubierta por otra inglesa comandada por el comodoro Sir Richard Strachan, que venció a los cuatro navíos franceses y los apresó.

Así será a las pocas horas. El resto de los navíos del centro, ya en clara inferioridad, van sufriendo el ataque simultáneo de pequeños grupos de navíos ingleses, que fuerzan su rendición. El *Intrepide*, que trataba de ayudar al *Bucentaure* y al *Santísima Trinidad*, es atacado a un tiempo por el pequeño *África*, de sesenta y cuatro cañones, el *Leviathan* y el *Orion*, ambos de setenta y cuatro, y luego, cuando logra acercarse a los dos buques aliados, le atacan también el *Conqueror*, el *Ajax* y el *Agamemnon*, de setenta y cuatro cañones los dos primeros y de sólo sesenta y cuatro el último. Es demasiado. Desarbolado y sin poder moverse, no le queda sino rendirse.

No es mucho mejor el destino del *Neptuno* del brigadier Valdés. Llegado también al centro en ayuda de los navíos de Villeneuve y Cisneros, recibe enseguida el ataque simultáneo del *Minotaur* y el *Spartiale*, ambos de setenta y cuatro cañones. Herido e inconsciente Valdés, sus oficiales determinan rendirse, como el propio brigadier refleja en el parte de aquel día «[...] algunos minutos antes de ponerse el sol, hallándose con treinta muertos y cuarenta y siete heridos, enteramente desarbolado haciendo bastante agua y abrumado del superior número de los enemigos que se cebaron sobre mi navío, que fue el único que estaba en aquellas aguas[...]».

Mientras, los otros navíos que se habían desgajado de la división del innoble Dumanoir, los españoles *Rayo*, viejo pero poderoso tres puentes de cien cañones, y *San Francisco de Asís*, de setenta y cuatro, y el francés, también de setenta y cuatro, *Héros*, no llegan a tiempo de auxiliar al *Santísima Trinidad* ni al *Bucentaure*, pero sí de enfrentarse al poderoso inglés *Britannia*, un sólido tres puentes de cien cañones, con el que luchan con cierto efecto. Pero ya es tarde. La batalla está perdida y el almirante Gravina, que manda la Combinada tras el apresamiento de Villeneuve, ha ordenado que los navíos aliados que puedan hacerlo se agrupen en torno al maltrecho *Príncipe de Asturias* y se dirijan con él hacia Cádiz. Lo consiguen a duras penas los franceses *Neptune*, *Argonaute*, *Héros*, *Pluton* e *Indomptable* y los españoles *San Leandro*, *San Justo*, *Montañés*, *San Francisco de Asís* y *Rayo*, que, poco a poco, van poniendo rumbo al puerto gaditano. De los treinta y tres navíos que formaban la

Flota Combinada regresaban tan sólo once. La victoria inglesa quizá no había sido total, como soñara Nelson unas horas antes de su muerte, pero sí aplastante. Sus barcos se habían hecho con nada menos que diecisiete navíos aliados sin haber perdido ninguno, aunque un buen número se encontraban bastante dañados. Sin embargo, los últimos pensamientos del vicealmirante no son ya para su flota, sino para Emma y Horatia: «[...] cuida de mi querida lady Hamilton, Hardy –dijo poco antes de morir al capitán del *Victory*–; cuida de la pobre lady Hamilton. Bésame, Hardy», y unos minutos después repetía al doctor Scott: «Recuerde que dejo a lady Hamilton y a mi hija Horatia como un legado a mi país. Nunca olvide a Horatia». Minutos después expiraba. Eran las cuatro y media de la tarde. A las cinco y media se rendía el *Santísima Trinidad* y Gravina emprendía la retirada. La batalla había concluido, dejando como único recuerdo un panorama desolador que ha sido pictóricamente descrito por Benito Pérez Galdós:

> Por todos lados descubríamos navíos dispersos, la mayor parte ingleses, no sin grandes averías y procurando todos alcanzar la costa para refugiarse. También los vimos españoles y franceses, unos desarbolados, otros remolcados por algún barco enemigo. Marcial reconoció en uno de estos al *San Ildefonso*. Vimos flotando en el agua multitud de restos y despojos, como masteleros, cofas, lanchas rotas, escotillas, trozos de balconaje, portas, y, por último, avistamos dos infelices marinos que, mal embarcados en un gran palo, eran llevados por las olas y habrían perecido si los ingleses no corrieran al instante a darles auxilio.[48]

[48] Pérez Galdós, Benito. *Trafalgar*. Madrid: Club Internacional del Libro, 2003. p. 56.

La tempestad

Sin embargo, lo peor de aquel día sangriento aún estaba por llegar. Tanto Federico Gravina como el mismo Horatio Nelson, ambos expertos marinos además de hábiles comandantes, habían consultado los barómetros horas antes de la batalla. De su lectura habían extraído una conclusión lógica: se aproximaba una tempestad.

En la era de la navegación a vela, cuando esto sucedía no quedaba a los comandantes sino refugiarse en puerto o, si esto no era posible, anclar sólidamente sus buques para evitar que el oleaje los destruyera. Así lo había ordenado Nelson en su lecho de muerte a Thomas Hardy, el capitán del *Victory*, y así lo dijo este al propio Collingwood, su sucesor natural al mando de la flota. Pero el vicealmirante inglés no hizo ningún caso de la orden postrera del héroe muerto. «¿Anclar? –parece que respondió– ¡Es lo último que se me hubiese ocurrido!». No sabemos qué motivó tan irresponsable actitud. Collingwood estaba sometido en ese instante a una gran tensión. Estaba herido en una pierna; le habían golpeado varias astillas en distintos momentos del combate; había llegado a rozarle una bala de cañón, y acababa de sufrir la pérdida irreparable de su amigo y de muchos otros camaradas. Pero el temple de un jefe se demuestra precisamente en momentos como ese y el viejo Collingwood demostró entonces carecer de él. El resultado fue que muchos buques capturados se perdieron. Algunos de ellos encallaron o se hundieron en la tempestad, pero otros fueron represados por sus propias tripulaciones, lo que disminuyó en mucho el saldo de una batalla que había concluido en victoria aplastante de los ingleses.

No se trató de una casualidad. Poco después de llegar a Cádiz los restos de la Combinada, su Mayor General, el jefe de escuadra Antonio Escaño, el único almirante de la flota que no había resultado muerto o herido, convocó a sus mandos más importantes y juntos resolvieron, a iniciativa de un capitán francés, organizar de inmediato una pequeña división que partiría enseguida al objeto de dar alcance a los navíos ingleses rezagados o aislados y arrebatarles las presas cobradas en la batalla.

Así se hizo en unas pocas horas, y la improvisada agrupación, al mando del capitán francés Cosmao Kerjulien, quedó formada por los navíos franceses *Héros, Indomptable*, *Neptune* y *Pluton,* y los españoles *San Francisco de Asís*, *Rayo* y *Montañés*, a los que se sumaron las cinco fragatas francesas, muy bien artilladas y en buen estado por no haber participado en el combate. Se trataba, al menos sobre el papel, de una decisión acertada. En el terrible fragor de la tempestad, los navíos ingleses no tendrían más salida que la de separarse, debilitándose frente a cualquier posible acción concertada de un grupo de buques aliados que actuaran por sorpresa. Sin embargo, la fuerza de la tormenta fue superior a la prevista, por lo que algunos barcos represados se perdieron luego y también lo hicieron algunos de los enviados en su ayuda. Entre los recuperados figuraron el poderoso *Santa Ana* y el moderno *Neptuno*, cuyas fragatas de remolque fueron atacadas con éxito y tuvieron que huir dejando sus presas. Pero si bien el primero de ellos logró alcanzar el puerto de Cádiz y salvarse, el segundo no lo conseguiría, pues aunque sí alcanzó la rada gaditana, el temporal se hizo tan virulento en la noche del 23 que sus amarras se rompieron y fue a estrellarse contra las rocas. Otros navíos lograron liberarse solos. Tal fue el caso del *Algesiras*, cuya dotación se sublevó contra la tripulación británica de presa y logró enfilar el navío hacia Cádiz y salvarlo. También se sublevó la del *Aigle*, pero en este caso con infeliz resultado, ya que el navío recuperado terminó varando al soltarse las amarras que lo mantenían a salvo en la bahía gaditana, aunque los franceses lo recuperarían tiempo después. Y lo mismo le ocurrió al *Bucentaure*, que se fue a pique no mucho después de ser rescatado por su tripulación. Además de estos, los ingleses perdieron en el temporal otros ocho navíos, que se hundieron en las proximidades de la bahía de Cádiz. Se trata de los buques españoles *Bahama*, *San Agustín*, *Monarca*, *Argonauta* y *Santísima Trinidad*, y los franceses *Berwick*, *Fougueux* e *Intrépide*. De este modo, la imprevisión de su comandante dejó a la flota inglesa con sólo tres navíos de los diecisiete apresados inicialmente: el *Swiftsure*, el *San Ildefonso* y el *San Juan Nepomuceno*.

Por desgracia, los aliados no sólo no pudieron recuperar la mayoría de esos barcos, sino que incluso perdieron alguno de los enviados en su ayuda. Es el caso del veterano *Rayo*, que fue capturado por el inglés *Donegal* e incendiado el 31 de octubre, y también del *Indomptable* y el *San Francisco de Asís*, que terminaron por hundirse como resultado de los nuevos daños causados por la tempestad. En suma, para recuperar sólo tres navíos, el *Santa Ana*, el *Algesiras* y el *Aigle*, se habían perdido otros tres, aunque entre los primeros hubiera que contar al poderoso navío español de tres puentes, uno de los mejores con que nunca contó la Real Armada.

Mientras esto sucedía, la ciudad de Cádiz comenzaba a vivir en primera persona los efectos de la terrible batalla que se había librado frente a sus costas. Las playas quedaron muy pronto cubiertas de cadáveres, despojos humanos y restos de los navíos naufragados. Se tardaron diez días en evacuar a los dispensarios de la ciudad, enseguida atestados, los heridos de los barcos que habían logrado entrar en puerto. Las iglesias y los conventos se tornaron de pronto improvisados hospitales de campaña. Las calles se llenaron de mujeres que lamentaban a gritos la pérdida de maridos, hermanos o hijos, y marineros supervivientes que vagaban por doquier sin rumbo fijo, todavía conmocionados por la batalla. La ciudad entera se volcó con los heridos, sin distinción de nacionalidad, aunque era el sentir general que los ingleses merecían mucho mejor trato que los franceses, que habían conducido una vez más a España hacia el desastre. Y cuando llegó por fin el inevitable momento del intercambio de prisioneros, las autoridades españolas se mostraron tan comprensivas con las británicas como era posible. En el ambiente se respiraba ya el anticipo de lo que allí habría de suceder tres años más tarde.

Un balance

¿Cuál fue, entonces, el balance definitivo de la batalla? Vayamos por partes. En cuanto a los buques, los ingleses no habían perdido ni uno solo de los veintisiete con que habían entrado en combate, aunque algunos de ellos, como el mismo *Victory*, estuvieran muy dañados. Los españoles, sin embargo, debían lamentar la pérdida de dos terceras partes de los presentes en el combate, pues habían regresado a Cádiz sólo cinco de los quince que habían aportado a la flota Combinada. Bien es cierto, no obstante, que entre ellos figuraban algunos de sus mejores navíos, como los tres puentes *Santa Ana* y *Príncipe de Asturias*, de ciento doce cañones, aunque también otros no tan buenos, como el *San Justo* y el *Montañés*, de setenta y cuatro, y el pequeño *San Leandro,* de sólo sesenta y cuatro bocas de fuego. Respecto a los franceses, conservaban tan sólo cinco de los dieciocho navíos aportados a la Combinada, el de ochenta cañones, *Neptune*, y los de setenta y cuatro, *Argonaute, Héros, Algesiras,* y *Pluton*. El desastre para la Armada francesa había sido, pues, considerable, y aún se acrecentaría más cuando, en junio de 1808, poco más de un mes después de que el pueblo español se alzara en armas contra el ejército de Napoléon, la Armada española apresó los buques franceses que continuaban en Cádiz al mando del vicealmirante Rosily. El balance final sería, de este modo, catastrófico para los franceses, que no logaron conservar ni uno sólo de los navíos que combatieron en Trafalgar, pero un poco menos para los españoles, que, al sumar a la Real Armada los capturados en Cádiz, veían reducidas sus pérdidas a cinco buques, aunque entre ellos se contaran algunos tan magníficos como el Sal Ildefonso y otros tan simbólicos y poderosos como el *Santísima Trinidad* y el *Rayo*.

Algo similar vino a suceder con las pérdidas humanas. Ascendieron estas a cuatrocientos cuarenta y siete muertos y mil doscientos sesenta y dos heridos en el caso de los británicos. Pero estas cifras, que tienen carácter oficial, no se ajustan demasiado a la realidad. Los barcos apresados por los ingleses llevaban a bordo un millar de tripulantes de esta nacionalidad, necesarios para controlar a sus dotaciones y manejar los navíos, y muchos de ellos debieron de perecer en los combates entablados para represar los barcos, ahogados cuando estos se fueron a pique o fallecidos de sus heridas en los hospitales gaditanos. Los españoles, por su parte, tuvieron mil cincuenta y siete muertos y dos mil cuatrocientos treinta y seis heridos, y los franceses, tres mil trescientos ochenta y seis muertos y mil ciento sesenta y dos heridos, abultada cifra que se explica por la pérdida completa de la dotación del *Achille*, volado, como se recordará, al final de la batalla.

9

Y Britania gobernó las olas...

They had an empire; they give it all away
Their finest hour seems only yesterday
They still remember when Britannia ruled the waves
She ruled the waves, she ruled the waves (yeah)
Yeah, the simple life.
British politician giving a speech
We conservatives have always maintained the need
For an experiment
With a tougher regime
For depriving young football hooligans
Of their leisure time.[49]

Gerry Rafferty: Gerry Rafferty*:*
Garden of England

[49] Tuvieron un imperio, lo tiraron por la borda / Su mejor hora parece sólo ayer / Ellos todavía recuerdan cuando Britania gobernaba las olas / gobernaba las olas, gobernaba las olas / Sí, la vida sencilla / Un político británico pronunciando un discurso / Nosotros, los conservadores, sostuvimos la necesidad / de un experimento / con un régimen más duro / para privar a los jóvenes hinchas del fútbol / de su tiempo de ocio.

¿Una batalla decisiva?

Aún son muchas las obras escritas sobre la batalla de Trafalgar que acompañan su nombre de exagerados epítetos y la incluyen en la categoría de los combates más decisivos de todos los tiempos, al mismo nivel, y aun superior, de Maratón, Zama o Lepanto. Y ello sería así porque, gracias a su aplastante victoria aquel sangriento 21 de octubre de 1805, Gran Bretaña se habría convertido en la primera potencia naval del mundo hasta el final de la Primera Guerra Mundial, factor decisivo, a su vez, en la consolidación, primero, y la expansión, después, del que habría de ser el imperio colonial más extenso de la historia. Tras esta interpretación subyace el convencimiento de que el triunfo de Nelson habría servido, por si solo, para impedir la invasión francesa de las Islas Británicas y, por ende, desempeñado un papel determinante en la posterior derrota de Napoléon. Y en cuanto a los españoles, se ha convertido en un lugar común afirmar que la derrota de Trafalgar fue la más relevante nunca sufrida por la Armada española, hasta tal punto que a ella se debe la independencia de las colonias americanas y la pérdida para España de la condición de gran potencia.

Sin embargo, nada de esto es cierto, o, en el mejor de los casos, sólo lo es con muchas matizaciones que excluyen por completo corolarios tan contundentes. Después de agosto de 1805, en el marco de la estrategia europea global de Napoleón, la invasión de las Islas Británicas había dejado ya de resultar una posibilidad interesante. El punto de mira del emperador se encontraba entonces en el Este del continente, el lugar del que provenía la doble amenaza de Viena y Moscú, encarnada en los poderosos ejércitos austro-rusos que se encaminaban hacia las fronteras orientales de Francia, y el centro de sus esfuerzos no era ya, por ende, el océano, sino la tierra. Como consecuencia de ello, a finales del verano de 1805, la flota Combinada había pasado a ocupar un lugar del todo secundario, que no era otro que el de servir de ala derecha flotante en el imparable avance de los victoriosos ejércitos imperiales hacia Alemania. Por esta razón, su derrota, que ni siquiera fue sentida como una grave pérdida por el propio Napoleón, y mucho menos por el pueblo francés, ni alejó definitivamente una invasión de Gran Bretaña a la que ya había renunciado por completo el emperador, ni alteró de forma significativa sus planes a corto o largo plazo. Tras derrotar de manera definitiva a la Tercera Coalición en la batalla de Austerlitz, en diciembre de 1805, cuando el soberbio corso vuelva de nuevo los ojos hacia los ingleses, su apuesta, mucho más racional y eficiente ahora, será económica antes que naval y no apuntará hacia el sólido muro de madera que defendía las costas británicas, sino a los cimientos mismos de su poderío: su comercio y su industria. En este sentido, de haberse podido llevar a cabo por completo y durante el tiempo suficiente, el denominado bloqueo continental constituía sin duda una estrategia mucho más inteligente y devastadora que la invasión por mar.

Por otra parte, la flota francesa, gracias a los esfuerzos constantes de Decrès, mucho mejor ministro que almirante, y más eficaz como organizador que como consejero, se recuperó pronto del desastre. La ambiciosa política de construcciones navales auspiciada por este permitió que en torno a 1815 Francia contara con ciento tres navíos de línea y ciento cincuenta y siete fragatas, lo que suponía, nada menos, que ochenta y seis navíos nuevos en diez años. No eran suficientes, desde luego, para disputar a la *Royal Navy* el dominio de los mares, pero sí para mantenerla ocupada y alimentar las pretensiones napoleónicas de hacer de Francia una gran potencia colonial, algo que llegaría a ser de nuevo, a pesar de la hegemonía naval británica, unas pocas décadas después. No se libró, desde luego, ninguna nueva gran batalla, ni se produjo ningún intento de cuestionar lo que ya parecía incuestionable. Pero lo cierto es que esa gran batalla nunca la habían buscado los franceses –ni los españoles–, sino los ingleses. En lo que respecta a su estrategia naval global, después de octubre de 1805, los planteamientos del Gobierno galo siguieron siendo los mismos que antes de esa fecha: forzar a los británicos a invertir más y más dinero en su flota para evitar que la Marina francesa pusiera en peligro su hegemonía. Por ello, si la debacle de Trafalgar tuvo en la Administración gala algún efecto relevante, no fue de índole material, sino, en el mejor de los casos, psicológico. Para los almirantes del país vecino, la guerra contra la poderosa Armada inglesa había acabado. Ya no cabía pensar siquiera en hablar de igual a igual con sus navíos ni en disputarle el dominio de los mares. La pugna que franceses, ingleses y españoles habían sostenido por el señorío sobre el océano a lo largo del siglo XVIII había concluido con la victoria inglesa.

Mucho más discutible es la afirmación de que Trafalgar salvó a Gran Bretaña de una invasión francesa. Si el resultado del combate hubiera sido el contrario, los ingleses no habrían perdido más allá de unos pocos navíos que en nada habrían alterado el balance de fuerzas navales entre los dos bandos. Además, franceses y españoles habrían tenido que pagar para lograrlo un alto precio en forma de navíos perdidos o dañados, y la invasión habría resultado igual de difícil. Si esta no se produjo, no fue porque la Combinada resultara derrotada en Trafalgar, sino porque Napoleón escogió al fin, cuando se vio obligado a hacerlo, la estrategia correcta, levantó el gigantesco campamento de Boulogne y se puso a la cabeza de sus tropas en dirección al Rin.

Tampoco es cierto en modo alguno que la victoria de Trafalgar asegurase a Gran Bretaña ciento cincuenta años de hegemonía naval mundial. Si existe un momento decisivo de esa hegemonía no es 1805, sino 1783. Fue entonces cuando los gobernantes ingleses, conscientes de los nocivos efectos que había tenido sobre el curso de la guerra contra las colonias rebeldes de Norteamérica el abandono de la flota durante los diez años anteriores, tomaron las decisiones que otorgaron a aquella una ventaja decisiva sobre sus competidoras, la Real Armada española y la Marina francesa, en número y calidad de sus buques. Y no cabe olvidar tampoco que tras esa ventaja se encontraba el proceso histórico más relevante que no sólo Gran Bretaña, sino también la humanidad en su conjunto, había vivido desde la invención de la agricultura: la revolución industrial. Sin su concurso, la *Royal Navy* quizá no habría ganado la pugna secular que libraba con franceses y españoles y, desde luego, Gran Bretaña no se habría convertido nunca en la potencia hegemónica que fue a partir de 1815.

Las heridas de Gravina

Nos quedan por analizar los efectos de la derrota sobre la Armada española y sobre la misma España. Se ha dicho con no poca exageración que Trafalgar, al cortar los lazos de la España peninsular con sus virreinatos y capitanías generales, propició la quiebra del comercio español con sus colonias y, a medio plazo, supuso la independencia de estas. Pero tampoco estas afirmaciones se compadecen demasiado con la realidad. En primer lugar, es necesario tener presente que la Real Armada contaba aún con una fuerza de cuarenta y cuatro navíos de línea y más de una treintena de fragatas, número que parece más que suficiente para asegurar la defensa del Imperio, las rutas comerciales que lo unían con la península y la llegada de la plata americana a las arcas del rey de España. De hecho, la reacción de Godoy al saber de la derrota no fue otra que la de ordenar la puesta en servicio de todos los navíos disponibles. Gravina, el almirante que había mandado los buques españoles de la Combinada, se encontraba herido de gravedad y pronto habría de morir a consecuencia de esas lesiones. Pero ese no tenía por qué ser el trágico destino de la Real Armada. Como el valido señalaba en una carta al vicealmirante Antonio de Escaño fechada el 4 de noviembre de 1805:

> Bien lejos de desalentarnos por esta desgracia, debemos poner en acción todos los medios imaginables para reparar los buques que admitan pronta composición, y armar los que estén en estado de ella en ese arsenal, eligiendo los mejores, y si todavía sobrase gente, armando aun los que no son tan buenos, porque al fin es preciso sacar partido de cuanto tenemos. Dígalo V.S. de mi orden al general Gravina, para que haciéndose informar de los recursos que haya en el arsenal de La Carraca, se ponga todo en contribución a fin de armar las fuerzas posibles, habilitando un navío después de otro, si los medios y auxilios no diesen ahora para más.[50]

[50] Cayuela, José y Pozuelo, Ángel. *Trafalgar…*, p. 604.

Y daban para bien poco. Para armar algunos buques hubo que desarmar e incluso desguazar otros, bien que los menos útiles para el combate, que fueron sacrificados en beneficio de las mejores unidades. No se llegaría, por supuesto, a embarcar a la Armada en una nueva batalla a gran escala, pues los grandes navíos disponibles no llegaron nunca a encontrarse en perfectas condiciones y el propio Napoleón había perdido todo interés en los asuntos del océano. Pero aún se produjeron más de cuarenta pequeños combates entre unidades españolas e inglesas hasta mayo de 1808 y la guerra de corso se mantuvo muy activa durante aquellos meses. Por supuesto, el combate decisivo se libraba en torno a los virreinatos americanos y las rutas comerciales que los unían con España. El Gobierno inglés había comprendido ya que era en sus colonias donde, dado el estado de postración de la Real Armada, podía asestar el golpe definitivo a España. Sin embargo, tardaría aún algún tiempo en alcanzar sus objetivos. Durante los tres años siguientes, y aun después, mientras la península se desangraba en su lucha contra los ejércitos napoleónicos y, entonces sí, se rompían del todo los lazos comerciales entre Madrid y sus virreinatos, estos se defendieron muy bien solos y ningún intento inglés de apoderarse de territorios americanos, en especial el lanzado sobre el Río de la Plata, resultó coronado con el éxito.

La Armada estaba, sí, en muy mal estado después de la batalla de Trafalgar, pero lo estaría mucho peor a lo largo de los años posteriores. En diciembre de 1805 eran treinta y nueve los navíos de línea útiles a disposición de sus jefes; en 1820, quedaban ya tan sólo diecisiete, y unos años después, cuando llegaba a su fin el desastroso reinado de Fernando VII, eran sólo tres.

Pero no fue Trafalgar la causa de esta terrible decadencia, sino la situación misma del país, arruinado primero por la crisis económica y fiscal y devastado después por la invasión napoleónica, que hizo imposible su recuperación, al contrario de lo que había sucedido en otras ocasiones. Cabe recordar, por ejemplo, que la situación era mucho peor en 1700, al final del reinado de Carlos II, con sólo siete navíos y catorce fragatas, y la política de construcciones aceleradas de Patiño logró en poco más de una década rehacer una Armada de nuevo digna de ese nombre. Y un desastre mucho mayor que Trafalgar fue el que se produjo en junio de 1762, cuando la caída de La Habana en manos inglesas supuso nada menos que la pérdida de trece navíos de línea de entre sesenta y ochenta cañones –la cuarta parte de la flota de entonces–, seis fragatas, más de cien embarcaciones menores y, sobre todo, un astillero y un arsenal de gran relevancia y una base naval vital para el control de las comunicaciones de la zona y para asegurar la defensa del Imperio español en tierra firme. Y también en esta ocasión la recuperación se produjo, pues la Real Armada contaba de nuevo quince años después, en el momento de iniciarse la guerra de independencia de las colonias inglesas de Norteamérica, con cincuenta y ocho navíos de línea, que hacían de ella la tercera del mundo.

Y si la derrota de la Real Armada en Trafalgar no fue la causante de su ruina, mucho menos lo fue de la independencia de los virreinatos americanos. Es cierto que una flota poderosa, al facilitar el transporte de tropas desde la península, quizá habría retrasado los planes de los criollos americanos, pero en modo alguno los habría frustrado. La *Royal Navy* era, a la altura de 1776, la mayor flota del mundo y superaba en número de navíos de línea a la suma de las dos siguientes, la española y la francesa, y aun así no fue capaz de evitar la independencia de las trece colonias inglesas. Si los territorios americanos bajo la soberanía española lograron también su independencia no se debió en absoluto a la derrota de Trafalgar, sino a procesos históricos mucho más complejos entre los que cabe destacar la divergencia entre los intereses económicos de la burguesía criolla y la Administración española, que hacía poco rentable para la primera continuar bajo dependencia de la segunda; el progresivo contagio del ejemplo y de las ideas liberales de los colonos ingleses de Norteamérica, y, singularmente, la propia postración de España, que antes de la invasión napoleónica demostró a los criollos que podían defenderse solos y después de ella impidió al Gobierno español enviar a América un cuerpo expedicionario lo bastante fuerte para reprimir los conatos de independencia en una fase en la que esto resultaba todavía posible.

Un héroe para un mito

En consecuencia, si bien no cabe negar que Trafalgar fue una de las grandes batallas de la historia, no puede afirmarse que resultara decisiva. Paradójicamente, fue en Gran Bretaña, y no en España ni en Francia, donde sus efectos fueron más profundos y duraderos. Pero es necesario tener presente que estos efectos no fueron políticos, sociales o económicos, sino emocionales. Para el pueblo inglés, la victoria de Trafalgar se convirtió enseguida en un símbolo, al igual que Horatio Nelson sería su héroe nacional por excelencia. Tras haber sido transportado a Inglaterra dentro de un barril repleto de brandy, su cuerpo fue expuesto al público en Greenwich, donde miles de ingleses desfilaron para contemplar al marino que, según les habían dicho, había salvado a su patria de la invasión. Sus funerales, en la catedral de San Pablo, fueron dignos de un monarca absoluto. La familia real y la aristocracia, ministros, almirantes y generales encabezaron una procesión tan larga que su cabeza había alcanzado ya la catedral londinense antes de que su cola hubiera abandonado Whitehall. Su efigie, en fin, preside aún orgullosa la ciudad de Londres desde lo alto de una gigantesca columna conmemorativa que recuerda, con toda intención, los grandiosos monumentos erigidos a su propia vanagloria por los césares romanos. Es necesario decirlo: el idolatrado Nelson no salvó a su país de nada; si en el siglo XIX Britania gobernó las olas, no fue como consecuencia de la batalla de Trafalgar. No obstante, ¿acaso la verdad histórica ha importado alguna vez a alguien que no sean los historiadores?

Bibliografía

Obras impresas

Adkins, Roy. *Trafalgar. Biografía de una batalla.* Barcelona: Círculo de Lectores, 2005.

Albert Ferrero, Julio. «*La táctica naval en la época de Trafalgar*». En: *Revista General de Marina*, 2005; vol. 249(8 9): 219-234.

Alcalá-Galiano, Antonio. *Recuerdos de un anciano.* Barcelona: Crítica, 2009.

Baeza, José. *Los héroes de Trafalgar.* Barcelona: Araluce, 1956.

Barbé, Esther. «*El equilibrio del poder en la teoría de las relaciones internacionales*». En: *Afers Internacionals*, 1987; n.º 11: 5-17.

Bartolomé Benito, Fernando. *La plata ensangrentada. El virrey Sarmiento de Valladares y los galeones de Rande.* Madrid: Almena, 2013.

Black, Jeremy. *La Europa del siglo* XVIII*, 1700-1789.* Madrid: Ediciones Akal, 1997.

Blanco Núñez, José María. «*La tragedia de las fragatas Bustamante y la declaración de guerra contra Inglaterra*». En: *Revista General de Marina*, 2005; vol. 249(8-9): 263-274.

De Brossard, Maurice. *Historia marítima del mundo.* Madrid: EDIMAT, 2000.

Boudriot, Jean. *The seventy-four gun ship.* Annapolis: Naval Institute Press, 1986.

Cabrera de Aizpuru, Fernando. *Arquitectura naval europea en el siglo xviii.* La Coruña: Universidade da Coruña, 2008.

Canales, Carlos y Del Rey, Miguel. *Naves mancas. La armada española a vela de cabo Celidonia a Trafalgar.* Madrid: EDAF, 2011.

Capes, Renalt. *El almirante Nelson.* Barcelona: Grijalbo, 1967.

Cayuela, José y Pozuelo, Ángel. *Trafalgar. Hombres y naves entre dos épocas.* Barcelona: Ariel, 2004.

De Juan-García Aguado, José María. *José Romero Fernández de Landa. Un ingeniero de marina en el siglo xviii.* La Coruña: Servicio de Publicaciones, 1998.

Dickie, Iain. *Técnicas bélicas de la guerra naval.* Alcobendas: LIBSA, 2012.

Fernández Duro, Cesáreo. *Armada española desde la unión de los reinos de Castilla y Aragón (9 tomos).* Madrid: Imprenta Real, 1895-1903.

Ferrer de Couto, José. *Historia del combate naval de Trafalgar.* Madrid: Imprenta de Wenceslao Ayguals de Izco, 1851.

García Hurtado, Manuel-Reyes (ed.). *La Armada española en el siglo xviii. Ciencia, hombres y barcos.* Madrid: Sílex, 2012.

Godoy, Manuel. *Memorias.* Madrid: Biblioteca de Autores Españoles, 1956.

Gómez Vizcaíno, José Antonio. *Antonio Escaño y García de Cáceres (1752-1814).* Murcia: Aula de Cultura e Historia Militar Comandante Villamartín, 2005.

González-Aller Hierro, José Luis. *La campaña de Trafalgar (1804-1805).* Madrid: Ministerio de Defensa, 2004.

Guerrero, Ana Clara. «*Las relaciones hispano-británicas tras la Paz de Versalles*». En: *Espacio, Tiempo y Forma.* Serie Historia Contemporánea, 2. Madrid: UNED, 1989. p. 13-28.

Guimerä, Agustín; Ramos, Alberto; Butrón, Gonzalo (coords.). *Trafalgar y el mundo atlántico.* Madrid: Marcial Pons, 2004.

Hernández Cardona, Francesc Xavier y Rubio Campillo, Xavier. *Breve historia de la Guerra Moderna.* Madrid: Ediciones Nowtilus, 2010.

Howarth, David. *Trafalgar. The Nelson Touch.* Londres: Collins, 1969.

Jover Zamora, José María. *España en la política internacional.* Madrid: Marcial Pons, 1999.

Kaplan, Morton. *System and process in International politics.* Nueva York: Wiley, 1957.

Kennedy, Paul. *Auge y caída de las grandes potencias.* Barcelona: Plaza y Janés, 1989.

La Parra, Emilio. *Manuel Godoy. La aventura del poder.* Barcelona: Tusquets, 2002.

Lon Romero, Eduardo. *Trafalgar. Papeles de la campaña de 1805.* Zaragoza: Institución Fernando el Católico, 1950.

Lynch, John. *La España del siglo xviii.* Madrid: RBA, 2005.

Muñoz Bolaños, Roberto. *Trafalgar 1805. Gloria y derrota de la Armada española.* Madrid: Almena, 2005.

O'Donnell, Hugo. *La campaña de Trafalgar: tres naciones en pugna por el dominio del mar (1805).* Madrid: La Esfera de los libros, 2005.

Parker, Geoffrey. *La revolución militar. Las innovaciones militares y el apogeo de Occidente, 1500-1800.* Barcelona: Crítica, 1990.

Pérez Galdós, Benito. *Trafalgar.* Madrid: Club Internacional del Libro, 2003.

Pérez-Reverte, Arturo. *Cabo Trafalgar.* Madrid: Alfaguara, 2004.

Rodríguez González, Agustín Ramón. *Trafalgar y el conflicto naval anglo-español del siglo xviii.* Madrid: Actas, 2005.

—, y Coello Lillo, José Luis. *La fragata en la Armada española. 500 años de historia.* Madrid: Izar de Construcciones navales, 2003.

San Juan, Víctor. *Trafalgar. Tres armadas en combate.* Madrid: Sílex, 2005.

Sanjurjo Jul, José María. «*La artillería en Trafalgar*». En: *Revista General de Marina*, 2005; vol. 249(8-9): 235-252.

Webgrafía

Blog de la cátedra de Historia Naval, Universidad de Murcia
http://pinake.wordpress.com
Cátedra interinstitucional de Historia Naval fruto del acuerdo firmado en 2010 entre la Armada española y la Universidad de Murcia. Es una entidad sin ánimo de lucro cuyos objetivos son la docencia, la investigación y la difusión en temas de Historia Naval y Marítima.

Todo a babor
http://www.todoababor.es
Revista on-line de historia naval, con carácter divulgativo. Ofrece una verdadera mina de datos e información acerca de la historia naval, con secciones muy interesantes sobre la vida en los barcos, listados de buques de las Armadas, relatos, pinturas…

Todoavante
http://www.todoavante.es/index.php
Página de historia naval de España. Ofrece artículos sobre temas diversos relacionados con la historia naval de nuestro país.

Real Armada del siglo XVIII
http://armadasiglo18.free.fr
Página dedicada a la historia de la Armada española en el mencionado siglo. Página muy interesante, con diversas secciones dedicadas a uniformes, navíos, batallas, relatos, personajes… y un completo diccionario de términos navales.

La batalla de Trafalgar
http://www.batalladetrafalgar.com
Completa página que analiza la batalla desde diversos puntos de vista.